U0569695

天尚乡村振兴的思考与实践

王国灿 ◎ 主编

鲍 力 ◎ 副主编

浙江工商大学 出版社
ZHEJIANG GONGSHANG UNIVERSITY PRESS
·杭州·

图书在版编目（CIP）数据

天尚乡村振兴的思考与实践 ／ 王国灿主编 ． -- 杭州 ：
浙江工商大学出版社，2024.8. -- ISBN 978-7-5178
-6127-0

I. F320.3

中国国家版本馆 CIP 数据核字第 202483K8X7 号

天尚乡村振兴的思考与实践
TIANSHANG XIANGCUN ZHENXING DE SIKAO YU SHIJIAN

王国灿 主 编 鲍 力 副主编

责任编辑	徐 凌
责任校对	林莉燕
封面设计	胡 晨
责任印制	祝希茜
出版发行	浙江工商大学出版社
	（杭州市教工路 198 号 邮政编码 310012）
	（E-mail：zjgsupress@163.com）
	（网址：http://www.zjgsupress.com）
	电话：0571-88904980，88831806（传真）
排 版	杭州彩地电脑图文有限公司
印 刷	杭州钱江彩色印务有限公司
开 本	710 mm×1000 mm 1/16
印 张	15.75
字 数	234 千
版 印 次	2024 年 8 月第 1 版 2024 年 8 月第 1 次印刷
书 号	ISBN 978-7-5178-6127-0
定 价	59.00 元

版权所有 侵权必究

如发现印装质量问题，影响阅读，请和营销发行中心联系调换

联系电话 0571-88904970

本书编委会

编 委 会 主 任　顾益康

编委会副主任　鲍　力

主　　　　编　王国灿

副　主　编　鲍　力

编 委 会 成 员　张罗平　葛建纲　何水平

P R E F A C E 代序

治国有常，利民为本。发展是为了什么？为了不断满足人民日益增长的美好生活需要。

什么样的工程能够引领中国乡村振兴的"万千蝶变"？

2003 年，在之江大地，时任浙江省委书记习近平亲自调研、亲自部署、亲自推动的"千村示范、万村整治"工程（以下简称"千万工程"）拉开帷幕。这一工程是乡村整治工程，更是他始终牵挂的生态富民工程。

2018 年，联合国颁奖台上，"千万工程"获得环保领域最高荣誉——"地球卫士奖"。

20 多年来，浙江省委、省政府始终坚持"功成不必在我"的精神，将一张蓝图绘到底，不断探寻发展与保护之间的平衡点。2023 年是浙江"千万工程"实施 20 周年。浙江作为"绿水青山就是金山银山"理念的发源地，乡村发展工作始终走在全国前列，千万百姓的生活因此得到了极大的改善与质的提升。浙江正在以"千万工程"为牵引，以美丽乡村为底色，以未来乡村为示范，以共同富裕为目标，建设宜居宜业和美乡村，构建"千村引领、万村振兴、全域共富、城乡和美"的新格局。

目前，全国其他省（区、市）、市、县的主要领导纷纷前来浙江学习

"千万工程"经验，笔者有幸陪同部分地方领导考察、学习浙江样板村的建设，了解到大家比较关心的是乡村产业怎么发展、怎么把人才留在乡村、乡村的未来要怎么前进等问题。这些问题也让我们陷入深深的思考：全国学浙江，浙江怎么办？我们天尚集团怎么干？

"新征程上，我们的前途一片光明，但脚下的路不会一马平川。团结就是力量，信心赛过黄金。"我们要做的，就是抓住机遇、担当作为。乡村振兴就是要让农业成为有奔头的产业，让农村成为让人安居乐业的家园，让农民成为有吸引力的职业。希望本书能给走在乡村振兴路上的奋斗者一些借鉴与启示，从而坚持和深化"千万工程"，开启乡村振兴的下半场，书写出无愧于时代的绚丽篇章。

舟循川则游速，人顺路则不迷。这20多年来，笔者也有幸参观、考察、研究了浙江的许多美丽乡村、未来乡村、和美乡村、共富先行示范区的建设，了解了其中的策划、设计和运营等诸多环节，并带领团队在实践中编写了《天尚乡村振兴的思考与实践》一书，以飨读者。

王国灿　鲍　力

2023 年 11 月 19 日

CONTENTS 目录

第三章 天尚乡村的
思考与研究

第一章 政策要论

中央财办等部门印发
《关于有力有序有效推广浙江"千万工程"
经验的指导意见》的通知

中财办发〔2023〕6号

各省、自治区、直辖市和新疆生产建设兵团党委财办、农办、农业农村（农牧）厅（局、委）、发展改革委：

《关于有力有序有效推广浙江"千万工程"经验的指导意见》已经中央领导同志同意，现印发给你们，请结合实际认真贯彻落实。

中央财办　中央农办
农业农村部　国家发展改革委
2023 年 6 月 26 日

关于有力有序有效推广浙江"千万工程"
经验的指导意见

"千村示范、万村整治"工程（以下简称"千万工程"）是习近平总书记在浙江工作时亲自谋划、亲自部署、亲自推动的一项重大决策。浙江 20 年持之以恒、锲而不舍推进，造就了万千美丽乡村，造福了万千农民群众，创造了农业农村现代化的成功经验和实践范例。为在有条件的地方有力有序有效推广浙江"千万工程"经验，推动深入贯彻新发展理念，因地制宜、实事求是，尽力而为、量力而行，加快城乡融合发展步伐，积极推动美丽中国建设，全面推进乡村振兴，着力补齐中国式现代化短板，现提出如下意见。

一、充分认识推广"千万工程"经验的重大意义

"千万工程"是深入贯彻习近平新时代中国特色社会主义思想特别是习近平生态文明思想的生动实践载体，推广"千万工程"经验具有重大现实意义和深远历史意义。

（一）推广"千万工程"经验是贯彻新发展理念的重大举措。"千万工程"是农村发展理念变革、发展方式转换的生动体现，彰显了新发展理念的实践伟力。推广"千万工程"经验，有利于推动"三农"领域完整准确全面贯彻新发展理念，加快构建新发展格局，推动高质量发展，正确处理速度和质量、发展和环保、发展和安全等重大关系，完善政策体系和制度机制，切实走生产发展、生活富裕、生态良好的文明发展道路。

（二）推广"千万工程"经验是加快城乡融合发展的有效途径。"千万工程"实施 20 年来，浙江省内区域差距、城乡差距、收入差距不断缩小，农村面貌实现从"脏乱差"到"强富美"的沧桑巨变。推广"千万工程"经验，有利于破除妨碍城乡要素平等交换、双向流动的制度壁垒，推动城市基础设施向农村延伸、公共服务向农村覆盖、资源要素向农村流动，加快形成工农互促、城乡互补、协调发展、共同繁荣的新型工农城乡关系，推动农村基本具备现代生活条件。

（三）推广"千万工程"经验是建设美丽中国的有力行动。"千万工程"推动"绿水青山就是金山银山"从理念变为现实，打造了践行习近平生态文明思想的样板和典范，为推进人与自然和谐共生的中国式现代化贡献了成功方案。推广"千万工程"经验，有利于持续改善农村人居环境，促进生态农业、低碳乡村发展，推动建设美丽乡村，为建设美丽中国奠定坚实基础。

（四）推广"千万工程"经验是扎实推进乡村振兴的必然要求。"千万工程"积极呼应农民群众的期盼诉求，有力有效改善农村生产生活条件，

实现乡村由表及里、形神兼备的全面提升，树立了乡村全面振兴的新标杆。推广"千万工程"经验，有利于探索扎实推进乡村振兴的实现路径和阶段性任务，优化人力、物力、财力配置，循序渐进建设宜居宜业和美乡村，不断实现农民群众对美好生活的向往。

二、学深悟透"千万工程"经验蕴含的科学方法

推广"千万工程"经验，必须学深悟透其中蕴含的习近平新时代中国特色社会主义思想的世界观和方法论，坚持好、运用好贯穿其中的立场观点方法。

（一）人民至上、共建共享。擘画实施"千万工程"，充分彰显了习近平总书记真挚为民情怀。在"千万工程"推进中，坚持"群众要什么、我们干什么，干得好不好、群众说了算"①，把群众满意度作为工作成效的最高评判标准，引导群众自觉投入工程建设，共建共享美好家园。新时代新征程，要更加自觉站稳人民立场，强化宗旨意识，想农民所想，采取更多惠民生、暖民心举措，千方百计拓宽农民增收致富渠道，让亿万农民日子越过越红火。

（二）创新驱动、绿色发展。"千万工程"充分体现了发展理念的深化，在促进人与自然和谐共生中，挖掘乡村多种功能、多元价值，培育新产业新业态新模式，提升可持续内生动力，实现"美丽乡村"向"美丽经济"的精彩蝶变。新时代新征程，要坚持生态优先、节约集约、绿色低碳发展，加强乡村生态建设，用数字化赋能乡村振兴，推动"三农"工作理论创新、实践创新、制度创新，持续缩小城乡区域发展差距，实现农业强、农村美、农民富。

（三）统筹协调、突出重点。"千万工程"以人居环境整治为切入点，坚持美村与富村并进、塑形和铸魂并重，统筹推进"美丽乡村、共富乡村、人文乡村、善治乡村、数字乡村"建设，实现乡村产业、人才、文化、生态、组织全面振兴。新时代新征程，必须强化系统观念，科学把握乡村振

---

① 出自 2015 年 5 月 25 日习近平总书记在浙江舟山调研时的讲话。——笔者注

兴阶段性重点任务和推进时序，注重多目标平衡，一体推进农业现代化和农村现代化，促进城乡深度融合，让农民就地过上现代文明生活。

（四）因地制宜、分类施策。"千万工程"实施过程中坚持从实际出发，区分发达地区和欠发达地区、城郊村庄和传统农区，结合地方发展水平、财政承受能力、农民接受程度推进工作，标准有高有低，不搞整齐划一，真正把实事办好、好事落实。新时代新征程，要科学把握城乡发展不平衡、农村区域差异大的实际，根据各地乡村经济基础、自然条件、区位特征、资源优势、文化传统等客观条件，分类明确建设重点，逐步拓展建设领域，打造各具特色的现代版"富春山居图"。

（五）加强领导、完善机制。"千万工程"从实施之初就建立"一把手"亲自抓、分管领导直接抓、一级抓一级、层层抓落实的领导体制，构建科学规划、逐步扩容、投资建设、制度创新等一整套推进机制，形成领导挂帅、部门协同、分级负责的工作格局。新时代新征程，必须坚持党对"三农"工作的全面领导，健全领导体制和工作机制，以责任落实推动工作落实、政策落实，为全面推进乡村振兴提供坚强保证。

（六）锲而不舍、久久为功。"千万工程"20年来坚持一张蓝图绘到底，一件事情接着一件事情办，一年接着一年干，每五年出台一个行动计划，每阶段出台一个实施意见，针对不同时期的工作重心，制订解决方案、明确目标任务、细化政策措施，不折腾、不动摇，不断积小胜为大胜。新时代新征程，必须全面贯彻党中央决策部署，锚定农业农村现代化目标，健全规划体系、政策体系、制度体系、考核体系，循序渐进接续奋斗，推动乡村振兴不断取得新成效，夯实中国式现代化基础。

三、结合实际创造性推广"千万工程"经验

学习"千万工程"经验的目的全在于推广运用，各地要结合实际创造性转化到"三农"工作实践之中，推动农业农村现代化取得实实在在成效。

（一）深化农村人居环境整治。"千万工程"以整治环境为先手棋，全面推进厕所、垃圾、污水"三大革命"，全域建设美丽乡村。推广"千万工程"经验，要扎实推进农村人居环境整治提升五年行动，以农村厕所革命、

生活污水垃圾治理、黑臭水体整治、村容村貌提升为重点，全面提升农村人居环境质量。因地制宜选择改厕技术模式，逐步普及农村卫生厕所。完善农村生活污水处理机制，有效提升农村水环境质量。健全农村生活垃圾收运处置体系，推动农村生活垃圾分类减量与资源化处理利用。全面清理私搭乱建、乱堆乱放，整治残垣断壁，支持设计下乡，增加村庄绿量、提升绿化质量，加强乡村风貌引导，推动现代宜居农房建设。

（二）促进城乡融合发展。浙江把"千万工程"作为城乡融合发展的"龙头工程"，建立以工促农、以城带乡的建设机制，着力缩小城乡差距。推广"千万工程"经验，要把公共基础设施建设重点放在乡村，加快推动乡村基础设施提档升级。推动公共服务向农村延伸、社会事业向农村覆盖，健全全民覆盖、普惠共享、城乡一体的基本公共服务体系。推进乡村经济多元化，拓宽农民增收渠道，持续缩小城乡居民生活水平差距。加快建立健全有利于城乡要素合理配置的体制机制，促进各类要素更多向乡村有序流动。

（三）发展乡村优势特色产业。20年实践证明，"千万工程"坚持以业为基，激发了强大活力，形成了持久生命力。推广"千万工程"经验，要聚力做好"土特产"文章，开发农业产业新功能、农村生态新价值，打造具有竞争优势的特色产业。推进现代农业园区、国家粮食安全产业带建设，发展高效生态农业、特色林草产业，促进农业规模化、标准化和产业化经营。培育乡村新产业新业态，推动农村一二三产业融合发展，促进乡村产业全链条升级，有效防止"散乱污"企业抬头。深化农村集体产权制度改革，健全集体资产经营管理体制，发展壮大农村新型集体经济。

（四）推动农业农村绿色低碳发展。"千万工程"首先是一项"生态工程"，既保护了"绿水青山"，又带来了"金山银山"，让乡村成为绿色生态富民家园。推广"千万工程"经验，要实施好重要生态系统保护和修复重大工程，推进山水林田湖草沙一体化保护和系统治理。聚焦农业面源污染突出区域，优化农业产业结构，促进农业投入品减量增效，提高粮食作物配方肥供应，降低经济作物化肥施用强度。推进"无废乡村"建设，加强农业废弃物资源化利用，依法建立畜禽粪污收运利用系统，依法禁止秸秆露天焚烧。创新培育"美丽乡村＋"农业、文化、教育、旅游、康养、文创等乡村新业态，全面打通"绿水青山就是金山银山"理念转化通道。

（五）加强农村精神文明建设。"千万工程"注重推动农村物质文明和精神文明相协调，把农村建设成农民心有所栖、心有所依的美好家园。推广"千万工程"经验，要加强思想政治引领，深入开展学习贯彻习近平新时代中国特色社会主义思想主题教育，广泛开展中国特色社会主义和中国梦宣传教育。深入开展农村精神文明创建活动，弘扬和践行社会主义核心价值观，发展社会主义先进文化，弘扬革命文化，传承中华优秀传统文化，发扬"四千"精神。拓展新时代文明实践中心建设，推进乡村文化设施建设，不断丰富农民群众文化生活。有力有效保护传统村落、传统建筑和传统民居、农耕风俗等文化遗产，弘扬生态文化。持续推进农村移风易俗，集中整治高价彩礼、人情攀比、封建迷信等不良风气。

（六）提升乡村治理效能。"千万工程"坚持"村里的事情大家商量着办"，抓党建促乡村振兴，充分发挥农村基层党组织战斗堡垒作用。推广"千万工程"经验，要着力完善党组织领导的自治、法治、德治相结合的治理体系，让农村既充满活力又稳定有序。坚持大抓基层的鲜明导向，推动治理和服务重心下移、资源下沉，推动乡镇赋权扩能。深化党组织领导的村民自治实践，创新乡村治理抓手载体，完善推广积分制、清单制、数字化、接诉即办等务实管用的治理方式，真正让基层群众参与进来。

四、确保推广"千万工程"经验沿着正确轨道行稳致远

坚决反对形式主义、官僚主义，及时纠治工作偏差和苗头性倾向性问题，确保推广"千万工程"经验不跑偏、不走样、不落空。

（一）坚持尽力而为、量力而行，不超越发展阶段。顺应乡村发展规律，务实渐进推进工作，把握好整治力度、建设深度、推进速度与财力承受度、农民接受度的关系，确保乡村建设始终同农村经济发展水平相适应、同当地文化和风土人情相协调。人口偏少和人口持续流出的乡村，要从当地实际出发，灵活运用浙江的经验做法。坚持有多少能力办多少事，不开

空头支票，不吊高农民胃口，坚决反对盲目攀比、铺张浪费、劳民伤财，严禁违背农民意愿搞合村并居，有效防范和处置变相举债、新增隐性债务等各类风险。

（二）坚持求真务实，不搞形象工程。大兴调查研究，从实际出发想问题、作决策、办事情。树立正确的政绩观，坚持数量服从质量、进度服从实效，求好不求快。统筹规划、因地制宜、分类施策，把握好"点"和"面"的关系，促进各类村庄人居环境均衡发展。聚焦普惠性、基础性、兜底性民生建设，多干雪中送炭的民生实事，少做锦上添花的表面文章，不搞花架子、堆盆景，严禁搞脱离实际的"样板工程""政绩工程"，确保经得起历史和群众的检验。

（三）坚持尊重农民意愿，不搞强迫命令。坚持乡村振兴为农民而兴、乡村建设为农民而建，尊重农民主体地位和首创精神，厘清政府干和农民干的边界。该由政府干的主动想、精心谋、扎实做，该由农民自主干的不越位、不包揽、不干预。保障农民的知情权、参与权、决策权，不搞包办代替，不搞大包大揽，避免代替农民选择，让农民成为乡村发展、建设、治理的参与者和受益者。

五、健全推广"千万工程"经验长效机制

各地要充分认识总结推广"千万工程"经验的政治意义、理论意义、实践意义，结合本地实际，精心组织，统筹安排，务求实效。

（一）加强组织领导。进一步落实领导责任，推动广大党员干部站在坚定拥护"两个确立"、坚决做到"两个维护"的政治高度，深入学习领会"千万工程"经验的丰富内涵和实践要求。各地要把全面推广"千万工程"经验贯彻到推进乡村振兴、加快建设农业强国全过程，落实到宜居宜业和美乡村建设、美丽中国建设、推进中国式现代化的各领域各方面。

（二）加强宣传交流。加强"千万工程"经验的理论研究和宣传阐释，提高广大党员干部学习践行的能力和水平。多种形式开展"千万工程"实施 20 周年宣传，充分展现新时代中国乡村的美好生活，塑造真实、可爱的

中国形象。

（三）加强推广运用。结合学习贯彻习近平新时代中国特色社会主义思想主题教育，认真组织开展"千万工程"经验案例学习，提升运用党的创新理论分析解决问题的能力。牢固树立和践行正确政绩观，把为民造福作为最重要的政绩，求真务实、真抓实干，推动学习运用不断走深走实。

（本文来源：《中央财办等部门印发〈关于有力有序有效推广浙江"千万工程"经验的指导意见〉的通知》，中国政府网，2023 年 7 月 6 日，https://www.gov.cn/lianbo/bumen/202307/content_6890255.htm.）

中共浙江省委 浙江省人民政府关于坚持和深化新时代"千万工程"全面打造乡村振兴浙江样板的实施意见

（2023 年 6 月 19 日）

2003 年，时任浙江省委书记习近平在大量调查研究基础上，作出了实施"千村示范、万村整治"工程（以下简称"千万工程"）的重大战略决策。20 年来，浙江持之以恒、锲而不舍深化"千万工程"，造就了万千美丽乡村，造福了万千农民群众，成效显著、影响深远。党的十八大以来，习近平总书记对浙江"千万工程"多次作出重要指示批示。为完整准确全面贯彻落实习近平总书记重要指示批示精神，坚持和深化新时代"千万工程"，全面打造乡村振兴浙江样板，现提出如下实施意见。

一、总体要求

（一）指导思想。以习近平新时代中国特色社会主义思想为指导，在深入实施"八八战略"、以"两个先行"打造"重要窗口"的大场景下，坚持新发展理念，坚持创新深化、改革攻坚、开放提升，牢记嘱托、感恩奋进，脚踏实地、久久为功，持续增强农业综合生产能力，多渠道促进农民增收致富，大力提升县城承载能力，全省域建设宜居宜业和美乡村，加快城乡融合发展步伐，加快推进农业农村现代化先行，全面绘就"千村引领、万村振兴、全域共富、城乡和美"新画卷，以推进"千万工程"新成效为乡村全面振兴和美丽中国建设作出浙江新贡献，以"浙江之窗"展示中国之治、"浙江之答"回应时代之问，为奋力谱写中国式现代化浙江新篇章奠定坚实基础。

（二）工作原则。坚持党建引领、党政主导，加强党对农村工作的全面领导，形成党政"一把手"亲自抓、分管领导直接抓、一级抓一级、层层抓落实的工作格局；坚持守正创新、久久为功，持续巩固提升"千万工程"实施经验成果，不断丰富建设内涵、拓展建设领域、放大建设成果；坚持因地制宜、分类施策，顺应乡村发展规律，把握乡村差异性，科学做好顶层设计，分区分类实施；坚持以人为本、共建共享，充分激发群众首创精神，形成凝心聚力、团结奋斗的良好局面；坚持系统观念、统筹实施，系统摆布城乡关系，注重多目标平衡，推动城乡融合、共富共美；坚持由表及里、塑形铸魂，深入践行"绿水青山就是金山银山"理念，推进物质文明和精神文明相协调、人与自然和谐共生，在乡风文明建设中弘扬农村优秀传统文化，把农村建设成为农民身有所栖、心有所依的美好家园。

（三）主要目标。到 2027 年，农村人居环境质量全面提升，生态文明制度体系更加成熟，高效生态农业强省建设再上台阶，农民群众获得感、幸福感、安全感显著提升，基本建成乡村振兴样板区。乡村内生活力充分激发，建成示范村 1000 个以上，"千村引领"的优势更加凸显；乡村产业、人才、文化、生态、组织"五个振兴"协同推进，和美乡村建成率 90% 以上，"万村振兴"的气象全景呈现；农民农村共同富裕取得突破性进展，"三大差距"明显缩小，城乡居民收入倍差缩小到 1.85，"全域共富"的格局基本构建；城乡基础设施一体化和基本公共服务均等化水平更高，城乡融合发展体制机制更加完善，常住人口城镇化率达到 76% 以上，"城乡和美"的图景全面展现。

到 2035 年，整体大美、浙江气质的城乡风貌全域展现，现代乡村产业体系全面建立，省域共同富裕基本实现，城乡融合发展体制机制成熟定型，文明善治达到新高度，农民生活幸福和美，高水平实现农业农村现代化，全面建成乡村振兴样板区。

二、塑造乡村风貌新气质

（一）加强乡村规划引领。加快推进国土空间治理现代化，建立健全以县域和美乡村建设规划为龙头，村庄布局规划、中心村建设规划、农村土地综合整治规划、历史文化（传统）村落保护利用规划为基础的"1＋4"规划体系，严格保护农业生产空间和乡村生态空间。全面完成"多规合一"实用性村庄规划编制，强化规划刚性约束，严禁随意撤并村庄、违背农民意愿大拆大建。

（二）持续提升农村人居环境。开展村庄环境整治"回头看"，推进农村生活垃圾分类精准化、回收利用资源化、末端处理智慧化，深化农村生活污水治理强基增效双提标行动，加快农村公厕服务提标提质。坚持试点先行、以点带面，有序实施农房改造、管线序化、村道提升。健全农房建设管理体制机制，加强凸显浙派民居特色的现代宜居农房建设。加强农村"空中蜘蛛网"整治。推动农村公路建设项目向进村入户延伸，加强村内支路、入户道路和村庄停车场建设。广泛开展新时代爱国卫生运动。持续深化"一村万树"建设。全面推进碧水行动，全域建设幸福河湖。加快建设美丽海湾，陆海统筹推进近岸海域污染防治。

（三）全域推进和美乡村建设。以满足农民群众美好生活需要为引领，围绕环境优美、产业兴旺、生活宜居、富裕富足、乡风文明等方面，建立健全和美乡村建设指标体系、工作体系、政策体系、评价体系，制定和美乡村建设导引。完善县（市、区）、风景带、乡镇、村、庭院等"五美联创"机制，点线面推进和美乡村全域建设。聚焦"一统三化九场景"，加快推进未来乡村与未来社区联建联创，打造共同富裕现代化基本单元。

（四）打造整体大美乡村风貌。加强和美乡村与美丽城镇、美丽田园、美丽生态廊道、美丽公路统筹贯通，持续促进美丽生态、美丽经济、美好生活有机融合。深入实施土地综合整治，加快乡村地区生产生活生态融合。实施重要生态系统保护和修复重大工程，系统推进清洁小流域建设，科学推进国土绿化和森林质量精准提升。保留浙派风貌和村庄肌理，深入推进"微改造、精提升"，以"绣花"功夫实施乡村有机更新。

三、激发产业兴旺新动能

（一）大力发展高效生态农业。严格落实耕地保护和粮食安全党政同责，纵深推进"百千万"永久基本农田集中连片整治，探索开展"多田套合"

耕地综合整治，加快实现永久基本农田和高标准农田一体化、粮食生产功能区全部落在高标准农田内。加强大中型灌区现代化建设，开展农田水利灌溉工程更新升级，构建现代化农田灌排体系。扎实推进现代农业园区等六个"百千"工程。实施畜牧业高质量发展行动，稳定蔬菜生产，加强水产健康养殖和生态养殖示范区建设。加快推进农业领域碳达峰碳中和，全面深化"肥药两制"改革，深入实施土壤健康行动。深化生产、供销、信用"三位一体"改革，全面构建立体式、复合型现代农业经营体系。加强野生动植物保护和外来入侵物种防治。持续提升乡村气象防灾减灾能力。

（二）全面推进农业科技自立自强。构建"1＋6＋N"农业科技创新架构体系，加快建设农业科技强省。大力推进种业振兴，持续实施农业新品种选育科技专项，培育一批种业重点龙头企业和制种大县。实施农业产业技术创新项目，打造一批农业科技标志性成果。加快建设丘陵山区适用小型农业机械推广应用先导区。

（三）做强做大乡村"土特产"。建立"土特产"动态监测调查制度，发布"土特产"目录。大力发展"一根草、一盘菜、一颗果、一片叶"等"八个一"优势特色产业，加快推进优势特色产业集群、现代农业产业园、农业产业强镇、渔港经济区等平台建设。深入实施乡村产业"十业万亿"工程，推进农业规模化、产业化、品牌化发展。擦亮"味美浙江·百县千碗"金名片，支持农家特色小吃产业化、商业化。创新气候生态产品价值实现机制。

（四）全力建设数字乡村引领区。大力发展乡村数字经济，推进物联网、大数据、人工智能等信息技术在农业领域应用，建设一批数字农业工厂、未来农场、数字灌区。推进"互联网＋"农产品出村进城越洋，培育直播电商、跨境电商等新业态，开展巾帼直播活动。深化"浙江乡村大脑＋浙农应用"建设，加快"浙农码"推广应用。提升乡村生活智慧化服务能力和水平，打造一批"乡村数智生活馆"。加强乡村数字新基建，开展偏远地区、山区、海岛等基础网络补盲建设，加快实现5G网络乡村全覆盖。

（五）全面推进农业开放提升。大力发展乡村"地瓜经济"，深化"一带一路"国家农业交流合作，落实RCEP三年行动计划。深化浙沪优势特色农产品产销合作，加强长三角地区水稻新品种等科技创新成果示范推广。深化农业全产业链"百链千亿"行动，完善农业全产业链"链长制"，打造一批百亿元级重点产业链。实施地理标志农产品保护工程，加强农产品地理标志管理和品牌保护。

（六）着力优化乡村营商环境。深化农业农村投资"一件事＋明白纸"集成改革，构建"重大项目＋涉农补贴＋农业信贷＋农业保险"功能联合体。

加快建设"惠农直通车"应用，推动信息服务进村入户。加强农业农村领域"大综合一体化"行政执法框架下的条块衔接、协同指挥。深化农业"标准地"改革，落实农业重大产业项目用地保障机制，有效保障农村一二三产业融合发展用地需求。

四、跑出城乡融合新速度

（一）加快提升县城承载能力。强化县城产业平台集聚能力，提升发展各类开发区、产业集聚区和创业园，支持农产品精深加工、轻工产品等劳动密集型产业发展，完善广覆盖商贸网络，提高县城就业吸附能力。

强化县城基础设施支撑能力，推动县城与大中城市交通高效联通，优化县城路网结构，加快电力、燃气、供水、排水等老旧管线更新改造。强化县城公共服务保障能力，加快高水平县级"龙头"医院建设，加快"县中崛起"，全面提升县城民生事业水平。强化县城生态环境承载能力，加快推进水网安澜提升工程，深化城镇"污水零直排区"建设，推进"无废城市"建设，完善县城生态绿地系统。加快提升小城镇服务能力，打造一批现代化美丽城镇。

（二）加快推进城乡基础设施一体化。持续推进公共基础设施向村覆盖、往户延伸，加快实现城乡基础设施统一规划、统一建设、统一管护。建设"四好农村路"2.0版，实施农村客运公交化改造。完善城乡供水格局，持续巩固县域城乡居民同质饮水。推进新一轮农网改造提升，加快乡村绿色能源站试点。适度超前建设充电基础设施，更好支持新能源汽车下乡。因地制宜推进燃气下乡。全面推动快递进村，基本实现"村村通"。完善乡村防灾减灾基础设施。

（三）持续提升城乡公共服务均等化水平。深入实施公共服务"七优享"工程，完善全民覆盖、城乡一体、优质共享的基本公共服务体系。发展普惠托育服务，构建城乡全链条、一体化教育服务体系。推进县域内融合型、紧密型义务教育学校结对发展，推动教师资源向乡村倾斜，加快乡村中小学现代化建设，扩大乡村优质学前教育资源供给。高水平建设县域医共体，推进村级医疗机构规范化建设，完善乡村医疗卫生体系。适时适度提高城乡居民基础养老金。优化县乡村衔接的三级养老服务网络，健全党建统领多方协同助力"浙里康养"机制，全面推行养老服务"爱心卡"，健全独居老人巡访关爱机制。

（四）深化城乡融合配套改革。完善城乡规划建设管理、城乡要素双向流动和城乡公共资源合理配置"三大机制"。加快农业转移人口市民化，促进有能力在城镇稳定就业和生活的常住人口有序实现市民化，到 2027 年县城人口占县域比重年均提高 0.8 个百分点。深化户籍制度改革，完善以居住证为载体的城镇基本公共服务提供机制，探索以积分制为依据的紧缺公共服务梯度供给制度。协同推进农村土地制度、农村集体产权制度、农村经营体制等改革。建设全省农村产权交易平台。

五、谱写共同富裕新篇章

（一）持续发展新型农村集体经济。实施发展新型农村集体经济三年行动计划。规范发展强村公司，推动"飞地"抱团领域扩展、项目增效，推广多村合作、整镇组团、跨镇抱团等"片区组团"发展模式。开展农村集体收益分配权抵押担保、自愿有偿退出等试点，加快农村不动产确权登记颁证。完善集体经济组织联农带农机制。加强农村集体资产监督管理，迭代升级"浙农经管"应用。

（二）鼓励支持农民创业就业。推动百支农创客乡村运营团队走进乡村，构建"专家＋创客团队＋基地农户"的组团创业机制。支持新型农业经营主体与农民建立利益联结机制，培育壮大农业产业化联合体，带动小农户合作经营、共同增收。深化千万农民素质提升工程、乡村工匠培育计划，建立农民终身职业技能培训机制，提高农民工转岗就业能力。完善灵活就业人员权益保障机制，支持农民工多渠道灵活就业和自主创业。

（三）积极推进村庄经营。实施乡村点亮行动，开展乡村点亮试点建设。探索闲置宅基地和农房多种盘活方式，激活农村资源资产。大力发展乡村旅游、文化创意、康养运动等新型业态，加快休闲农业重点县和美丽休闲乡村培育。深入发掘民间艺术、节气文化、传统手工艺、戏曲曲艺、民俗活动等活态文化，开展文化产业赋能乡村试点和文化服务运营模式创新试点。开展"空心村"综合利用试点。

（四）大力推动山区海岛高质量发展。深化新型帮共体建设和"山海协作"工程，实施先富带后富"三同步"行动。拓展乡村振兴（山区26县）十大助力行动，实施以"一县一链"为核心的乡村振兴综合试点项目。深入实施"万企兴万村""千侨帮千村"行动，扎实推进新乡贤"同心共富"工程。启动新一轮民族乡村振兴结对帮扶行动。支持景宁畲族自治县、嵊泗县打造高质量发展建设共同富裕示范区山区海岛样板县。鼓励有条件的山区26县设立高质量发展科技专项。实施红色乡村振兴计划，加快推进革命老区乡村振兴项目建设。加强海岛海域生态和海洋生物多样性保护，优化完善生态保护和资源补偿制度。统筹发展与安全，协同推进海上渔船安全设施、船容船貌、规范生产整治提升。

（五）促进低收入农户持续增收。深入实施农民易地搬迁工程，配套落实后续帮扶共富项目。深化党员带头致富、带领创富、带动共富"三带行动"，加快党建引领"共富工坊"建设，开发乡村公益性岗位，加快实现"人人有事做、家家有收入"。实施惠民型商业补充医疗保险，完善防范化解因病致贫返贫长效机制。健全城乡统筹、分层分类、精准高效、智慧温暖的城乡一体化社会救助制度体系。推进残疾人托养照护机构建设，实现县（市、区）残疾人专业托养机构全覆盖。

六、引领文明善治新风尚

（一）加快提高乡村文明程度。深入推进社会主义核心价值观宣传教育，加强新时代文明实践中心（所、站）建设，持续开展"听党话、感党恩、跟党走"宣传教育活动。深化"浙江有礼"省域文明新实践，推进"浙风十礼"乡村实践，广泛开展"好家风"建设，常态化开展道德模范、最美人物、身边好人等典型选树。大力开展移风易俗、弘扬时代新风行动，旗帜鲜明反对封建迷信、厚葬薄养、铺张浪费、大操大办等不良习气，倡导文明健康生活方式。

（二）着力繁荣兴盛乡村文化。制定全省乡村文化振兴实施意见。加强农村文化阵地建设，提升农村文化礼堂使用率，建设文化驿站、"石榴红"家园等乡村新型文化空间。实施"文艺星火赋美"工程，开展"百村争鸣"评选活动，推广"艺术家驻村"模式。推广"省赛村办"模式，支持马拉松、自行车赛等赛事向乡村延伸。开展"我们的节日""跟着节气游乡村"等民俗活动，打造一批留住农村记忆的乡村博物馆。加强历史文化名城名镇名村、历史文化（传统）村落、不可移动文物保护利用，推进传统建筑"老屋复兴"。挖掘重要农业文化遗产资源。

（三）迭代完善乡村治理体系。健全党组织领导的自治、法治、德治、智治相融合的现代乡村治理体系，深化全国乡村治理体系建设试点示范、全国村级议事协商创新实验试点和党建引领乡村治理试点。坚持和发展新时代"枫桥经验"。开展家事矛盾纠纷化解综合服务"一类事"试点。扎实推进"民生议事堂"和"协商驿站"建设扩面提质增效，推动全过程人民民主的基层实践，有效实现党建统领下的民事民提、民事民议、民事民决、民事民办、民事民评的多层次基层协商模式。加强民主法治村动态化管理，推进共享法庭建设。构建新时代乡村诚信体系，探索"诚信＋乡村治理"模式。深化党建统领网格智治，完善网格事项准入、规范运行、作用发挥等机制。

七、强化党建引领

（一）全面加强农村基层党建。突出抓基层、强基础、固基本工作导向，深入推进基层党建"百县争创、千乡晋位、万村过硬"工程。深化"县乡一体、条抓块统"改革，健全乡镇党委统一指挥、统筹协调机制。制定加强新时代乡镇领导班子和干部队伍建设意见。加强党组织对村级自治组织、集体经济组织等的领导，对软弱后进村和重点复杂村实行"一村一策"整固提升。强化农村发展党员和流动党员排查纳管工作，健全党员"进出育管爱"管理机制。传承发扬"后陈经验""宁海经验"，推动基层纪检监察组织和村务监督委员会有效衔接，完善村级小微权力清单制度，纵深推进清廉村居建设。深入开展乡村振兴领域不正之风和腐败问题专项整治工作。

（二）深入实施新时代"领雁工程"。健全省市县三级联动的基层带头人培训体系、课程体系、学制体系、考评体系，把"千万工程"经验作为教学培训的重要内容，打造一批教育实训基地和基层实践教学点，加快提升基层党员干部能力素质。加强村级后备人才引育储备，推动每村储备不少于 2 名主职后备人才。加强对基层党员干部激励关爱，完善村干部基本报酬制度。

（三）下大力气抓好乡村人才振兴。坚持党管人才，健全引才育才用才留才的制度机制。深入推进"两进两回"行动，实施乡村"绿领"人才培育计划，深化十万农创客培育工程，完善基层农技人员、乡村卫生人员、农村学校教师定向培养工作机制。选优配强村第一书记、农村工作指导员和驻村工作组，深化科技特派员制度。

八、强化工作保障

（一）落实领导责任。各级党政"一把手"要坚持亲自抓，及时研究解决重大问题，统筹推进项目落地。各级党委农办、农业农村部门要充分发挥统筹协调、推动落实等职能，各有关单位要密切配合、通力协作，形成齐抓共管的整体合力。把"千万工程"作为实施乡村振兴战略实绩考核重要内容，纳入市县、省直部门综合考核和省政府督查激励。

（二）健全工作机制。建立"千万工程"贯彻落实闭环机制，实行项目化、清单化、时间化推进。健全"千万工程"专项任务责任制，制定专项推进方案。完善"千万工程"项目管理机制，按照"实施一批、谋划一批、储备一批"的原则，建立动态调整项目库，优先纳入群众需求强烈、短板突出、兼顾农业生产和农民生活条件改善的项目。探索发挥农民主体作用的有效机制，保障农民知情权、决策权、参与权、监督权。

（三）强化政策支持。省财政和地方财政要加强涉农资金整合，加大对"千万工程"投入力度，到 2025 年土地出让收入用于农业农村比例达到 10% 以上。各市县原则上每年安排不低于年度新增建设用地计划指标的 5% 保障乡村重点产业和项目用地。鼓励社会资本以多种形式参与"千万工程"项目建设。深化绿色金融改革和普惠金融服务乡村振兴改革，引导金融资金参与"千万工程"建设。政府产业基金向"千万工程"项目倾斜。

（本文来源：《中共浙江省委　浙江省人民政府关于坚持和深化新时代"千万工程"全面打造乡村振兴浙江样板的实施意见》，杭州廉政网，2023 年 10 月 13 日，https://www.hzlz.gov.cn/articles/23804.html.）

总结推广浙江"千万工程"经验 推动学习贯彻习近平新时代 中国特色社会主义思想走深走实

"千万工程"是习近平总书记在浙江工作时亲自谋划、亲自部署、亲自推动的一项重大决策,全面实施 20 年来深刻改变了浙江农村的面貌。近日,中央有关部门赴浙江开展专题调研。调研组在杭州、宁波、湖州、金华等地实地走访,广泛接触各级党政干部、基层群众、企业负责人等,与20 年来亲历见证"千万工程"的老党员、老支书面对面交谈切身感受,与长期工作在"三农"一线的同志深入交流,并委托相关单位到嘉兴、丽水等地了解情况。在此基础上,与浙江的同志一起总结实施"千万工程"的经验启示。

总的来说,20 年来,浙江持之以恒实施"千万工程",探索出一条加强农村人居环境整治、全面推进乡村振兴、建设美丽中国的科学路径。"千万工程"充分彰显了习近平总书记以非凡魄力开辟新路的远见卓识和战略眼光,全面展现了人民群众伟大实践同人民领袖伟大思想、伟大情怀相互激荡形成的凝聚力和创造力。总结推广"千万工程"的有益经验,对推动学习贯彻习近平新时代中国特色社会主义思想走深走实,完成艰巨繁重的改革发展稳定任务,具有特殊重要意义。

一、基本情况

2003 年 6 月,时任浙江省委书记的习近平同志在广泛深入调查研究基础上,立足浙江省情农情和发展阶段特征,准确把握经济社会发展规律和必然趋势,审时度势,高瞻远瞩,作出了实施"千万工程"的战略决策,提出从全省近 4 万个村庄中选择 1 万个左右的行政村进行全面整治，把其中 1000 个左右的中心村建成全面小康示范村。在浙江工作期间，习近平同志亲自制定了"千万工程"目标要求、实施原则、投入办法，创新建立、带头推动"四个一"工作机制：实行"一把手"负总责，全面落实分级负责责任制；成立一个"千万工程"工作协调小组，由省委副书记任组长；每年召开一次"千万工程"工作现场会，省委、省政府主要领导到会并部署工作；定期表彰一批"千万工程"的先进集体和个人。亲自出席 2003 年"千万工程"启动会和连续 3 年的"千万工程"现场会并发表重要讲话，为实施"千万工程"指明了方向。2005 年在安吉县余村调研时提出"绿水青山就是金山银山"的科学理念，把生态建设与"千万工程"更紧密结合起来，美丽乡村建设成为"千万工程"重要目标。习近平同志始终牵挂着"千万工程"，担任总书记以来多次作出重要指示批示：强调坚持因地制宜、分类指导，规划先行、完善机制，突出重点、统筹协调，通过长期艰苦努力，全面改善农村生产生活条件；强调一件事情接着一件事情办，一年接着一年干，建设好生态宜居的美丽乡村，让广大农民在乡村振兴中有更多获得感、幸福感；强调深入总结经验，指导督促各地朝着既定目标，持续发力，久久为功，不断谱写美丽中国建设的新篇章；强调实现全面小康之后，要全面推进乡村振兴，建设更加美丽的乡村。习近平总书记一系列重要指示批示为推进"千万工程"提供了根本遵循。

得益于"千万工程"的实施，浙江省杭州市淳安县枫树岭镇下姜村发生了前所未有的可喜变化。从当年"脏乱穷"到现在"绿富美"，下姜村走出一条生态优先、绿色发展之路。

浙江历届省委、省政府按照习近平总书记的战略擘画和重要指示要求，顺应形势发展和实际需要，持续深化"千万工程"。20 年来，整治范围不断延伸，从最初的 1 万个左右行政村，推广到全省所有行政村；内涵不断丰富，从"千村示范、万村整治"引领起步，推动乡村更加整洁有序，到"千村精品、万村美丽"深化提升，推动乡村更加美丽宜居，再到"千村未来、万村共富"迭代升级，强化数字赋能，逐步形成"千村向未来、万村奔共富、城乡促融合、全域创和美"的生动局面。

　　"千万工程"造就了万千美丽乡村，造福了万千农民群众，促进了美丽生态、美丽经济、美好生活有机融合，被当地农民群众誉为"继实行家庭联产承包责任制后，党和政府为农民办的最受欢迎、最为受益的一件实事"，被专家学者誉为"在浙江经济变革、社会转型的关键时刻，让列车换道变轨的那个扳手，转动了乡村振兴的车轮"。淳安县下姜村老党员姜祖海动情地说："当年我听习近平总书记的话，在全村第一个建沼气池、第一个开农家乐。现在村里环境越来越美，发展越来越好，老百姓日子越过越幸福，我们最感恩的就是习近平总书记！"

　　从调研情况看，浙江实施"千万工程"主要有以下突出成效。一是农村人居环境深刻重塑。规划保留村生活污水治理覆盖率100%，农村生活垃圾基本实现"零增长""零填埋"，农村卫生厕所全面覆盖，森林覆盖率超过61%，农村人居环境质量居全国前列，成为首个通过国家生态省验收的省份。调研中不少农民群众津津乐道从"室内现代化、室外脏乱差"到"室内现代化、室外四季花"的巨大变化，从"坐在垃圾堆上数钞票"到"端稳绿水青山'金饭碗'"的华丽转身。金华市浦江县向水晶产业污染"开刀"，"黑臭河""牛奶河"再无踪影；台州市仙居县"化工一条江"变为"最美母亲河"，生态绿道串联起山水田园。二是城乡融合发展深入推进。城乡基础设施加快同规同网，最低生活保障实现市域城乡同标，基本公共服务均等化水平全国领先，农村"30分钟公共服务圈""20分钟医疗卫生服务圈"基本形成，城乡居民收入比从2003年的2.43缩小到2022年的1.90。"城市有乡村更美好、乡村让城市更向往"正在成为浙江城乡融合发展的生动写照。三是乡村产业蓬勃发展。休闲农业、农村电商、文化创意等新业态不断涌现，带动农民收入持续较快增长，全省农村居民人均可支配收入由2003年的5431元提高到2022年的37565元，村级集体经济年经营性收入50万元以上的行政村占比达51.2%。全省建成风景线743条、特色精品村2170个、美丽庭院300多万户，形成"一户一处景、一村一幅画、一线一风光"的发展图景。实施"十万农创客培育工程"，累计培育农创客超4.7万名，打造出"衢州农播"、丽水"农三师"等一批人才培养品牌。义乌市李祖村引进农创客200余人，带动创业就业村民人均月增收

2500 元。当地一位归乡农创客感慨,"水土好,梨才好,我做的梨膏糖卖得也好"。四是乡村治理效能有效提升。以农村基层党组织为核心、村民自治为基础的各类村级组织互动合作的乡村治理机制逐步健全,乡村治理体系和治理能力现代化水平显著提高,农村持续稳定安宁。宁波市基层干部谈到,"实施'千万工程'以前,有些村级组织说话没人听、办事没人跟,现在村'两委'给群众办实事、办好事,组织有了凝聚力战斗力,干部有了威信,老百姓信得过"。五是农民精神风貌持续改善。推动"物的新农村"向"人的新农村"迈进,全域构建新时代文明实践中心、新时代文明实践所、农村文化礼堂三级阵地,建成一批家风家训馆、村史馆、农民书屋等,陈规陋习得到有效遏制,文明乡风、良好家风、淳朴民风不断形成。杭州市小古城村村民说,"村里建起了文化礼堂,经常有'我们的村晚''我们的村歌''我们的村运会',放下筷子就想去"。六是在国内外产生广泛影响。各地区认真贯彻习近平总书记重要指示批示精神,结合实际学习借鉴浙江经验,农村人居环境整治提升和乡村建设取得扎实成效。"千万工程"不仅对全国起到了示范效应,在国际上也得到认可,2018 年 9 月荣获联合国"地球卫士奖",为营造和谐宜居的人类家园贡献了中国方案。

二、主要做法

习近平总书记在浙江工作期间对"千万工程"既绘蓝图、明方向,又指路径、教方法,到中央工作后继续给予重要指导。20 年来,浙江按照习近平总书记重要指示要求,深入谋划推进、加强实践探索,推动"千万工程"持续向纵深迈进,形成了一系列行之有效的做法。

(一)坚持生态优先、绿色发展。习近平总书记在浙江工作期间强调,要将村庄整治与绿色生态家园建设紧密结合起来,同步推进环境整治和生态建设;打好"生态牌",走生态立村、生态致富的路子,并明确提出"绿水青山就是金山银山"。浙江把这些重要理念和要求贯穿实施于"千万工程"的全过程各阶段之中,以整治环境"脏乱差"为先手棋,全面推进农村环境"三大革命",全力推进农业面源污染治理,开展"无废乡村"建设,实施生态修复,不断擦亮生态底色。坚持生态账与发展账一起算,整治重污染高耗能行业，关停"小散乱"企业，大力创建生态品牌、挖掘人文景观，培育"美丽乡村＋"农业、文化、旅游等新业态，推动田园变公园、村庄变景区、农房变客房、村民变股东，持续打通"绿水青山就是金山银山"的理念转化通道，把"生态优势"变成"民生福利"。

（二）坚持因地制宜、科学规划。习近平总书记在浙江工作期间要求，从浙江农村区域差异性大、经济社会发展不平衡和工程建设进度不平衡的实际出发，坚持规划先行，以点带面，着力提高建设水平。浙江在实施"千万工程"过程中，立足山区、平原、丘陵、沿海、岛屿等不同地形地貌，区分发达地区和欠发达地区、城郊村庄和纯农业村庄，结合地方发展水平、财政承受能力、农民接受程度开展工作，尽力而为、量力而行，标准有高有低，不搞整齐划一，"有多少汤泡多少馍"。着眼遵循乡村自身发展规律、体现农村特点、注意乡土味道、保留乡村风貌，构建以县域美丽乡村建设规划为龙头，以村庄布局规划、中心村建设规划、农村土地综合整治规划、历史文化村落保护利用规划为基础的"1＋4"县域美丽乡村建设规划体系，强化规划刚性约束和执行力，一旦确定下来就不折不扣实施。

（三）坚持循序渐进、久久为功。习近平总书记在浙江工作期间指出，要不断丰富"千万工程"内涵，拓展建设领域，坚持不懈地抓好这项惠及全省千百万农民的"德政工程"。浙江紧盯"千万工程"目标不动摇、不折腾，保持工作的连续性和政策稳定性，每五年出台一个行动计划，每个重要阶段出台一个实施意见，以钉钉子精神推动各项建设任务顺利完成。根据不同发展阶段确定整治重点，与时俱进、创新举措，制订针对性解决方案，既不刮风搞运动，也不超越发展阶段提过高目标，从花钱少、见效快的农村垃圾集中处理、村庄环境清洁卫生入手，到改水改厕、村道硬化、绿化亮化，再到产业培育、公共服务完善、数字化改革，先易后难，层层递进。

（四）坚持党建引领、党政主导。习近平总书记在浙江工作期间要求，各级党政主要负责人要切实承担"千万工程"领导责任，充分发挥基层党组织的战斗堡垒作用和党员的先锋模范作用。浙江坚持把加强领导作为搞好"千万工程"的关键，建立党政"一把手"亲自抓、分管领导直接抓、一级抓一级、层层抓落实的工作推进机制，每年召开"千万工程"高规格现场会，省市县党政"一把手"参加，地点一般选在工作力度大、进步比较快、具有典型意义的县（市、区），营造比学赶超、争先创优浓厚氛围。坚持政府投入引导、农村集体和农民投入相结合、社会力量积极支持的机制，真金白银投入。将农村人居环境整治纳入为群众办实事内容，纳入党政干部绩效考核，强化奖惩激励。突出党政主导、各方协同、分级负责，配优配强村党组织书记、村委会主任，推行干部常态化驻村联户、结对帮扶，实行"网格化管理、组团式服务"。

（五）坚持以人为本、共建共享。习近平总书记在浙江工作期间强调，必须把增进广大农民群众的根本利益作为检验工作的根本标准，充分尊重农民的意愿，充分调动农村基层干部和广大农民群众的积极性和创造性。浙江在实施"千万工程"过程中，始终从农民群众角度思考问题，尊重民意、维护民利、强化民管。实施初始就把增进人民福祉、促进人的全面发展作为出发点和落脚点，从群众需要出发推进农村人居环境整治。在进行决策、推进改革时，坚持"村里的事情大家商量着办"，不搞强迫命令。厘清政府干和农民干的边界，该由政府干的主动想、精心谋、扎实做，该由农民自主干的不越位、不包揽、不干预，激发农民群众的主人翁意识，广泛动员农民群众参与村级公共事务，推动实现从"要我建设美丽乡村"到"我要建设美丽乡村"的转变。

浙江省嘉兴市嘉善县在推进"千万工程"中，坚持以人为本、共建共享，从群众需要出发推进农村人居环境整治，为村民算好共富账、民生账、生态账三本"幸福账"。

（六）坚持由表及里、塑形铸魂。习近平总书记在浙江工作期间强调，要加强思想道德建设，开展多种形式的文化活动，满足农民群众日益增长的精神文化生活需求。浙江注重推动农村物质文明和精神文明相协调、硬件与软件相结合，努力把农村建设成农民身有所栖、心有所依的美好家园。大力弘扬社会主义核心价值观，加强法治教育，完善村规民约，持续推动移风易俗。构建农村文化礼堂效能评价体系、星级管理机制，在文化场所建设、文化活动开展中融入乡土特色、体现农民需求，变硬性推广为潜移默化，变"文化下乡"为"扎根在乡"。通过打造"美在安吉"、德清"德文化"等区域性品牌，挖掘农村传统文化基因，推动崇德向善。结合农村特性传承耕读文化、民间技艺，加强农业文化遗产保护、历史文化村落保护。在未来乡村建设中专门部署智慧文化、智慧教育工作，着力打造乡村网络文化活力高地。

三、经验启示

浙江"千万工程"之所以取得突出成效，最根本在于习近平总书记的战略擘画、关心厚爱和关怀指导，在于习近平新时代中国特色社会主义思想的科学指引。必须更加深刻领悟"两个确立"的决定性意义，增强"四个意识"、坚定"四个自信"、做到"两个维护"，切实把浙江"千万工程"经验总结推广好、学习运用好，把握蕴含其中的习近平新时代中国特色社会主义思想的世界观和方法论，不断转化为推进中国式现代化建设的思路办法和具体成效。

（一）必须坚持以人民为中心的发展思想，把实现人民对美好生活的向往作为出发点和落脚点。"千万工程"源于习近平总书记的深厚农民情结和真挚为民情怀。20年来，浙江从全省千百万农民群众的切身利益出发，坚持民有所呼，我有所应，不断提高农村生产生活条件，提高农民的生活质量和健康水平，使广大农民有更多获得感、幸福感、安全感。实践证明，只有心里真正装着农民，想农民之所想，急农民之所急，不断解决好农业农村发展最迫切、农民反映最强烈的实际问题，才能得到农民群众的真心支持和拥护，才能加快补齐农业农村这块我国现代化建设的短板。新时代新征程上，要更加自觉站稳人民立场，强化宗旨意识，尊重人民意愿，采取更多惠民生、暖民心举措，千方百计拓宽农民增收致富渠道，巩固拓展好脱贫攻坚成果，让农民腰包越来越鼓、日子越过越红火，推动农民农村共同富裕取得更为明显的实质性进展。

（二）必须坚持以新发展理念为统领，全面推进乡村振兴。"千万工程"实施前后农村面貌的鲜明反差、推进落实带来生产生活的巨大变化，根本上反映的是发展理念的变革、发展方式的转变。从村庄环境建设到农村全面发展，从物质文明建设到精神文明建设，浙江坚持新发展理念，走出了一条迈向农业高质高效、乡村宜居宜业、农民富裕富足的康庄大道。实践证明，观念一变天地宽。只有完整准确全面贯彻新发展理念，推进乡村振兴才能理清思路、把握方向、找准着力点。新时代新征程上，要以新发展理念为统领，立足加快构建新发展格局，正确处理速度和质量、发展和环保、发展和安全等重大关系，加强机制创新、要素集成，抓好乡村产业、人才、文化、生态、组织"五个振兴"，实现农业生产、农村建设、乡村生活生态良性循环。

（三）必须强化系统观念，着力推动城乡融合发展。"千万工程"实施20年来，浙江始终坚持统筹城乡发展，不断推动城市基础设施向农村延伸、公共服务向农村覆盖、资源要素向农村流动，使城乡关系发生深刻变革。实践证明，必须把农村和城市作为一个有机统一的整体系统考虑、统筹协调，充分发挥城市对农村的带动作用和农村对城市的促进作用，兼顾多方面因素，注重多目标平衡。新时代新征程上，要系统调整城乡关系，以县域为重要切入点，统筹部署、协同推进，抓住重点、补齐短板，加大改革力度，破除妨碍城乡要素平等交换、双向流动的制度壁垒，促进发展要素、各类服务更多下乡，加快形成工农互促、城乡互补、协调发展、共同繁荣的新型工农城乡关系。

（四）必须大兴调查研究，从实际出发想问题、作决策、办事情。"千万工程"是习近平同志到浙江工作后不久，用118天时间跑遍11个地市，一个村一个村地仔细考察，充分掌握省情农情作出的重大决策。20年来，"千万工程"的每一次深化，都是基于调查研究的成果。实践证明，正确的决策离不开调查研究，正确的贯彻落实同样也离不开调查研究。只有学好练精这个基本功，才能把情况摸清、把问题找准，提出的点子、政策、方案才能符合实际情况、符合客观规律、符合科学精神。新时代新征程上，要持续加强和改进调查研究，围绕学习贯彻党的二十大精神，聚焦推进乡村振兴、实现共同富裕、增进民生福祉等改革发展稳定中的重点、难点问题，深入基层、掌握实情、把脉问诊，紧密结合自身实际，谋划实施有针对性的政策举措，不断破解矛盾瓶颈，推动高质量发展。

（五）必须突出抓基层、强基础、固基本的工作导向，健全党组织领导的基层治理体系。"千万工程"实施20年来，浙江抓党建促乡村振兴，充分发挥农村基层党组织战斗堡垒作用，充分发挥村党组织书记、村委会主任的带头作用，引导基层党员干部干在先、走在前，团结带领农民群众听党话、感党恩、跟党走。

实践证明，群众富不富，关键看支部；支部强不强，还看"领头羊"。只有坚持以党建引领基层治理，善于发动群众、依靠群众，才能把党的政治优势、组织优势、密切联系群众的优势，不断转化为全面推进乡村振兴的工作优势。新时代新征程上，要突出大抓基层的鲜明导向，选优配强基层党组织领导班子，完善党组织领导的自治、法治、德治相结合的治理体系，推动各类治理资源向基层下沉，不断激发人民群众的积极性、主动性、创造性，形成凝心聚力、团结奋斗的良好局面。

在推进"千万工程"中，浙江省宁波市宁海县越溪乡王干山村结合"看东海日出、观沧海桑田"的景观特色，以文化为纽带，合理开发特色旅游资源，打造精品民宿，以独特的山海景观和日趋完善的服务设施，每年吸引近万名游客。

（六）必须锚定目标真抓实干，一张蓝图绘到底。20年来，浙江始终把"千万工程"作为"一把手"工程，保持战略定力，一任接着一任干，实现一个阶段性目标，又奔向新的目标，积小胜为大胜，创造了接续奋斗不停歇、锲而不舍抓落实的典范。实践证明，真抓才能攻坚克难，实干才能梦想成真。必须持续改进工作作风，把更多心思和工夫花在狠抓落实上，力戒形式主义、官僚主义，不搞"政绩工程""形象工程"，防止"新官不理旧账"。新时代新征程上，要紧紧围绕党的中心任务，对标对表党中央决策部署，保持历史耐心，一件事情接着一件事情办，一年接着一年干，尤其要注意防止换届后容易出现的政绩冲动、盲目蛮干、大干快上以及"换赛道""留痕迹"等倾向，以良好的作风进一步赢得党心民心，凝聚起强国建设、民族复兴的磅礴力量。

（本文来源：专题调研组，《总结推广浙江"千万工程"经验 推动学习贯彻习近平新时代中国特色社会主义思想走深走实》，《求是》2023年第11期，第15—22页。）

第二章 专家观点

浙江高质量推进乡村全面振兴的实践及启示

　　《中共中央　国务院关于做好 2023 年全面推进乡村振兴重点工作的意见》（以下简称 2023 年中央一号文件）明确提出要"推动乡村产业高质量发展"。这是"十四五"时期全面推进乡村振兴的重点任务，是实现强县富民、确保农民增收致富的关键举措。推动乡村产业高质量发展，需要准确把握乡村产业的构成和成长路径，深刻理解发展和演进逻辑，分析当前存在的关键症结，瞄准转型方向和趋势，加快乡村产业体系构建，提升发展质量。浙江具备相应的基础、条件，也有责任高质量地推进乡村振兴战略，应通过创新实践做好我国乡村振兴战略的先行示范区。

　　浙江是我国改革开放的先行地，是新时代"三农"思想的重要萌发地，是中国美丽乡村建设的重要发源地，还是我国唯一的省部共建乡村振兴示范省。浙江推进乡村全面振兴的重要目标在于根据问题、趋势、目标的指导要求，探索浙江高质量推进乡村全面振兴的典型模式，注重实践创新，积极拓展新时代浙江高质量推进乡村全面振兴的实践途径，从而使浙江成为我国乡村振兴战略创新实践的好样板，为我国乡村振兴积累浙江经验、提供浙江方案，意义深远。

一、浙江高质量推进乡村全面振兴的创新实践模式

　　浙江拥有多种类型的农村，乡村振兴战略的实施需要"因地制宜"，全面考虑区域条件、资源禀赋、发展基础及产业形态等多方面因素。通过对浙江的发展现状进行调研发现，浙江应重点突出资源、环境等条件的优势，注重从城郊、平原、海岛、山区四个方面大力创建浙江高质量推进乡村全面振兴的创新实践模式，以下重点介绍城郊与平原地区的乡村全面振兴模式。

首先是城郊乡村全面振兴模式。由于处于城郊地区的乡村通常和城市存在紧密联系，因此在城市的影响下呈现出融合发展的趋势。加快城郊地区乡村振兴是浙江高质量推进乡村全面振兴的一个创新实践示范点，其核心内涵在于重视城乡的协同性与关联性，注重全面部署、统一规划、协调推进，强调城市必须具备带动乡村发展的能力，推进城乡的协同发展。在资源的分配过程中，市场必须充分发挥决定性作用，促进城市与乡村各种资源的自由流动、平等交易，从而使城乡资源得到有效配置，实现均衡化、高质量发展的目标，进而使城郊地区乡村实现全面振兴。

城郊地区乡村振兴模式的突出特征为城市与乡村持续融合。因此，应当将统筹城乡发展作为指导，目标在于实现城乡空间布局的优化，对城市和乡村的协同发展进行全面考虑，科学规划产业发展、基础设施、公共服务、资源能源、生态文明及环境保护等工作的布局，为城乡协同发展营造生产、生活及生态的空间。

注重培养人才，坚持"以人为本"的发展理念，依托城市在人力资源方面所具备的突出优势。可以将乡村人力资源的开发放在首位，制定完善的激励机制，以此加强乡村对城市人才的吸引力，鼓励城市人才投身于乡村全面振兴的创新实践中。

示范引领，借助地理位置、城市资源的优势辐射带动乡村发展。城市郊区的乡村具备成为推进与实现乡村全面振兴先行区、样板区与示范区的条件，因此应充分发挥示范引领与创新实践典型的作用，为其他地区的乡村提供乡村全面振兴的经验与方案。

例如，浙江省杭州市萧山区和杭州主城区仅一江之隔。萧山区综合实力居于省内各区（县、市）前列，因此，萧山区也成了浙江经济发展的样板区。萧山区将城乡融合作为主要发展目标，对乡村振兴目标定位、标准体系、资源投入及工作效率做了明确规划，坚持将农业供给侧结构性改革作为主体目标，推进乡村一二三产业的融合，使城市郊区的乡村农业实现产业化、优质化、特色化、绿色化、品牌化发展。注重将城市人才作为乡村全面振兴创新实践的强大支撑。增强人才培养与引进能力，大力建设乡村实用型人才队伍，健全新职业农民培养制度。对乡村进行全面治理，遵循"法治、德治、自治"的三治融合要求,构建起协同建设、共享善治的新局面。持续深化美丽乡村示范建设,重视美丽乡村战略的落实,以"城市栖息地、杭州南花园"为引导,大力建设新时代美丽萧山。

其次是平原乡村全面振兴模式。浙江省平原面积占 23.2%,其突出特点是地势平坦、交通发达、人口聚居、易于开发等。在城市发展中处于优先地位,并且在乡村全面振兴中具备了先天性的优势。所以,加快平原地区乡村振兴成为浙江省推进乡村全面振兴的重要支撑。其核心内涵在于通过贯彻落实乡村振兴战略,浙江省的平原地区可以依托地形开阔、市场广阔、资源丰富等优势,基于新形势,拓宽适合平原地区发展协调、产业提质、乡村升级的创新型道路,从而确保平原地区实现乡村全面振兴。

平原乡村振兴模式的特点为产业融合,应推动农业全产业链发展。持续强化农业农村的创新能力、竞争实力,提高资源开发与利用的效率,注重转换农业的新旧动能,强化一二三产业的融合,创建利于农业快速发展的空间,不断延长农业的产业链,确保农业实现接"二"连"三"。

重视实施"双创"战略,也就是全面实施"大众创业、万众创新"战略,构建完善的创业与就业体系,重视搭建"双创"平台,以此吸引更多的实用型人才到乡村创新、创业,强化人才培养与吸引能力,制定激励城市实用型专业人才投身平原地区开展乡村振兴创新实践的政策。

注重先行先试,全面掌握乡村全面振兴的内涵要求,敢于进行探索、改革与创新,通过积极的探索与创新实践,大力推进"三农"改革发展,为产业的快速发展夯实基础,不断强化强农惠农富农政策的扶持力度,注重积累可分享、复制与推广的经验和模式。

例如,浙江省嘉兴市海宁市地处长江三角洲的杭嘉湖平原,地势较为平坦,是长三角地区最具发展潜力的县级市之一。我国实施改革开放战略后,海宁市积累了大量的农业农村改革发展经验,海宁市农业农村的转型发展居于嘉兴市、浙江省乃至全国前列。海宁市借助自身地理优势,注重发展农产品加工与休闲农业,对乡愁产业的发展做了探索,努力创建乡愁产业发展示范县。海宁市尊重广大人民群众的创新精神,鼓励"先行先试、创新实践",不断健全城乡公共创业、就业服务体系,从而在乡村振兴战略实施中形成强大合力。海宁市重视乡村发展特色产业，振兴传统工艺，促进乡村经济的多元化发展，提供更多的就业岗位。海宁市的"三农"改革发展目前已经立于历史新起点上，并具备了高质量推进乡村全面振兴创新实践的基础。

二、高质量推进乡村全面振兴的几点建议与启示

坚持党对"三农"工作的领导，有效强化"三农"高质量发展组织保障能力，注重全面打破制约科学发展、和谐发展及城乡融合发展的机制体制障碍、资源要素瓶颈、制度政策束缚等。乡村振兴战略的实施充分体现了"三农"情怀、"三农"实践和"三农"思想。

浙江省湖州市是"绿水青山就是金山银山"理念的诞生地、美丽乡村建设发源地，是全国首个地市级生态文明先行示范区。当全国首个省级地方标准——《浙江省美丽乡村建设规范》正式实施后，湖州市的美丽乡村建设实现了从"物的新农村"向"人的新农村"的转变。生态经济化、经济生态化的发展理念深入人心，结出丰硕的成果。此外，湖州的美丽乡村建设还有一点让人感触很深，就是农村社会管理的精细化、资源开发利用的高效化、比较优势发挥的最大化、服务群众的细微化，体现在方方面面。

眼界决定高度，创新决定广度，思路决定出路，勇气决定举措，担当决定成效。如何创造性地贯彻加快实现打造"乡村振兴的特色区"和践行"绿水青山就是金山银山"理念的示范区这一目标，想在先、走在前呢？我们认为可以从以下几个方面突破：

一是思想上要解放。要坚持"实践是检验真理的唯一标准"，在党纪法律范围内主动破除制约乡村发展的条条框框，为创新松绑，为发展撑腰。要结合当前正在开展的解放思想大讨论活动，全方位反思以前在农业农村工作方面的不足和问题，总结好的经验和做法，探讨打破乡村振兴瓶颈的举措，把讨论活动变成统一思想、形成共识的过程，用讨论的成果推动乡村振兴工作的开展。要在全社会营造人人为乡村振兴想办法、不为不作为找理由的浓厚氛围，树立为干事者担当、为作为者负责的正确导向。

二是政策上要吃透。在去村庄考察时，感悟最深的就是湖州人把政策

用足、用活了。这恰恰是我们工作的一大短板。对此，我们一方面要加大政策法规的学习培训和宣传力度，提高执行者的业务素质和水平，另一方面要加大对政策研究的力度，提高解读政策的能力，创造性地提出贯彻落实政策的细则或举措，让政策更接地气、更服水土，而不是机械教条式地执行政策，更不能把政策变成牟取私利的工具和依据。只有这样，才能让政策变成推进乡村振兴的动力。

三是构建现代农业生产体系。实现产业兴旺，要以深化农业供给侧结构性改革为主线，其中，坚持质量兴农是重中之重。比如，深入推进农业绿色化、优质化、特色化、品牌化，调整优化农业生产力布局，推动农业由增产转向提质；推进特色农产品优势区域建设，建设现代农业产业园、农业科技园区等；实施产业兴农行动，推行标准化作业，打造农产品品牌，保护地理标志农产品，打造"一村一品牌、一县一产业"的发展新格局。

产业兴才能乡村兴，经济强才能人气旺。产业兴旺、生态宜居、乡风文明、治理有效、生活富裕是乡村振兴战略实施的总要求，是决胜全面建成小康社会的重中之重。要不断提高乡村的自治能力，从而形成治理有效、科学发展的良好局面。乡村建设是一篇大文章，宜居宜业和美乡村赋予了乡村建设特别重要的意义。

（本文来源：鲍力，《浙江高质量推进乡村全面振兴的实践及启示》，搜狐网，2023年11月8日，https://www.sohu.com/a/734704701_120774025.）

如何破解乡村产业全链条升级中面临的困难与问题

"民族要复兴，乡村必振兴。"党的二十大报告明确指出，全面建设社会主义现代化国家，最艰巨最繁重的任务仍然在农村。产业兴，百业兴。产业振兴是推动乡村振兴的重点，只有产业兴旺了，农业农村各项事业发展才有坚实的物质基础。乡村产业根植于县域，以农业农村资源为依托，以农民为主体，以农村一二三产业融合发展为路径，地域特色鲜明，创新创业活跃，业态类型丰富，利益联结紧密，是提升农业、繁荣农村、富裕农民的产业。

一、乡村产业全链条升级面临的困难和问题

第一，乡村产业是农村经济发展的重要支撑和增长点，缺乏产业支撑是当前全链条升级的最突出问题。除了影响农民收入之外，更会造成村集体经济孱弱，影响基层治理效果。

长期以来，农村地区的经济主要依赖传统农业产业，乡村产业链相对单一，农村地区的产业链主要集中在传统农产品的生产、加工和销售环节，缺乏多样化的产业链拓展，导致农村地区的产业结构缺乏多元化和高附加值的产业链发展。同时，农产品种类少也是乡村产业链升级中的一个问题。由于农村地区的农业主要集中在传统农作物和养殖业上，农产品种类较少，相对于城市市场对于多样化、特色化农产品的需求，农村地区的农产品种类相对有限，难以满足市场需求，而且在乡村产业链升级中，农产品的深加工和品牌建设有所欠缺。在一些地区，由于缺乏对农产品的深加工和品牌建设的重视，导致农产品的附加值较低。这使得农村地区的农产品无法

通过加工和品牌建设获得更高的利润和更强的市场竞争力。

第二，乡村产业全链条升级在人才方面存在短板。进行产业全链条升级涉及多个领域的专业人才，包括农业技术专家、市场营销人员、物流管理人员等。然而，当前农村地区的人才储备相对不足，特别是高级技术人才和管理人才的供给不足，这导致在乡村产业全链条升级的过程中缺乏专业人士的支持和指导。另外，乡村产业全链条升级需要具备创新能力和跨界合作能力的人才，但是传统的农村教育体系和培训机制往往更注重基础知识和技能培养。

从实际来讲，乡村产业全链条升级也十分需要具备实践经验和技能的人才。然而，由于农村地区长期以来缺乏相关产业的发展和培训机会，缺乏实践经验丰富的人才，这使得在实施乡村产业全链条升级的过程中，很难找到具备相关技能和经验的人才，从而影响升级工作的顺利进行。同时，乡村产业全链条升级也需要具备社会责任感和服务意识的人才。在农村地区，人才流失和人才外流问题比较严重，很多有能力的人选择去城市发展，这使得在乡村产业全链条升级中，缺乏能够真正为农民服务和推动农村发展的人才。

第三，产业链升级在文化方面存在一定短板。其一，乡村文化传承不足。乡村地区的传统文化是乡村产业发展的重要基础和核心竞争力之一。然而，许多乡村地区的传统文化逐渐衰退乃至消失。乡村产业全链条在升级中因为缺乏具有地域特色和文化内涵的产品与品牌，影响了产业的差异化竞争能力。乡村地区的文化创意和设计能力相对较弱。乡村产业全链条升级需要注重产品设计、包装设计、品牌策划等方面的工作，以提升产品的附加值和市场竞争力。其二，乡村地区的文化旅游开发不够充分。乡村产业全链条升级需要将文化资源与旅游产业相结合，打造具有吸引力和竞争力的文化旅游产品。其三，乡村地区的文化创业环境不够完善。文化创业是乡村产业全链条升级中的重要组成部分，可以带动乡村地区的经济发展和就业增加，但相关政策支持、融资渠道和创业支持机构较少，乡村地区的文化创业环境相对不够完善，这使得许多有创意和想法的人才难以在乡村地区实现自己的梦想，从而影响了乡村产业全链条升级的可持续发展。

　　第四，乡村产业在基础设施建设和服务水平方面也存在短板。由于农村地区的经济基础相对薄弱，政府投入有限，基础设施建设滞后于城市地区。例如，交通基础设施方面，乡村地区的道路状况普遍较差，交通不便利、物流成本高，制约了乡村产业的发展。而且，乡村地区的公共服务水平相对较低。医疗、教育、文化等方面资源不足，公共服务设施缺乏，服务质量不高。与此同时，文化设施和娱乐活动的匮乏也影响了乡村居民的生活质量和幸福感。乡村地区的社会服务机构相对不完善，社区服务中心、就业服务中心、创业孵化基地等服务机构缺乏，无法提供全面的服务支持，因而乡村产业在创新创业、人才培养等方面面临较大困难。专业化的农业技术推广和咨询机构的缺乏，也限制了农民对先进农业技术的获取和应用。此外，乡村地区的金融服务覆盖面较窄。金融服务不便利，导致农民和乡村企业在融资方面面临较大困难，缺乏金融支持限制了乡村产业的发展速度和规模。同时，乡村地区的公共服务水平相对较低，医疗、教育、文化等方面的资源不足，影响了乡村产业发展的全面性和可持续性。

　　第五，乡村产业链升级在生态方面存在一定短板。在乡村产业链升级过程中，人们的生态保护意识不足。由于一些地方对经济发展的追求较高，对生态环境的保护和修复关注不够，在产业链升级过程中忽视了经济发展对生态环境的影响。例如，在发展农业产业时，可能过度地使用化肥农药，造成土壤污染；或者过度开发旅游资源，破坏了自然景观和生态系统。这些行为会对乡村生态环境造成负面影响。而且，在乡村产业链升级中，还存在资源利用不合理的问题。一些地区在推动产业升级时，可能过度开发自然资源，导致资源的破坏和枯竭，比如，过度砍伐森林资源，导致森林减少和生态系统的破坏。这种不合理的资源利用方式不仅会影响生态平衡，还会影响产业的可持续发展。此外，在乡村产业链升级中缺乏生态环境监测和管理机制及有效的监测和管理手段。某些地区缺乏健全的生态环境监测和管理机制，对生态环境的监管不到位，这使得一些企业或个人在产业链升级中可能存在违法违规行为，对生态环境造成破坏。

　　第六，乡村产业链升级在组织方面存在短板。首先，乡村产业链升级中缺乏统一的组织协调机制。在一些地区，由于缺乏统一的组织协调机制，导致乡村产业链升级过程中各个环节之间缺乏有效的衔接和协同。不同部门、企业和农户之间的信息传递和合作不畅，影响了产业链的顺利运行和效益提升。其次，乡村产业链升级中缺乏有效的合作机制和合作平台。乡村由于缺乏有效的合作机制和合作平台，使得企业、农户之间合作意愿不强或者合作方式不够灵活，从而导致乡村产业链升级中的合作难度增加，影响了产业链的整体效益和发展潜力的发挥。最后，乡村产业链升级中缺乏长期稳定的组织支持和政策保障。一些地区由于缺乏长期稳定的组织支持和政策保障，导致产业链升级过程中的组织发展受到限制。缺乏持续的资金、技术和政策支持，使得乡村产业链升级难以持续发展和壮大。

综上所述，现代农业竞争已由产品之间的竞争转为产业链之间的竞争。加快推进农业产业链整合，必须抓住当前需求侧消费结构升级、供给侧结构性改革加速的有利时机，立足国情，分类施策，积极探索中国特色的农业产业链整合模式。要解决乡村产业全链条升级面临的困难和问题，需要政府、企业和社会各方共同努力，共同加大对乡村产业发展的支持力度，提供资金、技术、人才和基础设施等全方位支持，推动乡村产业全链条升级取得更好的效果。

二、破解乡村产业全链条升级中存在问题的对策

（一）全力拉长农业产业链条。在产业链长度方面，尽可能地延伸产业链的长度，提高农产品加工中精深加工所占的比重，实现价值增值和附加值的增加；在产业链的宽度方面，尽可能地拓展产业链的宽度，提高农产品的综合利用水平，使得各个产业环节和产品功能得到有效扩充；在产业链的厚度方面，尽可能地增加产业链的厚度，扩大农业产业的规模，增强市场竞争力。

（二）全力保障农业产业链条完整。农业是一个涉及一二三产业的综合性产业，包括从原料到生产、加工、销售为一体的产业链条，保障农业产业链条的完整性对于现代化农业的建设和我国农业的转型至关重要，我们要在现有产业链的基础上延长产业链条的长度，同时有效促进各链条间的衔接，发挥农业产业链在农业增效和农民增收中的作用。要保障产业链

完整，就必须缩短上下游之间的距离，在中间环节增加有效衔接，有效促进上下游环节资源配置，使产业链条供给和消费平稳发展，减少资源浪费。

（三）全力提高农业产业链组织化程度。全力提高农业产业链组织化程度，是促进农业专业化水平的提高和扩大农业产业化规模、转变农业发展方式的重要手段，也是农业发展的未来趋势。针对我国农业产业链组织化程度较低的现状，要在促进家庭经营利用现代化生产手段和培育龙头企业、延长产业链两方面同步发力，尤其是大力发挥家庭农场和农业合作社的中坚力量。要在提高生产方面及农民合作方面有效提高组织化程度，逐步增强我国农业产业链整体组织化程度。

（四）全力健全农业产业链利益协调机制。农业产业链市场主体包括原材料的供应者——农民、涉农企业、农民专业合作社和社会大众等，在建立健全农业产业链的同时，要在充分协调、利益共享的原则下调整我国农业产业链各市场主体的关系，均衡各市场主体的力量，分配各方利益，涉农企业和农民专业合作社等市场影响力较大的市场主体要带动力量薄弱的市场主体，从而促进整个农业产业链条协调平稳发展。建立各环节有效衔接、相互配合、利益共享和风险共担的农业产业链利益协调机制。

（五）全力协调农业产业链市场主体关系。农民和农民专业合作社、农民和涉农企业、涉农企业和农民专业合作社之间要相互配合，做到有效衔接，以促进农业产业链整体作用的发挥，争取建立产学研、产供销一体化、完整化的农业产业链条，有效破除我国目前各市场主体各自为战的现状。产业链主要包括物流、资金流和信息流，通过相关措施使物流、资金流和信息流协调顺畅，以此降低交易费用，获得产业链的整体效益。农业产业链的整合、引导和发展应以市场需要为导向。此外，通过推行订单农业的方式，使加工企业和分散的农户形成稳定的契约关系和共同利益体。

1.加快建设农业产业链的信息化。根据相关理论，产业链中的各成员通过信息的参与和共享能够提高产业链的整体竞争力，取得在行业竞争中的整体优势，提高产业链的整体效益。通过产业链的信息共享和提高产业链的信息化程度实现农产品价值的再次增值，因此，与农业相关的各个产业链组织都应该建立农产品信息链管理系统，如运输业通过建立农产品信息链管理系统，可以根据网上的交易数据来提前安排和组织运输，实现运输业和农业的互利共赢。现阶段，各行业应利用各种现有信息网络来实现信息的传递。

2. 加大力度发展农业产业链物流。物流是货物的流通，指的是产品的生产、储存、运输、装卸、再加工、流动、销售等一系列活动，农产品的价值增值也是在这一过程中实现的。农产品物流特点是量大、点多、面广、作业独立。对于农产品加工企业，节约物流成本是提高其利润率的一种途径，包括减少存货量、加速流转等。

（六）全力消除农业产业链次品市场影响。要建立健全信息沟通机制和沟通平台，促进买卖双方的信息公开化，增加信息透明度，最大限度地减小次品市场的影响。在农产品生产中，要加强对农资质量的管理和监督，加快新型职业农民建设，推进"互联网＋"发展，使农户准确把握市场信息，让消费者无论在哪里都可以购买物美价廉的农产品，逐步解除农业产业链的困境。在消费者方面，要加强各信息平台的建设和推广，一方面要充分利用"互联网＋"，另一方面要建立买方和卖方直接沟通的机制和平台，促进双方直接高效地沟通，最大限度地消除次品市场对农业产业链的影响。

（七）增强粮食全链条协同保障能力。要加强粮食全产业链各个环节的协同作战和持续创新能力，为粮食产业高质量发展注入强劲动力，为开发节粮减损这块"有形良田"赋能，为加快构建更高层次、更高质量、更有效率、更可持续的重要农产品保障体系提供有力支撑。开展粮食应急能力及粮食节约减损健康消费提升行动，锻长板，补短板，从粮食产出端安全向全链条系统安全转变，增强产购储加销协同保障，使得我国能够有效应对国内外各类风险挑战。

粮食流通是保障国家粮食安全的关键，涉及收购、储运、加工、销售等诸多环节。面对国内粮食供需长期紧张、区域供给不平衡、粮油加工业不强及个别品种对外依赖程度高等问题，不断强化粮食流通能力，确保"供好粮"。

在收购端，通过统筹市场化收购和最低收购价，引导农民多种粮、种好粮，确保农民种粮有合理收益，防止"谷贱伤农"的悲剧重演。在储存端，通过绿色储粮技术的推广应用和精细化管理，管好"大国粮仓"，确保储备粮数量真实、质量良好，确保国家急需时调得动、用得上。

在加工端，充分发挥粮食加工企业引擎作用，引领行业"产好粮"。在进口环节，以共建"一带一路"国家和地区为重点，积极支持粮食企业"走出去"和"引进来"，拓展多元化粮食来源市场，降低粮食进口安全风险。

消费是粮食产业链的终端环节。吃优质粮、吃品牌粮，已经成为当前粮油消费大趋势，但优质粮油供给不足，无法满足消费升级需要。为满足人民日益增长的美好生活需要，我国实施了品种品质品牌提升行动，确保消费者"吃好粮"。粮油消费正加快由"吃得饱"向"吃得好""吃得营养健康"转变。

（八）选择多种组织形式发展提升乡村产业链。根据各地乡村振兴产业链的形成基础、发展水平、市场化程度等具体情况，建立多种形式的乡村产业链升级组织。例如，以强镇强村公司为主体，以一种或几种农产品为核心，联合生产企业、农户，实现分担风险、共享收益的产业链组织形式；以订单为核心，依托专业市场，发展地域特色品牌产品，建立产销一体化的产业链组织形式等。对于我们这样的农业大国来说，研究提升乡村产业链，对于发展中国式现代化农业强国显得尤为迫切与重要。

（本文来源：鲍力，《如何破解乡村产业全链条升级中面临的困难与问题》，产业发展研究网，2023 年 11 月 10 日，http://www.chinaidr.com/news/2023-11/232476.html.）

学习浙江省第十五次党代会精神，
坚定做好乡村共富践行者

"诗画江南、活力浙江。"2022 年 6 月 22 日，浙江省第十五次党代会圆满完成各项议程和任务，在浙江省人民大会堂胜利闭幕。本次大会以"高举习近平新时代中国特色社会主义思想伟大旗帜，忠实践行'八八战略'，坚决做到'两个维护'，在高质量发展中奋力推进中国特色社会主义共同富裕先行和省域现代化先行"为主题，总结过去、展望未来，为全省擘画美好新蓝图，引领壮阔新征程。

一、理论指引：忠实践行"八八战略"，先行探路共同富裕

初心如磐，奋楫笃行。2022 年 8 月，时任浙江省委书记袁家军在中共浙江省委"中国这十年·浙江"主题新闻发布会上指出，浙江是习近平新时代中国特色社会主义思想的重要萌发地，习近平同志在浙江工作期间从省域层面对坚持和发展中国特色社会主义进行了卓有成效的理论探索和实践创新，创造了弥足珍贵的理论成果、实践成果、制度成果。

习近平总书记的重要指示、重大部署，是浙江奋进新时代新征程的指路明灯。2003 年，时任浙江省委书记习近平在浙江省十一届四次全会上作出了"发挥八个方面的优势""推进八个方面的举措"的决策部署，简称"八八战略"，其中提出要推进生态省和绿色浙江建设，部署以农村人居环境整治、基础设施建设、公共服务强化为重点的"千村示范、万村整治"工程，开启了中国美丽乡村建设新征程，对浙江乃至全国的乡村振兴发挥了引领作用。

多年来，浙江省以最真挚的感情感悟习近平总书记的殷殷嘱托，以最坚决的行动落实习近平总书记的重要指示，忠实践行"八八战略"，在探索

解决城乡发展不平衡问题上取得了明显成效。2021年,《中共中央 国务院关于支持浙江高质量发展建设共同富裕示范区的意见》(以下简称《建设共同富裕示范区意见》)发布,共同富裕示范区正式落地浙江。《建设共同富裕示范区意见》指出,浙江省要率先实现城乡一体化发展,高质量创建乡村振兴示范省,推动新型城镇化与乡村振兴全面对接,深入探索破解城乡二元结构、缩小城乡差距、健全城乡融合发展的体制机制,深化"千村示范、万村整治"工程,牵引新时代乡村建设。2022年5月,《中共浙江省委 浙江省人民政府关于2022年高质量推进乡村全面振兴的实施意见》正式发布,为浙江省持续推进乡村全面振兴、加快建设农业农村现代化先行省、高质量发展建设共同富裕示范区夯实了基础。

浙江省第十五次党代会指出,过去五年浙江省城乡居民收入倍差缩小到1.94,地区居民收入最高最低倍差缩小到1.61,家庭年可支配收入20万—60万元群体比例提高到30.6%,城镇化率达到72.7%,"重要窗口"和共同富裕示范区建设扎实推进。

二、具体实践:多点发力真抓实干,全面赋能乡村振兴

(一)传承"枫桥经验",坚持党建引领

20世纪60年代初,浙江省绍兴市枫桥镇的干部群众创造了"发动和依靠群众,坚持矛盾不上交,就地解决,实现捕人少、治安好"的"枫桥经验"。2003年,时任浙江省委书记的习近平同志明确提出要充分珍惜"枫桥经验",大力推广"枫桥经验",不断创新"枫桥经验"。党的十八大以来,习近平总书记又提出了一系列社会治理的新理念、新思想、新战略,对坚持发展"枫桥经验"作出重要指示,要求把"枫桥经验"坚持好、发展好,把党的群众路线坚持好、贯彻好。这些年,"枫桥经验"不断发展,形成了具有鲜明时代特色的"党政动手,依靠群众,预防纠纷,化解矛盾,维护稳定,促进发展"的枫桥新经验,成为新时期把党的群众路线坚持好、贯彻好的典范。

与此同时,党的建设关系重大,牵动全局,基层党建更是党建工作的基础和重点。党的十九大报告指出:"党的基层组织是确保党的路线方针

政策和决策部署贯彻落实的基础。"加强基层党建工作是发挥基层党组织作用的重要途径。以党建统领乡村振兴，才能最大限度地发挥基层党建的关键性作用，将党的工作惠及全体人民，让党的旗帜在每一个基层阵地高高飘扬，实现共富建设工作效能最大化。

温州市洞头区霓屿街道下社村自乡村振兴战略实施以来，从名不见经传的小山村成为如今的花园式乡村振兴样板村庄，随着时代发展和政策的推进，它又走上了未来乡村共富建设之路。该村党支部组织发动了有威望、有经验、有特长的各类"领军人物"，组建"霓好"志愿者服务队、乡贤理事会、同心议事会、渔养民联盟等10支自治组织，并根据村民的需求与喜好，将全体村民编入各类组织，使所有人都有机会参与乡村建设，同时也给在外务工的村民提供了了解家乡现状的便利途径，营造了村民自治、关系和睦的邻里氛围。同时，下社村为创新民主决策"四会五议"，开创了百姓议事、"你说我做"、"书记听你说"等党群交流模式，全力打造自治、德治、法治、智治融合的治理模式。

（二）智慧科技进村，数字改革赋能

党的十九大报告指出，要加快建设网络强国、数字中国和智慧社会，运用大数据提升国家治理现代化水平，推进政府管理和社会治理模式的创新。政府的数字化转型已经成为时代发展的必然趋势，高度契合在高质量发展中促进共同富裕的必然要求。

对于欠发达地区来说，因地制宜、扬长补短是提升发展速度和质量的必然选择，数字化改革的浪潮在此基础上赋予了乡村振兴更多的可能性。丽水市因其境内山峦叠翠被誉为"浙江绿谷"，独特的地貌一方面使其成为优秀的旅游城市，另一方面却阻碍了其现代化经济的发展。特殊的地理环境要求丽水结合其山区市的特点，从"山"的问题出发，合理推进数字化改革，加快实现治理体系和治理能力现代化，同时为山区村民打通共同富裕的专属通道。

当前，丽水市龙泉市林业局搭建了"益林富农"多跨场景应用平台，打破了各职能部门在交叉管理中的业务壁垒，实现了数据共享、业务共办，极大地简化了公益林补偿金的发放流程，有效杜绝针对补偿金的微腐败现象，保障了林农的基本权益，更为林业发展巩固基础，构建起数字化与绿色发展相融合的生态经济体系。此外，"益林富农"应用还将林农的林地流转交易作为主要业务之一，极大地方便了林农与林业企业之间的流转交易，帮助林农赚取租金、提高收入。数据显示，目前已有78%的林农享受到了数字化改革的红利。数字化改革为龙泉市的林业发展注入了鲜活的动力，使丽水市在共富道路上更进一步。

（三）践行"绿水青山就是金山银山"理念，走"绿富美"道路

2005年，时任浙江省委书记习近平在浙江湖州安吉考察时提出"绿水青山就是金山银山"的科学论断，此后，浙江干部群众把美丽浙江作为可持续发展的最大本钱，护美绿水青山，做大金山银山，不断丰富发展经济和保护生态之间的辩证关系，在实践中将"绿水青山就是金山银山"化为生动的现实。

湖州市安吉县余村原先是依靠传统资源消耗型工业发展起来的"石头村"，后来，余村当地党员和人民群众依据习近平同志提出的"八八战略"和"绿水青山就是金山银山"理念，齐心协力、脚踏实地，立足当地自然特点，通过项目、人才、产业的落地，落实绿色、生态、可持续经济发展措施，走向绿色低碳共富的发展道路，实现了创建生态村、打造绿色村庄的美好目标，逐步建设成了"天蓝走白云，竹海翻绿浪"的美丽乡村。这是余村书写的绿色低碳共富答卷，也是推动乡村全面振兴、助力高质量发展建设共同富裕示范区的可靠经验。

（四）坚定文化自信，提升乡风文明

党的十八大以来，习近平总书记就弘扬中华优秀传统文化、深入开展中华文明历史研究等作出了一系列重要指示，成为指导我们增强历史自觉、坚定文化自信的强大思想武器。早在2006年5月30日，时任浙江省委书记的习近平同志在杭州所作的《浙江文化研究工程成果文库总序》中就提到了文化建设的重要性。

如今，随着浙江共同富裕示范区建设的不断推进，人民对公共文化服务的需求也已经从"有没有"转变到"优不优"。推进乡村全面振兴，建设共同富裕示范区，需要充分发挥文化铸魂塑形赋能的强大力量，加快打造新时代文化高地，构建起以文化力量推动乡村振兴、实现共同富裕的新格

局。坚定文化自信，提升乡风文明，要大力推动自身优秀传统文化创造性转化、创新性发展。

2020年，中国乡村振兴发展大会在宁波举行，嘉兴市嘉善县"坚定新农村文化自信、弘扬新时代乡风文明"入选全国乡村振兴优秀案例。从昔日的"上访村"，到入选全国乡村振兴优秀案例，嘉善县天凝镇洪溪村实现转变的原因之一就是注重乡风文明建设，通过开展文化活动来满足村民日益增长的精神文化需求。洪溪村培育了"洪溪篮球队"和"辣妈宝贝"两张文化"金名片"。村民在这两张文化"金名片"的带动下，积极参与健康向上的文体活动，养成健康文明的生活习惯。村民在寓教于乐中丰富了精神生活，也在潜移默化中提升了乡风文明，实现乡村振兴。

三、使命担当：做脚踏实地践行者，筑共同富裕先行省

潮起正是扬帆时。站在新的历史起点上，习近平总书记和党中央赋予浙江一系列光荣的使命，浙江迎来了新的重大机遇。时任浙江省委书记袁家军在浙江省第十五次党代会中指出，今后五年全省工作的奋斗目标是在高质量发展中实现中国特色社会主义共同富裕先行和省域现代化先行。

早在20世纪中叶，我国就确立了追求共同富裕的目标，直到现在仍在追求共同富裕的路上，可见实现这一目标的难度之大。实现共同富裕，是社会主义的本质要求，是人民群众的共同期盼，是我们党矢志不渝的奋斗目标。

"民族要复兴，乡村必振兴。"乡村振兴是实现共同富裕的必经之路，是一项长期的系统工程，包含政治、经济、生态、文化、社会等多个方面，需要凝聚全党全社会的共同力量。

浙江省作为脚踏实地践行者、筑共同富裕先行省，正融会"国之大者"和浙江使命，奋力开辟干在实处、走在前列、勇立潮头的新境界，为新时代中国特色社会主义事业发展贡献浙江经验。

（本文来源：鲍力，《学习浙江省第十五次党代会精神，坚定做好乡村共富践行者》，人民论坛网，2022年6月27日，http://www.rmlt.com.cn/2022/0627/650397.shtml.）

农村基层党组织建设情况及存在的
问题与破解

古语有云："郡县治，天下安。"在新时代，这句话可理解为"基层治，天下安"。基层治理既有诸多痛点、难点，又面临着社会发展中的转型，农村基层党组织虽然处于基层位置，却发挥着支点的作用。农村党组织虽然在建设阶段已经有着显著的成效，但也面临着一些问题。我们通过深入各村开展实际调查研究，掌握了第一手资料，从而真正认识到农村党组织在农村中具有不可替代的地位和作用。

在农村地区，村级党组织是引领群众经济发展和实现脱贫致富的主导力量。随着时代的发展，我国许多地方都在不断加强农村基层党组织的建设工作，并取得了不错的成效。然而，在农村党组织建设的某些阶段，一些问题的存在严重地影响了村级党组织发挥作用，阻碍了小康社会发展的进程。

首先，基层党组织建设力度不足。村党支部书记、村委会主任间关系不和睦，或者是党组织之间难以进行合作，或者是党组织在学习力度上不足。如果缺乏对责任和服务的认识，那么党组织就很难有效地引导群众实现脱贫致富的目标，整体作用的发挥也相对不尽如人意。在当前新农村建设中，一些村党支部书记没有树立起良好的责任意识及服务意识，导致村党支部的战斗力和公信力受到影响，比如在贫困户认定、补贴发放、占地补偿等方面存在着诸多问题，引起了群众的关注和不满。

其次，在思想政治教育方面，我们需要更加注重培养村干部的责任感和使命感。有些村干部虽然进行了相关学习，但是却较少了解党的方针政策，日常工作只是应付了事，缺乏必要的学习和实践；一些农村基层组织建设工作开展得不好，缺乏创新意识与实践精神，致使基层党建出现问题；

一些基层党组织在农村党支部成员和党员的教育管理方面存在一定的疏漏，导致一些党员干部缺乏服务意识、责任感和奉献精神；一些村领导班子不健全，干部缺乏战斗力；一些乡村党组织的成员缺乏必要的领导素养和教育能力，无法有效地引导和促进群众经济的发展；一些村干部缺乏真正的实干精神和艰苦奋斗的精神，缺乏必要的威信，难以发挥他们作为领袖的作用。

最后，在当前社会大环境下，农村基层党组织会对群众产生影响，但这种影响力开始弱化。结合当前自主生产经营方式，可以看出人们对基层组织的依赖程度开始降低。从基层组织来看，弱化了对农民的影响；村党组织对公益事业和相关服务的开展缺乏财力支持，依据有关法律对村内事务管理尚缺乏管控能力；一些村庄对发展经济仍有畏难的心理，基本存在着等待、依赖、索取的观念，自我发展的意识明显欠缺。个别村党组织领导希望从村集体经济中得到个人利益，相当一部分村党支部书记虽然日常事务繁忙，但缺乏长远性发展规划。

就农村基层党组织建设而言，有必要突出其政治功能，发挥领头人的作用，这样才能够真正意义上地领导党员队伍，让基层党组织更好地稳定这一局面，履行好自身应尽的责任和义务，我们重点提出以下六个对策建议。

第一，认真贯彻党的基本路线和各项方针政策，发挥党在各方面的优势。不断完善晋升机制，提高党支部凝聚力、向心力和战斗力。

第二，确立并健全农村基层党组织建设的责任体系。同时，建立健全对农村党员进行教育培训的制度，从而使他们不断学习，提高自身的素质。农村党建工作的开展必须落实管理目标，并且就农村基层党组织建设情况专门制订长期、年度计划，这样可以在实际实施阶段落实好阶段性目标，并将这些任务逐级分解到农村党支部。每个党员领导干部在开展活动时必须明确自身职责，落实到位。进一步完善农村党建工作的职责分工，以确保岗位责任制的健全。从乡村党委书记到每一位成员，都必须明确自身在农村基层党建工作中的岗位职责，以确保每个人都肩负着自己的使命，同时也承受着相应的压力。

第三，完善党支部和村委会各项工作的规章制度，以确保其运作的高效性和透明度。明确党支部书记、支部委员与村民代表之间的职责分工及权利范围。首要任务在于完善党建工作的目标管理制度，以确保其完备性和有效性。此外，还需要对每个工作人员进行考核，将其作为重要指标，通过严格落实考核办法，从而实现党支部与村民委员会之间的相互协调，促进整个村庄和谐稳定。为了确保党支部成员在工作开展阶段各司其职，全面提高党支部的战斗力，必须根据各个农村的实际发展情况，制定出各个发展阶段的目标及年度性目标，不断细化精神文明建设，并且由层层部门签订目标责任书。为了使基层党建能够有效地发挥作用，必须建立起与之相适应的各项规章制度。进一步完善全村党支部和村委会的工作制度，以确保其高效运转。在党建工作的推进过程中，建议加强"三会一课"制度、党员发展和教育制度、流动党员管理制度的完善，将监督小组的作用真正发挥出来，就党组织各项工作的开展做好监督工作，在岗位上真正做到清正廉洁，这样才能够获得群众的信任，愿意将自己的问题交由党员干部解决，这样才能够提高党员干部自身的凝聚力。另外，也需要制定奖惩制度，这样可以进一步提高村干部的工作质量。

第四，实际上，党建工作就是要加强党的建设，促进农村基层党建工作的整体发展。因此，必须结合实际问题，确定党建工作的整个覆盖范围。首先，党建工作的全面覆盖是由党的领导形成的各种社会组织，包括政府组织、民间社会团体等。以党建为主导，激发多主体参与农村社会治理的热情，使各社会主体充分发挥组织优势，最终通过党组织领导，成为治理的共同力量，实现全面覆盖。其次，党建全覆盖是建立党建模式、联合治理共享模式，具有统一原则和灵活性，应根据地方情况实现党建覆盖。

第五，提升基层党建工作关注度。在新时期发展的大背景下，所有党员都必须重视基层党建工作的开展，尤其要重视就具体工作情况制定相应的工作流程，确保每一项工作的开展都有理可循。农村基层干部需要转变自身的思想，真正理解党提出的指导思想，这样，在实际工作开展中才能够发挥出自身的作用，厘清各个层级间的关系。农村基层党组织需要采用多种方式来传达党的思想，向基层党组织宣传中国共产党的先进思想。农村基层干部需要不断学习关于党的理论、知识，让自身思想得到充分改变，对党组织的建设有着深刻的理解，不断坚定自身的立场。农村基层干部需要具有不怕苦的精神，也需要以群众为核心，尽最大的努力来服务群众。

第六，不断完善党员教育的模式。党建工作在具体开展过程中不可能离开党员的持续性学习，党员只有不断学习新的教育内容，接受相应的培训，才能够顺应时代发展的潮流，在新时代发展背景下探索新的发展途径。从党员教育内容的角度进行分析，党组织的教育内容也需要不断进行扩充，并且在培训内容上增加关于新媒体应用方法、群众心理学教育等方面的内容，在这种教学模式下，不仅可以确保党员自身知识得到相应的提高，还能够有效开展党建活动。在完成相关学习以后，农村党组织还需要定期提出关于党建工作开展的建议，如果具有较强的实践性，此时就要对其进行表扬，在合适的情况下可以采纳该意见。如果培训涉及到理论方面的内容，此时就要改变现有的培训方式，可以通过实践教育的方式进行，切实让每一位农村基层党员干部都了解到其中的核心思想。当完成培训后，也需要作出相应的评价，只有这样才能保证教育产生明显的效果，有利于建设学习型政党。

新形势、新任务对农村基层组织建设有了新要求，这时就必须增强其责任感和使命感，与时俱进地为区域经济社会发展提供强有力的组织保证。

（本文来源：王国灿、葛建纲，《农村基层党组织建设情况及存在的问题与破解》，搜狐网，2023 年 11 月 21 日，https://m.sohu.com/a/738099369_120774025/?_trans_=010005_pcwzywxewmsm. 王国灿系中国法学会会员、浙江省生态文明研究院特聘研究员，葛建纲系浙江省中国特色社会主义理论体系研究中心浙江理工大学基地研究员。）

解码新黄金大产业元宇宙

随着人类科学技术的突飞猛进，世界各发达国家在互联网科技方面不断追求领先，互联网行业已经从 PC 时代、移动时代进入 Web3.0 时代。元宇宙似乎成为当今时代发展的一个风向标，元宇宙产业委员会于 2021 年 11 月 11 日声称，元宇宙即为第三代互联网。元宇宙将现在的网络世界进一步升级成一个与现实世界极为相似，却可以让人沉浸式体验的虚拟世界。元宇宙正在掀起一场全球"掘金"的新浪潮。

元宇宙不是一个突然诞生的概念。"元宇宙"这个词源于 1992 年美国科幻小说家尼奥·斯蒂文森（Neal Stephenson）的《雪崩》，小说描述了一个与现实世界平行存在的网络世界元宇宙（Metaverse），所有现实世界的人在元宇宙中都有一个化身，在其中社交和生活。随着 5G、人工智能、区块链等技术的不断发展，加上新冠疫情的影响，人们的很多生活场景由线下转为线上，"元宇宙"这一概念也越发受到关注。中国元宇宙市场规模将保持持续增长趋势，预计 2022—2027 年年均复合增长率达 32.98%，2027 年中国元宇宙市场规模或超 2 万亿元（数据源于《2023 年中国元宇宙产业全景图谱》）。

事实上，比《雪崩》更早，著名科学家钱学森于 1990 年就在给汪成为的信中提出了"灵境"一词，用来指代"Virtual Reality"（虚拟现实技术）。此后 8 年的时间里，钱学森以他的探索和真知不断丰富"灵境"的内涵，他认为"灵境"可以扩展人脑的知觉，使人进入前所未有的新天地。1994 年，在其另一封手书里，钱学森提到："灵境技术是继计算机技术革命之后的又一项技术革命。它将引发一系列震撼全世界的变革，一定是人类历史中的大事。"钱老还亲手绘制了一张导图，以阐释"灵境"技术的广泛应用将引发人类社会的全方位变革，是更新经济生态圈的宏伟的时代机会。

元宇宙是物理世界通过各种信息和技术手段形成的一个非常庞大的虚拟世界，且自身内部还在不断演绎和进化。在过去，参与者是一个个单独的人；在未来，元宇宙中会产生各种各样的信息人、智能人，而且这些人会进一步影响物理世界，呈现出一种虚实共生的形态。元宇宙是信息技术从"触网"到"触屏"再到"触元"的重大变革，是文化、艺术、经济、哲学与技术深入融合的产物，是思想意识形态新的重要载体，有助于推动培育新产业、新消费。

在元宇宙发展的过程中，人们会逐渐形成一个新的共识，这相当于我们正面对一条很长的"雪道"，在未来50年不断进步和完善的"雪道"上，会出现大量的投资机会。但是，元宇宙的奇点就像宇宙大爆炸那样，各种因素结合在一起，压强不断增加到某一个时间点时会突然爆炸，这是最重要、最关键的时刻。目前，我们看到接入技术、区块链技术等已经逐步成熟，在这个时间点里，系统性的描述是非常重要的。现在，人们对元宇宙非常关注，并形成了一个广泛的共识，元宇宙未来将会变成一个深入人心的概念。

元宇宙的发展可以分为三个阶段：第一个阶段是物理世界到虚拟世界；第二个阶段是虚拟世界影响物理世界；第三个阶段是虚实共生。每个阶段可能都需要10年的时间，而这三个阶段的变化不是一蹴而就的。就像宇宙大爆炸，虽然我们看到的是绚丽的过程，但在此之前就已经有了大量的加温，有一个量变到质变的过程。我们现在每天都使用的微信，其实只是元宇宙的初级基础和雏形。莎士比亚曾说，一千个读者眼中有一千个哈姆雷特。关于元宇宙，一千个人的头脑里会有"一千零一夜"的元宇宙之梦。再结合马修·鲍尔（Matthew Ball）关于元宇宙的文章，就会发现，在每一个元宇宙里，至少有上亿个"哈姆雷特"，他们不停地在自问：To be or not to be in the Metaverse？（是生活在元宇宙之中，还是消失在元宇宙之外？）

自从2021年Facebook创始人马克·扎克伯格（Mark Zuckerberg）宣布其公司更名为Metal之后，"元宇宙"一词顿时在全世界热了起来，引发了人们的热烈讨论：这是Trick or Treat（是"猪"都会飞的风口还是割"韭菜"的时机），是Hope or Hype（是科技新希望还是商业新忽悠）？这些问题归根结底就是：到底什么是元宇宙？元宇宙究竟意味着什么？

尽管进入数字计算时代已经超过了5年，然而对于移动经济、互联网经济或数字经济可能产生的价值这类问题，人们依然没有达成共识。事实上，很少有人会去评估它们的价值。相反，大多数分析师和记者只是将从定义上看起来可能属于这些类别的公司的估值或收入相加。衡量这些经济体的挑战在于，它们并不是真正的经济体。它们只是与传统经济紧密交织并依托传统经济的技术集合，因此，尝试对它们未来的经济进行估值更像是一种分配艺术，而不是一种测量或观察的科学。

我们坚信元宇宙将改变人类社会的一切，就像从农业社会到工业社会是一场产业与社会革命一样，元宇宙、数字孪生和平行智能等将是从工业社会到智慧社会这场革命的关键科技与产业支撑及基础设施。据此，元宇宙及其支撑和衍生科技必将改变一切。

元宇宙经济的价值有多大？谁来引领这一切？元宇宙对当今及未来社会又意味着什么？

预估元宇宙的商业价值，虽然企业高管们还不能就元宇宙到底是什么及何时到来达成一致，但大多数人相信它的价值将达到数万亿美元。英伟达首席执行官黄仁勋预测：元宇宙的价值最终将超过物理世界。

试图预测元宇宙的经济规模是一项长久但可能令人沮丧的尝试。甚至当元宇宙真正"到来"时，人们对它的价值也无法达成共识。虽然我们现在进入移动互联网时代已近15年，进入互联网时代已经近40年。

当我们想到数字经济的子集元素时，事情就会变得更加复杂。比如互联网经济或移动经济，两者都可能是最接近元宇宙经济的类比方法。提供互联网视频服务的奈飞是否有移动收入？是否应该根据用户在移动设备上花费的时间所占的比例，相应地将每月订阅费的一部分算作移动消费呢？这是否又意味着用户在65英寸客厅电视屏幕上观看电影所创造的数字经济的价值，与在地铁上使用5英寸智能手机所创造的数字经济价值相当？而一个只在家里使用，只通过Wi-Fi联网的Pad算移动设备吗？如果算的话，那为什么使用Wi-Fi联网的智能电视不算移动设备呢？当它们主要通过网线传输数据时，产生的消费能算移动宽带费吗？就这一点而言，如果没有互联网，人们会购买今天的大多数数字设备了吗？当特斯拉通过互联网更新汽车软件以改善电池寿命和充电效率时，我们究竟应该如何计算或衡量这一价值呢？

如果像比尔·盖茨（Bill Gates）想象的那样，微软团队的大多数视频通话都应用实时渲染的 3D 环境，那么它的订阅费中有多少是属于元宇宙的呢？如果建筑物是通过数字孪生来运营的，那么它所产生的消费中的哪一部分应该被计入元宇宙？如果宽带基础设施被更高容量的实时传输所取代，这算是人们对元宇宙领域的投资吗？至少在今天，几乎所有将使用并因技术飞跃而受益的应用都与元宇宙关系不大。然而，人们之所以对低延迟网络进行投资，是因为有一些体验需要大带宽：同步实时渲染的虚拟世界、AR 和云游戏流。虽然上述问题是有益的思考，但它们没有标准答案。对那些专注于元宇宙的人来说，作出权衡尤其具有挑战性，因为元宇宙尚未实现，也没有明确的开始时间。考虑到这一点，衡量元宇宙经济规模更切实可行的方法是借助更具哲学性的思考。

近些年来，数字经济在世界经济中的占比不断上升。有人估计，现在世界经济中大约 20% 是数字经济。在 20 世纪 90 年代和 21 世纪初，数字经济的增长主要源于个人电脑和互联网服务的普及推动，而接下来的 20 年主要是由移动和云计算技术推动的。这两波浪潮也意味着数字业务、内容和服务可以被更多人在更多地方、更频繁、更容易地访问，同时支持新的用户。移动和云计算技术浪潮也令之前的一切黯然失色。到 2032 年，元宇宙经济将占数字经济的 10%，在此元宇宙先锋期间，数字经济在世界经济中的份额将从 20% 增至 25%，世界经济将继续以平均 2.5% 的速度增长，那么在 10 年内，元宇宙创造的 GDP 将达到每年 3.65 万亿美元。这一数值也表明 2022 年以后，元宇宙经济增长量占数字经济增长量的 1/4，占同期 GDP 实际增长量的近 10%（其余大部分将来自人口增长和消费者的消费习惯转变，比如人们购买更多汽车等）。如果元宇宙经济占数字经济的 15%，其每年经济增长量将达到 5.45 万亿美元，占数字经济增长量的 1/3，占世界经济增长量的 13%。如果按占数字经济 20% 的比例计算，元宇宙经济增长量将达到 7.25 万亿美元，占数字经济增长量的一半和世界经济增长量的 1/6。其实，说数字经济占世界经济的 20% 仍然是有问题的。因为无论计算方法多么合理，这一结论都忽略了一个事实，即剩下 80% 的经济中的大部分也是由数字驱动或信息驱动的。这也是为什么我们认为五大科技巨头的收入还不足以彰显它们强大的实力，谷歌、苹果、Facebook、亚马逊和微软在 2021 年的总收入为 1.4 万亿美元，不到数字经济总额的 10%，占世界经济总量的 1.6%。然而，这些公司对它们没有计入资产负债表的所有收入产生了极大影响，它们从许多收入中抽取分成（例如，通过亚马逊的数据中心或谷歌的广告抽取分成），有时还制定它们自己的技术标准和商业模式。

在当下全球新工业革命 4.0 的大背景下，元宇宙形成的海量数据源可为农业"开辟新路"。通过元宇宙的庞大数据综合计算后，精准作业使植物始终处于最佳生长状态，在设施农业种植场景应用中最高可提升 30% 作物产量（农科院验证实验数据）。因为水肥等各种生产要素的精准化，以及根据市场需求和科学的管理规划，达到能耗方案最优化，大大降低能耗，最多可以降低高达 50% 的能耗；机械的全自动化作业，包括行动自动化、决策自动化，大大降低了劳动力成本及技术指导成本，也是降低成本的最主要方式；部分封闭式种植场景，种植高效吸收二氧化碳作物，同时产出植物用于碳纤维制造、植物蛋白提取等，数据化可创造高额碳汇；通过元宇宙、数字孪生建模后的数据频谱分析，可以归纳种植经验，预测产量、预防病虫害，提高植物种植的可控性。

新科技革命的方向是星辰大海。元宇宙必将把虚拟世界和现实世界进行有机结合，人们创造、生活、娱乐乃至工作的时间将越来越多地花在元宇宙中，我们坚信这将带来一场全球范围的经济形态、文化范式等全方位多视角的变革浪潮。催人奋进的号角已经吹响，召唤我们投身这风起云涌的新蓝海。

（本文来源：陈刚、张罗平、王国灿，《解码新黄金大产业元宇宙》，搜狐网，2023 年 5 月 11 日，http://news.sohu.com/a/674624222_120774025. 陈刚系浙江工业大学设计与建筑学院讲师、中国乡镇企业协会乡村振兴工作委员会研究员，张罗平系清华大学教授、清华大学能源互联网创新研究院原研究员，王国灿系中国乡镇企业协会乡村振兴工作委员会研究员。）

新能源汽车产业充电难问题分析与解决办法

　　全球汽车发展的重大方向就是新能源化，或者说电动化，这种观点已成为全球共识。国务院办公厅印发的《新能源汽车产业发展规划（2021—2035年）》指出，到2025年新能源汽车的渗透率将达到18%，2030年将达到30%。换言之，中国新能源汽车保有量将在2025年和2030年分别达到1600万辆和5200万辆，每辆车年用电量约5000kW·h，电力行业届时至少会出现800亿kW·h和2600亿kW·h的新增年用电量。未来将有3亿辆燃油车替换为电动汽车，上述规模的储能资源参与电网有序充电，消纳电网谷电，不仅会给微电网带来明显冲击，也会给大电网带来明显冲击。

　　2008年以来，国家出台了许多政策，并配套财政补贴支持，大力推动新能源汽车产业发展。然而面对充电难这一"拦路虎"，解决效果始终不尽如人意。其核心问题是电力产业需要采用市场化手段管理的用户侧用电交易环节迟迟无法全面步入市场化机制，同时还缺少新的技术支撑。本文提出"共享数智电源系统"这一工具，从方法论出发，经过近5年的实践，打通电力交易的零售环节，大幅度降低交易成本，可实现远程、全面、自动监控，满足精细化智慧用电管理需要，致力于击退新能源汽车行业充电难这一"拦路虎"。

一、传统充电手段存在诸多不便和弊端

　　电动汽车产业发展近15年遇到的最大"拦路虎"是能量补充难题。传统充电思路沿袭加油站的思维方式，违背了电池载体的物理属性，方法失误造成问题越陷越深，方法错位导致事倍功半。对比传统充电，采用充电桩和换电方法从市场竞争焦点"方便性和排队等候时间"的角度对比如下：

　　传统方法一是快充，涉及场站用地、电力设施、充电桩设备，投资大，

效果不好，充电排队平均等候半小时。

传统方法二是换电，涉及场站用地、电力设施、电池数量，换电3分钟，排队等候半小时，设施资源数量少，建设投入特别大。

传统方法三是私家交流桩慢充，车厂免费送桩，但物业不让装，供电部门和消防不配合；私家桩不能给别人充电；虽然很方便，无须等待，但解决问题程度不够理想。

创新方法是采用"共享数智电源"，该方法适合在任何地点、任何小区安装，也可以夜间充电，削峰填谷，不存在排队等待的顾虑。

传统充电桩的属性和思维方法的约束给人带来如下不便：

（1）不让用。电动汽车生产厂厂商配送私家桩，只允许一台车充电，使用率低。保有量再大，也不能消除"充电担忧"。

（2）不能用。早期生产充电桩企业的目标是拿到国家补贴，完成数量指标，在获得补贴资金后，企业缺乏继续保障设备正常工作的动力，导致充电桩变成"僵尸桩"。

（3）不够用。早期充电桩安装位置选择不合理，车主经常排队充电，十分不便。

（4）不好用。多家充电桩企业各自建立平台，各自开发App，造成车主付费不便，初次使用需验证码、押金、下载安装App，步骤十分烦琐，每个车主需要安装不同的充电App，个人隐私存在泄漏风险，更严重的问题是互联互通性差、能源大数据安全监管缺失。

私家桩在使用过程中暴露的问题有三：一是不让其他车主充电，设备使用率极低，在商业机制上无法提高使用率。二是对电网负荷产生巨大冲击。保有量越大，对电网冲击越大。私家车充电桩不具备有序充电功能，下班后充电，刚好是电网用电高峰，大幅度增加电网调峰难度，增加电网储能资源配置成本。三是私人充电桩安装困难，老旧小区没有私人停车位，就不能安装充电桩。

综上，新能源汽车行业需要一种新工具、新方法、新商业机制，允许全民参与，建立"谁提供服务，谁获得服务收益"的新机制，才能从根本上解决充电难题。

电是商品，传统充电方法交易成本高。商品流通是一个闭环，唯有生产、检验、出厂、运输、仓储、流通、交易、使用多个环节和谐搭配，才能构成商品完整的生命周期。智慧共享数字化电源作为一种新方法，可以大幅度降低零售电力交易环节的成本，实现颠覆性产业革命，引领电力产业走向服务业，快速和谐发展。在电网用电低谷时段，进行有序充电，平衡电网的发电量与用电量，辅助电网稳定运行，车网互动，扫除充电"拦路虎"，清除两个产业发展的障碍。

近年来，高校相关研究机构通过技术创新，大幅度降低了电力市场交易成本，利用电动汽车电池实现有序充电，又进一步有效地减小电网储能投资规模。

二、助力电动车发展的思考与建议

面对充电桩多年积累的问题，如果想根本解决充电难题，要改变思路、更新方法。建立新型服务产业，学习电信运营商的服务理念，提供多元化的充电服务模式，满足消费者不同的电动车充电服务需求。要打造一个新的服务产业，能够容纳千千万万个企业参与，带动地方经济走上新台阶。对于如何助力以电动车为主的新能源汽车产业实现健康有序发展，笔者建议如下：

一是新能源汽车产业补贴退坡要有稳定性和可预期性。在汽车电动化高速发展的阶段，政策应该保持适当的稳定性和可预期性。

二是补贴退坡后可以由"双积分"来支撑。"双积分"是补贴退坡后助推汽车电动化最重要的政策。持续优化"双积分"政策对行业影响巨大，未来优化的重点是进一步提高比例，并允许积分交易。同时要扩大范围，在乘用车以外，将货车和商用车也纳入允许积分交易范围。

三是考虑把汽车行业纳入碳交易。让碳政策对汽车行业实现约束，也能激励汽车行业实现再电气化。

四是在使用端给予支持。购车补贴退出后，可以在用车方面给予支持。尤其是在新能源汽车基础设施建设、充换电领域，给建设者和使用者补贴补助，让使用成本更低。

五是制定非货币化政策。包括在部分城市给予新能源汽车不限购、不限行、实行专用车道、优先停车等非货币化政策支持。

六是鼓励支持先行城市和企业。包括鼓励先行省份城市全面推动电动化，鼓励先行企业率先实现碳中和，鼓励先行工厂实现"零碳"供应链。

七是以新能源为主线，建立车网互动利益机制。推动全环节、全贯通、全覆盖、全流程、全要素、全生态、全场景的新能源开放服务体系构建，制定关联政策，为扩大车网互动带来余缺互济效果，完善虚拟电厂市场机制。进一步推动能源互联网应用平台建设和生态价值的体现，构建以新能源为主体的新型电力系统技术体系，提供可视化、网络化、虚拟化、安全化的支撑。

"共享数智电源"同时具备分布式储能属性，利用电动汽车内部电池，充电允许在停车期间执行，结合时间段价格变化的市场引导机制，鼓励车主在停车期间把充电管理权限交付给运营平台管控。由于电动汽车电池分散，需要接入电网才能发挥储能效果，电网借助"共享数智电源"，与车内电池互联，实现能源互联。再结合利益（价格）驱动，把充电价格差距拉大，比如，电网向车内电池充电的价格为 0.03 元 /kW·h，而车内电池反向送到电网的电的价格为 2 元 /kW·h，形成能量流的车网互动。在上述价格差激励下，V2G 技术有望实现"分布式虚拟电厂"，为电网储能开辟一条新路，形成车载电池一物多用、经济实惠的储能模式。

（本文来源：张罗平、王国灿，《新能源汽车产业充电难问题分析与解决办法》，《中国电力企业管理》2023 年第 1 期，第 63—64 页。张罗平系清华大学教授、清华大学能源互联网创新研究院原研究员，王国灿系浙江省美丽乡村经济文化研究院原执行院长、秘书长。）

对浙江强化实现"双碳"目标下农业碳汇的几点建议

农业碳汇，是指通过农业生产活动使大气中的二氧化碳被植物吸收，形成碳水化合物，并储存在土壤和作物中的过程。在这个过程中，农业不仅能够减少大气中的二氧化碳含量，还可以提高土壤肥力，增加农业产值。随着全球气候变化的日益严重，应对气候变化已经成为全球共识。我国提出了"碳中和"目标，即到 2060 年实现碳排放总量降至零的目标。作为全球最大的农业国家之一，农业碳汇的贡献至关重要。

浙江作为我国的经济大省和农业大省，农业碳汇的潜力巨大，对我国实现"双碳"目标具有重要意义。近年来，浙江高度重视农业碳汇工作，实施了一系列政策和措施，并且在粮食生产、经济作物种植、林业发展、畜牧业、渔业等多个领域取得了良好的成绩。相关数据显示，浙江省农业碳汇总量在全国各省份中位居前列，为我国农业碳汇事业作出了重要贡献。

对于浙江来说，其农业碳汇具有较强的区域特色。各地区根据自身地理、气候和资源条件，发展了一批具有地域特色的农业碳汇项目，如浙南的茶叶、浙北的水稻、浙中的花卉等。这些项目在提高农业产值的同时，也有效地增加了农业碳汇的总量。浙江农业碳汇科技创新能力较强。在农业生产过程中，浙江省积极推广应用现代农业技术，如高效农业、生态农业、循环农业等，这些技术在提高农业生产效率的同时，也降低了农业碳排放，为农业碳汇的增加提供了技术支撑。尽管浙江农业碳汇工作取得了一定的成绩，但仍然面临一些问题和挑战。

个别区域仍然存在对农业碳汇认知不足、农业碳汇核算难、交易机制和模式不完善及市场化产品欠缺的问题。未来应建立统一的农业碳汇评价体系和科学核算方法，健全农业碳汇市场交易机制，建立农业碳汇补偿基金，不断打通和拓宽农业生态产品价值实现的路径。首先，农业碳汇的总量和质量还有待提高。受农业生产方式、技术水平等因素影响，浙江省农业碳汇的增加速度相对较慢，且部分地区的农业碳排放仍较高。其次，农业碳汇的监测和评估体系尚不完善，影响了农业碳汇工作的有效推进。此外，农业碳汇市场化和产业化程度较低，农业碳汇的价值尚未充分体现，这些问题都需要我们进一步研究和解决。

那么，我们应该如何强化实现"双碳"目标下的农业碳汇呢？建议如下：

第一，加强农田碳汇管理。农田碳汇是农业碳汇的重要组成部分，合理的耕作方式和农田管理可以有效地增加农田的碳汇。浙江省作为我国的经济大省，自 2005 年起就开始积极探索并推动低碳发展。近年来，随着全球气候变化问题日益严峻，浙江省需要进一步加强对农田碳汇的管理，以实现"双碳"目标。首先，加强农田的管理和土壤保护。通过推行科学耕作技术，合理使用有机肥料和农药，调整作物种植结构，优化农业生产方式，有效降低农田的温室气体排放。同时，加强土地资源保护，采取有效措施，防止土地退化和水土流失，保持土壤的肥沃度和碳贮存能力，从而增强农田的碳汇功能。其次，积极推动农田碳汇的发展和利用。通过实施农田碳汇项目，鼓励农民参与碳汇管理，提供经济激励和技术支持，促进农田碳汇能力的提升。再次，加大农田碳汇管理的宣传和教育力度。通过开展农田碳汇知识普及活动和培训班，提高农民和农业从业人员的环保意识和碳汇管理水平。同时，积极利用新媒体和传统媒体，宣传农田碳汇管理的重要性和成果，营造良好的社会氛围，形成全社会共同关注和支持农田碳汇管理的良好局面。最后，加强农田碳汇管理的监测和评估。通过建立农田碳汇监测体系，定期对农田的碳贮存情况进行监测和评估，及时发现问题并采取相应的措施进行调整和改进。同时，加强与相关研究机构和专家的合作，开展农田碳汇管理的研究，提高管理水平和技术水平，推动农田碳汇管理的创新发展。

第二，加强畜牧业碳汇管理。畜牧业是农业碳汇另一个重要组成部分。通过改善畜牧业的管理和饲养方式，我们可以减少畜禽粪便产生的甲烷排放，并增加畜牧业的碳储存。浙江省作为中国经济发展较快的地区之一，一直致力于推动绿色发展，实现碳中和目标。为了在畜牧业领域实现"双碳"目标，在减少温室气体排放的同时增加碳汇储存，需要采取一系列措施加强畜牧业碳汇管理。首先，加强畜禽粪污资源化利用。通过推广畜禽粪污的有机肥制造和利用，将畜禽粪污转化为有机肥料，减少传统的化肥使用量，降低化肥生产和使用过程中的温室气体排放。通过使用有机肥料提高土壤质量，增加土壤碳汇储存，进一步实现"双碳"目标。其次，积极推进畜牧业的科技创新。通过加大对畜牧业科技创新的投入，提高畜牧业生产效率，减少资源浪费和温室气体排放。例如，利用先进的养殖技术和设备，优化饲料配方，提高饲料转化率，减少动物排泄物产生的温室气体排放，并鼓励畜牧业生产者采用清洁能源（如太阳能和生物质能源），减少传统能源的使用，进一步降低碳排放。再次，加强畜牧业生态环境保护。通过建立完善的畜牧业环境监测体系，加强对畜牧业污染的监管和治理。采取有效措施防止畜禽养殖废水和废弃物对环境的污染，减少畜牧业对水体和土壤的污染，保护生态环境的可持续发展。加强草原和林地的保护，通过合理的畜牧业管理，增加草原和林地的碳汇储存，促进生态环境的恢复和改善。最后，积极推动畜牧业的绿色发展。通过发展有机畜牧业和草食畜牧业，减少化学农药和饲料添加剂的使用，从而减少畜牧业对环境的负面影响。鼓励畜牧业生产者采用生态循环的经营模式，推广畜牧业与农作物种植的有机循环农业，实现资源的最大化利用，减少浪费。通过加强畜牧业碳汇管理，在减少温室气体排放的同时增加碳汇储存，为推动绿色发展和实现碳中和目标作出积极贡献。

第三，加强农村生态环境建设。浙江是我国经济发展最为活跃的省份之一，同时也面临着严峻的生态环境问题。为了实现"双碳"目标（即碳达峰和碳中和），浙江需要采取一系列措施来加强农村生态环境建设。首先，应积极推进农村生态文明建设。通过加大农村环境保护力度，提升农村生态环境质量。可以在农村地区开展大规模的生态修复工程，包括河流治理、水源保护、湿地恢复等。同时，积极推行有机农业，减少农药和化肥的使用，提高农产品的品质和安全性。其次，大力发展循环农业。通过推广农作物秸秆综合利用、农村有机废弃物资源化利用等方式，有效减少农村废弃物的排放，实现资源的循环利用，并鼓励农村发展农产品加工业，提高农产品附加值，减少资源浪费。再次，注重农村生态农业的发展。通过发展绿色农业、有机农业、特色农业等，推动农业向绿色、可持续的方向发展。浙江省应充分发挥自身的生态优势，发展生态农业旅游，吸引游客参观农村生态农场，增加农民收入。最后，还应大力推进农村能源结构调整。通过推广清洁能源利用，减少农村能源消耗和排放，提高农村能源利用效率。通过积极推进农村光伏发电、生物质能源利用等项目，减少对传统能源的依赖，实现农村能源的可持续发展。通过上述措施，在一定程度上能够促使农村的生态环境质量得到明显提高，农业的生产效益也会显著提升。

党的二十大报告指出，"加快发展方式绿色转型""积极稳妥推进碳达峰碳中和""完善碳排放统计核算制度，健全碳排放权市场交易制度""建立生态产品价值实现机制，完善生态保护补偿制度""提升生态系统碳汇能力"。展望未来，我们相信在浙江省委、省政府的坚强领导下，通过全省广大农业工作者的共同努力，浙江农业碳汇必将为实现"双碳"目标作出更大贡献。通过采取上述措施，也能为其他地区和行业提供有益的借鉴和启示。不积跬步，无以至千里。实现"双碳"目标下的农业碳汇需要我们每个人的共同努力和行动。让我们携手并进，为浙江的可持续发展贡献自己的力量！

（本文来源：王国灿、葛建纲，《对浙江强化实现"双碳"目标下农业碳汇的几点建议》，中国名牌网，2023 年 11 月 18 日，https://www.chinatopbrands.net/s/1450-5157-50375.html. 王国灿系中国法学会会员、浙江省生态文明研究院特聘研究员，葛建纲系浙江省中国特色社会主义理论体系研究中心浙江理工大学基地研究员。）

第三章 天尚乡村的思考与研究

实现城乡共同富裕，融合十大乡愁

——天尚首创乡村共同体解读之一

导语

放眼望千年，"郡县治，则天下安"。自秦朝置县以来，我国县域发展情况决定着国家治理状况，诸多历史经验与教训印证了国家安危系于郡县，国家盛衰系于郡县。

2015 年 1 月，习近平总书记在和中央党校第一期县委书记研修班学员座谈时指出："在我们党的组织结构和国家政权结构中，县一级处在承上启下的关键环节，是发展经济、保障民生、维护稳定、促进国家长治久安的重要基础。"乡村振兴战略是中国共产党承担新时代使命，为实现"两个一百年"奋斗目标作出的又一个重大历史性部署。县域发展和乡村振兴的共同核心问题是"三农"问题，农业、农村和农民问题是关系国计民生的根本性课题，农业强不强、农村美不美、农民富不富，决定着亿万农民的获得感和幸福感。以中国式现代化全面推进中华民族伟大复兴，要求我们必须举全党全社会之力全面推进乡村振兴，加快农业农村现代化。既要把提高农业综合生产能力摆在更加突出的位置，有拓展农业功能的深度；也要把提高农民收入摆在更加突出的位置，有维护农民利益的厚度。同时，农业现代化与农村现代化要一并推进，应有促进城乡融合的高度。

2022 年 10 月，习近平总书记在党的二十大报告中强调，江山就是人民，人民就是江山。中国共产党领导人民打江山、守江山，守的是人民的心。治国有常，利民为本。为民造福是立党为公、执政为民的本质要求。必须坚持在发展中保障和改善民生，鼓励共同奋斗创造美好生活，不断实现人民对美好生活的向往。

始终同人民站在一起、想在一起、干在一起，一步一个脚印把党的二十大作出的重大决策部署付诸行动、见诸成效，中国人民的生活一定会越来越红火，越来越美满幸福。

让人民生活幸福是"国之大者"，促进全体人民共同富裕是中国式现代化的重要特点和本质特征。我们党总揽全局、协调各方，团结带领人民打赢了脱贫攻坚战，人民生活全方位改善，民生福祉不断增强。中国共产党的"赶考"，出发点和落脚点都是为人民谋幸福。中国共产党坚持以人民为中心的发展理念，紧紧抓住人民最关心、最直接、最现实的利益问题，从人民群众关心的事情做起，从让人民满意的事情抓起，不断实现人民对美好生活的向往。打赢脱贫攻坚战、建成世界上规模最大的社会保障体系、极大提高人民生活环境质量……沉甸甸的成绩单，映照着新时代中国共产党人深厚的人民情怀。

乡村是中华民族的根，承载着十四亿人民的乡愁。乡村振兴建设不能再以过去搞城镇化的老方式进行，要避免城市建设中产生的环境污染、风貌破坏、过度拥堵集聚等问题转移到农村，实现乡愁的重塑、传承和持续发展，要树立新发展理念。以县域为主要载体，以政府、村、社区、企业、学校教育、体育、医疗等为实施主体，围绕全面实施乡村振兴战略的总要求，以产业化、城镇化、现代化、信息化、绿色化、数字化为路径，从空间资源再利用布局到全产业链发展，从创新、金融及技术、人才等要素导入到生活、游憩、景观环境及基础设施等硬件配套，从软环境营造、乡村治理提升到软实力构建、乡土文化重塑，本文从十个方面来解析乡愁构成并提出其实现的路径方略，希望以此形成较为系统化的思路，为乡村振兴全面推进共同富裕建设提供专业的解决方案，促进产业、人才、文化、生态、组织振兴，有效促进城乡融合发展见实效。

一、十大乡愁之一：乡土

以县域为"城乡融合"落地单元，实现全域国土空间资源整体高效保护和利用。

乡村是具有自然、社会、经济特征和生产、生活、生态、文化等多重功能的地域综合体，作为山、水、林、田、湖、草生命共同体的主要载体，要在一定范围内将其作为一个整体来进行规划和开发利用。县域被认为是打通城与乡的关键节点，《中华人民共和国乡村振兴促进法》明确提出了"加快县域城乡融合发展"的要求。以县域为单位统筹全域城乡发展，一定要避免过去"城市本位"的思路，平衡城乡发展关系，核心是要实现城乡两个要素市场有序流动、平等交换和公共资源均衡配置，形成工农互促、城乡互补、共同繁荣的新型工农城乡关系。因此，要突破"就乡村论乡村"的思维局限，构建从县域、乡镇到乡村的层层推进的乡村振兴体系。

（一）逐点突破——乡村点

以自然村或行政村为单位，重点聚焦村庄人居环境提升、田园风貌营造、乡土文化传承、自治组织建设、基层经营主体发展等实施层面的内容。以村为单元开展实用性村庄规划编制。村作为国土空间规划体系中最基础的编制单位，在当前自上而下的空间规划体制下，不能成为传导和分解上位规划指标的单纯工具，而要结合乡村的实际发展需求，注重空间资源治理及开发利用的成本效益（效果），兼顾约束性和灵活性，结合农村集体资产（货源）管理、集体土地（农用地、宅基地及集体建设用地等）流转的要求和需要，明确近期实施项目安排。同时，应以产业项目策划、基本民生服务设施建设为近期重点，制订乡村振兴详细行动计划，指导、开展具体工作。

（二）聚点成片——精品片

实践证明，传统"离散式、小农化、同质化"的发展模式已不适应当前乡村发展需要，从最早的"天下第一村"华西村到近年发展较好的体现"绿水青山就是金山银山"理念典范的鲁家村、"乡村旅游"典范袁家村，其成功经验都是经过一再验证的，簇群状、集群式是乡村的发展态势。将若干有共同文化特色、空间联系紧凑、地缘亲缘紧密、产业特色相同的自然村或行政村组合为联合发展体，甚至可以突破行政边界形成跨县联合的特色乡村群。重点以"一品一策"发展特色产业，共建生产生活设施，共享地缘品牌，构建乡村生活服务圈，打造产村融合、人文融合的发展综合体。如广州从化（县级市）万花园美丽乡村群联合集聚成片、特色相近的村落打造新型乡村发展平台，制定美丽乡村群规划，起到了"承上启下、补缺增色"作用。

（三）连片成面——融合区

在县域层面统筹各片区发展，侧重求同存异，引导多个片区齐头并进，推动全域发展。"求同"即注重解决各片、各村难以靠其自身解决的共同问题，如资本金融资源支持、规模化特色农产品精深加工集聚区建设、农产品贸易及流通物流网格建设、大型公共服务设施供给等；"存异"即突出对各片的差异化、特色化引导，协调各片区发展方向，保持县域城乡的多元活力。在做好县域国土空间规划的基础上，更要制定县域乡村振兴战略规划，做好全域资源要素统筹，促进城乡资源要素双向流动。广州从化在全域范围内打造七大美丽乡村集群，结合各片的蔬果、花卉、温泉、森林等不同资源条件指导各集群形成自身特色，并通过城区新城建设，强化对全域乡村的辐射带动和服务功能，弥补一般乡村地区的能级不足，成为区域要素集散和配置的平台，加快县域城乡融合发展。

二、十大乡愁之二：乡业

立足县域打造"小精特"产业链，系统推进农村一二三产业融合发展。

从全球的农业现代化历程来看，先后出现了以机械化为特征的规模农业（如美国、加拿大，可称为"农业现代化1.0"）、庄园化为特征的设施农业（如德国、法国，可称为"农业现代化2.0"）、全产业链为特征的综合农业（如日本、韩国，可称为"农业现代化3.0"）等发展模式。我国作为农业大国，不仅地区的地形条件差异巨大，而且乡村社群结构、产权所有制度等与国外存在较大差异，应因地制宜选择农业现代化的发展方向。网络技术发展、中产市民入乡势头萌发，特别是乡村基础设施建设的改善，为我国农业发展进入"4.0时代"提供了条件。社会化、智慧型的生态农业将是我国农业发展、乡村振兴的正确模式，适应不同地区农业的基础条件，通过"农业1.0＋农业3.0"或"农业2.0＋农业3.0"，并以家庭承包经营为基础、社会联合参与农村农业经营的社会化经营为特征，应用互联网等信息技术提高农机农技水平，走绿色、低碳、循环、可持续的生态型产业发展路径，体现生态文明建设战略，传承中华民族万年农耕文化的农业发展模式。

（一）培育根植乡土综合发展的乡村经济

农业农村现代化在一定程度上以知识技术革新提升"三农"发展水平，以"三资"（资金、资产和资源）、"三权"（土地承包经营权、宅基地使用权和集体收益分配权）资本化转变为动力的发展变革，有别于我国工业化是农业剩余由农业部门流向工业部门而成为工业发展的资金积累，农业农村现代化是通过将农业部门剩余积累及工业部门剩余积累以资金形式流入农村的方式，完成资本化的转变。

从国内外的经验看，百年前张謇（江苏南通，县域经济实践）、卢作孚（重庆北碚镇，镇域经济实践）、黄展云（福建营前村，村级经济实践）等先辈，实践构建了本地供应链的本地化综合发展。日本"地产地销"模式在一定区域内建立乡村内部产销链条，实现价值剩余的区域内循环，成为融合本地社会、支持本地教育与民生服务等发展的"社区经济""地域经济"。由于村级经济的融资能力相对较弱，很难实现"三资""三权"的资本化转变，而县城及平台功能较强的小（城）镇是外源资本流入乡村的重要节点，因此要以县域为单位，把县域经济视为农业农村现代化的主要载体。

在新时期推进农业农村现代化，需结合中国国情，以县域经济综合发展为单元，在以国内大循环为主体的新格局下，构建内源微循环与外源良性交互相结合的县域经济格局。各地应探索建设县城经济综合发展、镇域经济综合发展、县乡村统筹综合发展的路径实现农村现代化的先行示范，通过本土生产（农产品在本地生产、加工）、本地销售（物流、营销环节由本地企业提供，利润剩余留在本地）、内外消化（消费对象以本地为主，面向外部地域消费者）的方式建立农业供应链和消费链，并更多地将利润、税收用于本地乡村公共建设，形成以乡土社群为基础的微型区域经济圈。

（二）以一二三产业融合的全产业链为导向发展农村新业态

农村一二三产业融合发展理念兴起于 20 世纪 90 年代的日本，进入 21 世纪以来逐渐被广泛认同。2015 年国务院印发《关于推进农村一二三产业融合发展的指导意见》，明确了构建农业与二三产业交叉融合的农副产业发展思路。但目前存在两个误区：一是各地一些相关部门在政策实践中仍把农村产业主要作为第一产业，追求第一产业简单生产力的外延扩张；二是很多农业经营主体在发展实践当中把一二三产业融合简单地理解为"农产品种（养）殖生产＋农产品加工＋乡村旅游"，忽视了农村产业链各关键环节和组成业态的完整性。

把"绿水青山就是金山银山"理念落实到以县域经济为主要载体的一二三产业融合，要充分挖掘本地资源价值，把山水田林湖草等全要素纳入农村产业生态型经济发展的考量，推进生态产业化。要识别本地资源特色，挖掘和激活产品差异化价值和核心竞争力，加强产学研合作，应用先进技术和管理提高产业化水平，结合本地资源特色科学筛选特色产品。通过打造地理标志产品等手段塑造区域共有品牌，培育发展优势特色产品，强化产品的有效供给和质量保障。围绕优势特色产品延伸产业链条，形成产品研发创新、特色农业生产、现代农产品加工业、乡村手工业、乡村物流、电子商务、网红直播基地、涉农金融服务、休闲农业、康养旅居等业态，在县域构建覆盖全产业链条的农村产业生态圈。

（三）以社会化、多元化为导向建立新型集体经济利益联结机制

要让农村农业发展红利惠及本地，实现农业产业剩余价值内化最大最优。一方面需要有代表本地农户利益的经营主体，使经营获利回流到本地的发展建设和社会民生上，另一方面需要把高附加值的农业产业链高端环节锚定在本地，这离不开生产经营主体组成的多元化发展。

近百年来，通过社会化经营组织方式来解决我国分散化、规模小的小农经济问题的探索一直持续不断，从张謇的大生集团承担起地区的农业生产营销、社会服务等职能，到中华人民共和国成立后人民公社统筹了农村基础生产、生活和政治活动，改革开放初期以华西村为代表的村办股份制企业承担了经济发展、民生服务等功能，到21世纪初浙江的"三位一体"（信用社、供销社、农民专业合作社）、农民合作经济组织联合会（简称"农会"）构建起省市县乡上下联动，提供了生产、供销、信用服务的农村新型合作体系。一轮一轮的实践探索证明，社会化组织对于当时的乡村基层产业发展有着良好的适应性，特别是浙江"农会"的探索，能解决农户市场

灵敏度不足、缺乏议价能力、单独经营成本较高等问题。

同时，日本农业协同工会、农业协会联盟等农业先进国家的"农协"实践，也验证了社会化经营组织不仅能通过联合经营，实现农村产业价值利润最大化，也能通过兼顾农村社会公共服务事业供给，实现提供乡村地区生产生活的同步提升。如日本"农协"为其会员（农村农业从业人员）提供的主要业务包括指导和教育培训业务，农产品销售与生产生活资料采购，储蓄、借贷、担保等农村信用及金融服务，会员及其资产保险及救助服务，医疗、保健、康复、照护等综合健康服务，老年人福利事务，乡村建设及资产管理，生产生活等公用设施建设运营，农产品生产和加工，受托生产经营管理服务，农田水利设施建设，等等，基本覆盖了农村生产生活所需的方方面面。通过一体化服务整合，为利益联结组织的成员谋求共同利益，提供综合服务，有利于调动激活乡村经济活力，营造更优经营环境和社会环境。

同时，要鼓励农业龙头企业、创新型中小企业等市场企业，联结家庭农场、农民合作社等经营主体，与小农户、农业个体等合作，开展全产业链开发、一体化经营和标准化生产。需注意的是妥善发挥好社会资本投资农业农村、服务乡村全面振兴的作用，要实现多方互利共赢。要避免资本下乡挤占农民利益，引导社会资本在乡村经营组织公司中合理分配股权比例。如，日本实施的"农工商合作事业计划"鼓励中小企业与农林渔业者合作，促进农林渔业者成长为农工商经营主体，并为保护农林渔业者的利益出台《农工商合作促进法》，限制农工商合作中工商业的出资股份，要求不能超过49%。

（四）以区域性、系统性为特征引导农村产业空间整体开发

优化县域农村产业空间布局，统筹农产品生产地、集散地、展销售地及服务配套建设。各地应以发展现代农业为载体，打造一批特色农产品优势区、现代农业产业园、农业产业强镇、"一村一品"示范村镇、农业科创园、农村创业园、农业合作示范区、田园综合体等发展载体。鼓励农业用地的立体化复合利用，探索农业高尔夫、田园音乐艺术、农产品生产加工深度体验、精深加工中央厨房等农地多功能跨界组合、跨业态发展，促进

多业态创新，并充分利用通过农村闲置宅基地整理、农村土地整治等新增的建设用地和耕地，优先用于农村产业融合发展。

探索农村农业区域整体开发模式，最大化各类资源产业化的协同效应。以产业融合乡村绿色化发展的理念，在一定乡村经济连片发展范围内，统筹乡村高标准农田、农林牧渔业种植养殖基地、农产品生产加工区、物流仓储及营销展贸区、基础设施和公共服务等建设，并注重对生态脆弱、生态价值大于经济价值的生态区域进行保护，形成区域性、系统性布局安排和开发建设方案，增强对社会资本、产业资源的引导和聚集功能，促进农业提质增效，带动农村人居环境显著改善。加强产业生态化发展导向，推广稻鱼共生、立体林业等一体化种养结合的布局，打造有机配料、有机饲料、有机加工、生物质能源等循环农业，不断提升农业绿色化、低碳化水平。

三、十大乡愁之三：乡创

加强农村金融科技创新，推动农村金融科技回归本源。

过去，农业发展长期处于"生产在地、两头在外"的发展状态，农业价值链微笑曲线两端的前端科技研发创新和后端金融、营销、物流服务等高附加值环节都集中在城市，乡村地区价值剩余十分有限。因此，农村产业的全产业链发展应着力加强农业科技和金融服务创新，协同推进生态产业化和产业生态化。通过县域农村产业业态的完备发展，整体提升农村经济效益和生产效率，实现农村农业的现代化升级。

（一）推进农村农业科技创新

坚持科技引领，建立产学研协同的农村农业创新平台，逐步提升农村科技创新能力。强化农业高新技术产业区、农业科技园、太空农业示范园、贵重中药材植物工厂等的农业技术创新平台建设，打造促进共性关键技术和产品研发的农业技术创新中心，在广大乡村地区推广星创天地等新型农业科技创业创新服务平台建设，构建"创业苗圃＋孵化器＋加速器"的创新创业孵化服务链条，为农民、返乡入乡人员在乡村创业创新过程中提供创业培训、技术推广、项目孵化等优质服务，促进农业科技成果转化与产业化。应用大数据、云计算、元宇宙等技术支持农村数字化建设和农业技术推广传播，建设开放共享的农业科技资源开放共享与服务平台，利用线下孵化载体和线上网络平台，聚集创新资源和创业要素。

以粮食安全保障、农业生产效率提升为导向，加强农业重点领域技术创新。首要是良种育种、生物种业创新。欧美发达国家的种业渗透与种源市场垄断，使农产品市场充斥着这些跨国种业公司输入或在国内生产的转基因食品，已威胁到我国粮食安全。要避免未来种业受制于人，必须加大育种科研攻关，加快"南繁硅谷"等种业科技创新基地建设。其次是农机装备领域创新。一方面，要与各地农业种养特色结合，因地制宜开展研发工作。如南方丘陵农业生产带应加强中小型农业机械设备研发，贫困落后山区应侧重开发适合老人、妇女操作的简易农机设备，都市圈近郊乡村应着力发展立体农业、设施农业技术等。另一方面，要与互联网、物联网等技术结合，发展远程监控、智能机器人、农用无人机等智慧农业设施。

（二）推进农村金融服务创新

长期以来，农村地区金融服务缺位，农村金融机构偏重乡村的储蓄吸纳业务，对本地的涉农信贷发展不足，乡村的巨大金融需求一直未能得到充分满足。随着乡村振兴全面推进，农村金融需求面将进一步扩大，需要农村金融机构提供更充分、更广泛和更具创新性的金融服务。

首先，强化县城普惠金融服务功能。依托县城打造服务本地农村农业的涉农金融服务平台，鼓励金融机构将更多资源配置到乡村发展的重点领域和薄弱环节。改变农村金融是城市金融延伸的老旧模式，针对乡村金融服务对象的金融需求变化，结合农村经营主体多元、资源要素复杂非标、发展业态跨界融合等特征，形成定制化金融服务机制。

以农村信用合作为主体，形成各类金融机构分工协作机制，共同推进乡村金融服务体系建设，改变农村商业银行、农村合作银行、农村信用社"离农"现状，推动其业务主要为本地农业农村农民服务，发挥好支农支小、服务基层的作用。商业银行应扩大基础金融服务覆盖面，下沉服务重心，优化网点布局，增加涉农信贷规模。保险公司、融资担保机构、投资公司等增加乡村业务网点，开展农业保险、融资担保、创业投资等业务。

其次，鼓励金融机构创新涉农金融产品。乡村的土地产权特殊性、自然生态资源非标性，导致了一般的交易市场不适应、一般的企业主体不适应、一般的金融工具也不适应等问题，要求深化金融改革的呼声一直存在。要鼓励农村土地信托等金融产品创新，将农民土地承包经营权转化为农民财产权，将土地承包经营权的信托收益转化为合法的可抵押可转让的金融产品。应鼓励开展农村固定资产证券化，借鉴基础设施不动产投资信托基金（REITs）等方式，创新设计经营性资产和资源信托基金 REITs。深化农村金融体制改革，逐步建立专业化的农村资金拆借市场、证券市场和票据贴现市场。构建"三农"绿色金融市场，结合农村地方特色产业和生态农业开展绿色信贷、绿色保险、绿色基金等绿色金融市场产品，结合低碳经济，发展碳汇交易市场。

四、十大乡愁之四：乡智

多层次打造懂农爱农人才队伍，引才引智参与乡村建设。

人才是乡村振兴、创新发展的先决条件，乡村人力资本开发是乡村振兴全面推进的关键。然而，当前乡村振兴创新人才队伍短板明显，还存在结构分布不均、激励保障不足、培育成长机制有待改善等情况。应优化人才发展环境，提升乡村集聚人才能力，引导城市人才下乡，推动专业人才服务乡村，增加乡村本土人才培养投入，通过外部招引和内部培育加快乡村人才队伍建设。

（一）优化乡村振兴人才队伍结构

一是吸引各类人才在乡村振兴中建功立业，要优化乡村人才队伍构成。首先要提升农村农业生产经营人才素质，一方面做好对家庭农场经营者、农民合作社带头人及高素质农民等农业从业人才的培育，另一方面要加大对农村创业创新带头人、乡村工匠、手艺传承人、农村电商人才等二三产业发展人才的培育，形成支撑农村农业产业链延伸的强大人才队伍。二是加强农村科技创新人才队伍建设。既要注重农业科技领军人才的培育，也要加强农村科技推广人才、入乡科技特派员等基层农技人才培育。三是注重乡村公共服务人才建设，特别是教育、医疗卫生、文化旅游、规划建设、法律咨询等专业服务人才的输入和培育。四是加快完善乡村治理人才队伍的建设，包括乡村基层干部、党政管理人才、乡村社会工作人才等培育。

（二）建立人才入乡激励机制

探索人才下乡激励机制，鼓励和支持城市人才入乡、进城人员返乡创新创业。设法增加乡村对城市人才吸引力，要让返乡入乡人员看到留乡发展的前景，目前，乡村集体收益分配权等权益封闭于乡村集体内部、外来人员对乡村发展的贡献和应享有的权益不对等，是乡村难以吸引留住人才的重要原因。

解决城市人才下乡的后顾之忧，探索建立乡村振兴人才卡制度，让下乡人才在所服务乡村属地县市享有住房、交通、医疗、教育、社保、金融甚至消费等优惠待遇。在乡村户籍和村民权益分配上要有所突破，允许符合条件的返乡入乡就业创业人员在当地乡村落户，并合理享有村民权益和相关的福利待遇，鼓励利用农村闲置宅基地和农房建设农村人才公寓。

加强城乡、区域、校地之间人才培养合作与人才流动。一是建立鼓励人才向艰苦地区和基层一线流动激励制度，对长期在基层一线和艰苦边远地区工作的人才给予工资待遇、考核评价、子女教育等倾斜政策。二是建立各类人才城乡双向流动机制。一方面，建立城市医生、教师、科技、文化等人才定期下乡服务机制，加强城市人才对乡村的输出；另一方面，建立乡村基层人才定期到城市对口部门轮岗挂职、锻炼培训，逐步提高乡村人才队伍素质。充分保障双向流动人才在职称评审、工资福利、社会保障等方面的权益和待遇，特别专业人才职称评价应给予政策倾斜，让专业人才更愿意参与乡村发展建设，如广东在2021年全国首创乡村工匠专业人才职称评价，聚焦乡村实用人才资源开发，让活跃在乡村一线的"土专家""田秀才"等人才脱颖而出。

（三）完善乡村人才培养体系建设

培养有文化、懂技术、善经营、会管理的高素质农民和农村实用人才、创新创业带头人。加强深入乡村基层的教育培训设施建设，通过支农企业联合科研院所、高等学校，在乡村地区当地设立"三农"技术培训学校、教育实训基地、协同创新基地，加强对职业农民、能工巧匠、科技创新人才等本土专业技术人才的培养。鼓励涉农高等院校、职业教育院校加强涉农技术专业深沉建设，增设新兴涉农学科专业，加快培养拔尖创新型、复合应用型、实用技能型农林人才。

为乡村农民接受教育创造便利条件。通过开展互联网远程教育、举办乡村基层流动特色学习班等形式，送技术、课程下乡，为农民提供实用精品培训课程，让他们享受优质教育资源。鼓励农民工、留守妇女、职业农民等报考职业教育院校，并为报考农民放宽入学条件，适当降低文化素质测试录取分数线，减免学习培训费用等，促进农民素质明显提升。

五、十大乡愁之五：乡居

强化乡村远景公交服务网络建设，提升乡村公共服务和人居环境水平。

一直以来，乡村生活服务设施配套不完备、公共服务质量与城市水平差距较大，是乡村留不住人的重要原因之一。近年农村"三清三拆"、乡村环境整治、美丽乡村建设等工作的开展，使乡村地区人居环境风貌得到了极大的改善，各地涌现出一批又一批的美丽乡村，浙江省更是产生了许多未来乡村、共富先行村建设典型。

（一）创新乡村住房供给

"归园田居"是很多居住在城市的人心中抹不去的乡愁。随着人民生活水平普遍提高，对绿色生态环境的需求日益突出，希望能入乡生活养生和创业就业的城市人员规模不断增加。但"人无恒产则无恒居"，由于城市下乡人口无法享有乡村住房的所有权，乡村宅基地分配及集体建设用地产权制度成为城市人下乡定居的障碍。

在坚持乡村土地集体所有制的前提下，通过宅基地所有权、资格权、使用权"三权"分置，探索允许和支持宅基地使用权抵押、质押和流动交易，放活宅基地和农民房屋使用权。在强化住房建设管理的前提下，应探索允许农村集体经营性建设用地和宅基地入市交易，有条件地适当放开禁止城市市民到农村购买宅基地、建设用地的管控。如对于入乡创业就业的创业人才、为当地乡村提供公共服务和技术服务的专业人才，应允许其购买当地宅基地，享有宅基地的资格权和使用权。此外，还应通过共享庄园、长租公寓等形式，向城市人有偿让渡乡村宅基地、集体建设用地等的使用权，并通过该转让收益反哺当地乡村建设，尤其是加强对低收入人群住房的保障。

提高农村住房建设质量安全管理水平，在住房设计中突出体现地域、民族和乡土特色。各地应加强农村建房技术培训和指导，可通过设计图册等方式，为农民提供高颜值、低成本的住房建设指引。注重传统地域建筑文化特色与现代建筑建设技术的融合，鼓励农村住房建设采用新型建造技术和绿色建材，提高农村住房建设水平。

（二）搭建乡村便民服务平台

构建县城—乡镇—乡村三级民生服务网络，推动城市设施服务网络覆盖乡村，强化县城作为服务城乡的区域性、综合性公共服务中心功能，以规模化建设综合性强的公共服务设施为主。把乡镇建成农村服务资源配置中心和乡村治理中心，培育社会服务、生活服务、知识服务等专业服务机构和社会组织，强化专门化公共服务能力。乡村社区要提高基本生活服务供给能力，适应乡村地区居民点相对分散的特征，建设泛在化、分布式的基本生活服务设施，形成乡村便民生活服务圈。

健全乡村社会化服务体系，应用智能化、数字化提升乡村公共服务供给水平。鼓励农民专业合作社、家庭农场、农业企业等多种经营主体参与乡村公共服务、生活服务，为村民及旅居人员提供文化艺术、文体娱乐、休闲游憩、家政服务、老人照料、幼儿托管等半公共半经营性生活服务。完善村级综合服务设施和综合信息平台，通过互联网医院、互联网学校等弥补乡村医疗、教育服务的短板；通过设立智慧药房、无人零售商店、乡村快递配送等极大地提高乡村生活便利度。

六、十大乡愁之六：乡旅

立足乡野乡趣的吸引物特色，多元开发乡村旅游精品。

近年来，乡村旅游投资热度不断攀升，乡村旅游已成为社会资本参与乡村振兴的重要渠道。但目前，乡村旅游发展仍面临旅游同质化竞争、整体品质不高、产品培育不足、资金人才土地资源约束、运营模式严重低端落后等现实困境。乡村旅游发展要在新时期乡村振兴中发挥作用，需要以乡村区域全面振兴为目标，以重乡愁、重体验、重生态的乡村旅游新需求为导向，以个性化、特色化旅游产品为主要供给，以多方主体联合经营为主要开发模式，以大数据、互联网等技术应用为支撑，以互联网商业场景、社群社交场景提升乡村旅游发展水平。

（一）树立全域旅游思维

加大乡村地区生产生活生态空间融合度。山水田林湖草等自然生态，民居建筑、历史文化、非遗传承等人文生活，种植养殖基地、农产品加工作坊、特产展销店铺等经济生产，皆可转化为乡村旅游资源并加以利用。乡村地区旅游资源丰富，决定了乡村旅游发展需要建立全域旅游的发展思路，把乡村游发展与本地经济振兴、生活品质提升和生态环境保护相融合，深入挖掘本地资源特色，让乡村旅游赋能地方可持续发展。

打造乡村全时全域旅游发展格局。一是围绕食住行游购娱体系，加强核心旅游资源原点的建设，强化各个个性化特色旅游产品供给，完善旅游基础设施配套，丰富旅游资源原点的吸引力。二是构建全域旅游精品线路，通过打造"旅游景观道""绿道""碧道"等旅游路线，串点成面，形成主题特色鲜明的旅游体验区。三是优化旅游产品组合和构成，建设丰富的日间旅游与夜间旅游项目，针对乡村一年四季不同时段的特色，塑造旅游产品的功能和特点、亮点。同时，还需要细化各类协调机制，促进各景点功能之间的相互协调，确保各部门行政管理之间政策衔接顺畅。

（二）开发特色旅游产品

旅游消费需求的多样化、体验化转变，促使乡村旅游的供给要形成更加个性化、体验型的旅游产品，并在产品开发过程中注重利用乡村地区的自然生态、历史文化、特色产业等资源，增加游客的参与度和体验感，开发独具特色的乡旅产品，实现乡村全域资源价值的整体提升。以旅游主题满足游客的需求，可以包括以下几种产品类型：

开发文化体验、艺术创意、大学生演艺音乐节等体验游乐型乡旅产品。在乡村原有基础上进行开发，如结合田园的农家乐体验、采摘、农事体验等，可形成共享农庄、认养农业等新业态，可以让游客在乡村认领一块地、一棵树，或者认养一只动物等，与乡村产生更紧密的联系。也可结合农耕文化和乡村民俗的乡村非遗传承基地、民宿庭院、农家餐厅等，让游客获得更丰富的乡土文化活态体验。还可在田间地头结合大地景观，建造露天艺术公园、田园文化走廊、露天剧场等文化艺术娱乐设施，打造乡土文化、现代艺术碰撞交流的舞台。

开发田园康养、休闲度假等养生度假型乡旅产品。主要利用城乡环境、氛围的差异性，突出空气洁净、环境清幽的乡村慢生活，打造养生庄园、田野酒店、野奢度假村、森林疗养院等产品业态，侧重自然环境与优质健康服务的结合，让现代城市人能在乡村获得放松、调整。

开发科普研学、亲子教育等科普教育型乡旅产品。乡野有城市里不常见的花草果木和飞禽走兽，村落里有代代相传的家训教导和传奇故事，可以成为帮助孩子接触大自然、回味历史、学习新常识的独特场所。利用乡村郊野建立生态科普营地、野外科考体验基地，结合村内闲置建筑、宗祠等打造国学讲堂、爱国主义教育基地等，打造以面向学生为主的研学旅游基地。

（三）创新乡村旅游开发运营模式

随着数字经济发展、互联网思维植入，"共享""众筹"等创新运营模式与乡村旅游深度结合，衍生出共享农庄、认养田园、"民宿＋"等乡村旅游产品开发新模式，并随之出现了线上营销、智慧旅游、目的地营销等旅游营销方式。

共享农庄是农户通过线上共享交易服务平台，出租闲置的乡村房屋，租客可在租赁期间获得房屋的使用权，同时分享附属于房屋的田园、菜园或果园的产出。如广州艾米共享农场通过农田托管平台接受农户委托，管理闲置的房屋、农田，并对托管农田、房屋进行统一经营管理，以城市家庭为主要客源招揽承租会员，会员通过租赁房屋可定期获得农产品直供，平台公司与农户分享经营效益。该模式不仅使闲置农资活化，农户增收，企业利润提高，城市居民绿色食品、安全食品消费需求得到满足，未来更可与金融产品结合，派生更多与共享产权价值挂钩的金融产品。

"民宿＋"复合发展模式是把民宿作为承载文化、价值追求的平台，利用民宿有别于刻板的规模化、标准化酒店的"非标性"，灵活叠加文化、艺术、教育、康养、生态、农耕、美食等多元化主题，可派生出"民宿＋田园养生""民宿＋露营基地"等乡村项目业态。打造个性化突出的旅游标的，精准对接特有客群需求，形成较强的引流能力，从而带动其周边协同发展。如长沙民宿典范"慧润模式"，以"一宅一品一主人"运营理念满足市场个性化、特色化的需求，并通过"631"收益分配权比例，联结农户、企业和村集体组成联合经营主体，经营收益按照农户 60%、企业 30%、村集体 10% 进行分配。2019 年，以慧润为代表的民宿产业共有床位 1129 张，全年共实现民宿销售收入 3150 万元，带动农产品销售 1890 万元，带动就业 3650 余人，壮大了农村集体经济，实现农民就近致富。

依托互联网开展目的地型旅游营销。有别于传统的以客源市场开发为导向，依托客源所在地进行旅行产品的策划、实施和销售的客源地型营销，目的地型旅游营销更多是应用大数据、互联网、云计算等信息技术，通过平台直播、手机客户端、门户网站等，建立客源与目的地的直接联系，引导游客进入和产品输出。发挥新媒体、电商、OTA（空中下载技术）等线上平台和技术的作用，开展乡村旅游宣传推广，更能适应乡村旅游较为分散、非标化产品的特征，针对潜在客源社群特点进行更详细、更精准的产品信息发布。同时，通过乡村周边设施配套的智慧化，比如高速无线网络、数字化标识、视频直播 VR 体验等，实现乡村智慧旅游发展的升级，打造更具数字经济时代的乡村旅游产品。

七、十大乡愁之七：乡景

坚持"三生合一"理念，塑造别具一格的乡村风貌。

乡村具有不同于城市的特有美丽，过去有些地区的乡村建设大多生搬硬套城市建设模式，对村落及文化景观进行粗暴的改造，不仅使乡村失去了原有的特色和韵味，更是人为地制造历史文脉，生搬硬套。乡村景观营造是乡村生产生活场景式的凝聚和再现，应深入挖掘当地的乡土特色，注重乡土特有的场所精神，展示场所历史，延续场所文脉。

（一）彰显乡村聚落的景观个性

一方水土养一方人。乡村聚落是当地乡村居民世代生活形成的场所空间，具有显著的原生文化、地域文化特性。通过挖掘乡村特色，整体构建具有标志性的聚落景观，从村落整体格局延续原有文脉，优化民居、宗祠、巷道、水系、田园等布局，形成具有明显地方村落特征的建筑景观。例如岭南广府文化村落的宗祠和风水池、客家文化村落的围屋、潮汕文化村落的梳式冷巷，在空间序列组织上，注重对村落公共空间、庭院空间、建筑空间的层次组织，通过新业态功能的注入，活化原有空间。同时，营造新的空间场所，注重乡村建筑所承载的乡土文化和时代烙印，在乡村景观中注重对传统建筑工艺、独有建筑符号、本地化建筑材料等的应用和再现。

（二）增添自然田园的景观魅力

田园景观是自然生态与农耕文化交融的共同体，是乡村地域特色景观的独特标签。田园景观的打造应更多地展现其自然属性，降低、弱化或隐去人为干预因素。即使是近年开始在国内流行的田园大地景观塑造，如稻田画、花海造型等，都应强调其自然特质，取材于自然，构筑像自然。避免出现有些地方明明是花海绿化主题，却以人工假花堆砌，让人难以融入。即使是应用新兴造景，如垂直绿化、驯化野花野草造景等新型农业景观，也要体现自然和谐之美。纯粹的自然乡村景观才是人体验自然静谧、远离烦躁喧嚣的向往和追求。

（三）丰富乡土人文的景观内涵

乡村人文要素是乡村文化的传承，是乡土文化的标识，日本、我国台湾地区等地的乡村广获美誉，是因为其人文景观所营造和展现出的艺术审美是其魅力之所在。通过艺术化利用，可形成既具有乡村淳朴氛围又不失现代时尚气息的乡村景观，如湖州德清莫干山的洋家乐、杭州西湖西侧的安缦法云，已成为享誉国际的知名乡村景观。审美的提升，使得乡村的一花一草一木都能焕发出乡村的特有魅力。升级乡村文化景观，要注重对乡村文化的显性表达和隐性传承，构建具有欣赏价值的乡村景观。

（四）营造生态低碳的景观环境

乡村景观应体现低碳、生态、循环、可持续的发展理念。结合生态循环农业等技术应用，在乡村景观中推广采用节水、节肥、节药、节能等先进的种养管理技术，并推进农业投入品减量化、生产清洁化、废弃物资源化、产业规式生态化。同时，乡村生态景观的营造更应与乡村地区生态修复、流域治理、水土治理相结合，加强农业面污染防治，极力降低乡村建设对自然生态环境的影响。

八、十大乡愁之八：乡味

挖掘和重塑乡土韵味，提升乡村消费环境和生活品质。

如果说乡村景观是乡愁的物质承载，乡土味道则是乡愁的非物质承载。2015 年 1 月 20 日，习近平总书记在考察大理白族自治州大理市湾桥镇古生村时指出，农村建设要充分体现农村特点，注意乡土味道，保留乡村风貌，留得住青山绿水，记得住乡愁。乡村振兴不是盲目粗暴的大开发大建设，要守住乡土文化的根，保存好乡村的味道，并挖掘和释放乡土文化、乡村风味的传世价值，让乡村振兴不只是冰冷的设施建设，还有温暖的人文关怀。

（一）传承乡村文化脉络

乡村文化遗产保护历来备受关注。在近年的乡村建设中，乡村大部分的历史建筑、文化遗产在一定程度上获得了较好保护。但随着农村发展开发的深入，乡村文化传形而不传神，乡土文化特性逐渐消失，个别地方严重恶化，"商业化""庸常化"现象频现，"假古董""伪文化"问题时有发生，传统乡土文化面临着外来文化冲击和通俗文化的侵蚀乃至同化，乡土味道日渐弱化。

乡土文化的活化传承，不仅需要把历史建筑、文保文物等物质文化遗产"凝固住"，更要让风俗节庆、传统技艺、戏曲舞蹈、文学美术等非物质文化遗产"活起来"。一是要从空间上营造文化氛围，依据本地乡土文化特色塑造主题鲜明的文化环境，这不仅需要建筑的物质形态上的文化主题形象保持一致，更需要赋予空间功能、场所活动同样的文化内涵，让人在其间获得精神上的享受。二是要活化传承传统技艺，建设非遗传承基地、乡土工匠作坊等，为非遗传承人、乡村工匠等特殊技能人才创造良好的创作空间，通过传统技艺的合理商品化实现传统技艺的价值，激励乡村文创产品、创意农业等发展。三是要活化传统文艺和节庆活动，通过举办传统节庆纪念、风俗礼仪再现、传统文艺表演等乡土文化活动，带领现代人回味传统风俗魅力，感受乡土文化自信。

（二）挖掘乡野美食特色

乡村美食是一种文化、一种生活、一种艺术。时下，随着绿色消费成为热点，乡村美食越来越受到追捧。首届"中国农民丰收节"推选发布的"100个乡村美食"引发社会热议，恰是其勾起了人们心底浓浓的乡愁和"老家的味道"。

"美食＋"成为乡村振兴的新引擎。乡村美食是绿色生态、返璞归真的象征，经过与文化旅游、地方特产、田园生活等整合创新，乡村美食已成为极具生命力的乡土文化印记，袁家村的美食、沙县的小吃，都用实践证明了乡土美食具备促进就业、创造收益、吸引资本、提升发展质量的现实价值，解决了数以万计农村富余劳动力就业问题。

乡村美食的开发和创新，要突破传统农产品的思维局限，应从乡村美食自身的特色出发，多角度出发寻求乡村美食资源的价值转化。近年来，"李子柒""滇西小哥"等乡村美食类短视频在国际各大社交平台和视频网站上迅速兴起，不仅展现了乡村特色美食的内容，更展示了乡村的风土人情、生活场景和自然风光，真实而富有感染力。乡村美食通过网红引流，不仅带动了当地特色产品的销售，更倡导了乡村田园生活方式，促进了当地乡村旅游、乡村文化事业等的发展。

乡村美食要塑造区域特色品牌。乡村美食推广尤其需要注重地方文化印记和特色品牌，加强地理标志产品、注册商标等品牌知识产权保护，优化原材料生产、成品加工技艺传承、食品体验和销售展示、物流配送及电商平台推广等环节布局，细化产品差异化设计，打造独具地方特色的乡村美食IP。

九、十大乡愁之九：乡治

以举国体制推进乡村振兴，创新乡村基层组织建设和治理。

健全乡村治理体系是乡村振兴顺利推进的重要保障，在脱贫攻坚战时期已形成一套行之有效的管治体系，进入乡村振兴新时期，应通过顶层设计与基层首创互促共进，建立共建、共治、共享的现代社会治理新格局，确保广大农民安居乐业、农村社会安定有序，让群众获得更多幸福感。

（一）建设"三治结合"的乡村治理体系

在进行乡村治理时要注意中国乡村社会是传统伦理型社会，具有独特的农村宗法体系文化底蕴。历史实践已证明，单纯采用人治或法治的方式并不适合乡村社会基层治理。推进自治、法治、德治相结合的乡村治理体系，推动农村基层自我管理、自我教育、自我服务，是符合我国农村社会传统和特色的治理方式。以农村自治为载体，以法治为工具，以德治为感召，过去农村治理并未重视"德治"在乡村中的重要作用和传承。南方村落的宗祠、北方村落的村规、西部村落的民约，这些都是农村德治体系的体现，在这样的秩序管理下，我国的乡村走过了几百上千年的健康发展之路。通过发挥村规民约的积极作用，由乡贤牵头，建立乡贤理事会，承担公共管理职能，有利于破除城市资本和市场进入乡村时所带来的重商主义、功利主义等思想弊端。

（二）强化"五级联动"推进机制

在脱贫攻坚战中，省市县乡村五级书记一起抓的工作机制硕果累累，在乡村振兴中应进一步强化这五级联动的工作机制。《中华人民共和国乡村振兴促进法》明确提出，要建立健全中央统筹、省负总责、市县乡抓落实的乡村振兴工作机制，建立乡村振兴考核评价制度、工作年度报告制度和监督检查制度。发挥党集中统一能力，协调不同利益部门，统一参与乡村振兴工作，避免各部门各自为政，导致政策移位、步调不一致等情况。

十、十大乡愁之十：乡魂

建设新时代农村精神文明，挖掘传承优秀乡土文化。

乡村振兴既要塑形，更要传魂，乡风文明是乡村振兴全面推进的重要保障，市民的乡愁、村民的乡愁，从乡愁到乡情到"乡振"，既是对人民内心深处田园梦想的抒发和释放，也是现代城市文明对乡村文明的促进和提升。通过文化教化、唤醒自觉，重建乡土内生精神力量，实现文化的振兴、人心的振兴，激发乡土精神的活力与动能。

（一）便利公共文化服务

目前，乡村公共文化服务普遍存在着村民参与度不高、文化服务内容单一且品质不高、文化活动供需不匹配等问题，急需加快弥补公共文化服务短板，以群众基本文化需求为导向，提高乡村公共文化服务的精准供给，提高基层文化服务供给的内生动力，提高乡村公共文化服务实效。

乡村公共文化设施建设要精准对接乡村百姓的文化需求。建立乡镇综合文化活动站、村级综合性文化服务中心等基层公共文化服务设施，要在设置布局中结合本地文化活动的特色和习惯，尊重本地文化活动的传统，将基础文化服务设施打造成乡土文化的地标。根据群众日常文化活动的需要，完善文化服务设施的内部功能，设立传承传统文化价值的乡村文化讲堂、承载传统风俗礼仪的文化活动场所、展现乡村历史故事的特色博物展馆等文化服务设施。

引导和鼓励社会专业力量入乡提供文化服务。地方政府应大力支持社会文化组织参与乡村文化供给，引入社会力量参与送戏下乡、阅读推广培训活动。如山东省威海市转变造成财政负担较大的政府直接采购服务，通过实施公共文化服务公益创投，扶持专业的文化组织孵化中心，对具有成长潜力的文化组织进行培育孵化，让经过培育的社会文化组织重点面向基层社区和农村开展类型丰富的公共文化服务。

应用信息化技术提高乡村公共文化服务效率。利用互联网、物联网建立县、镇、村三级文化服务网络，构建"公共文化资源信息采集—信息推送—信息获取和反馈—实物化使用"的公共文化服务模式，建立文化服务信息复合传播渠道，形成线上线下共建联动的公共文化服务资源整合共享，弥补乡村基层公共文化资源的不足。

（二）提升农民精神风貌

重塑乡土文化的认同感，增强乡土社会的凝聚力。乡村社区的精神面貌源自耕读文化、宗族文化、民俗文化等精神文明，通过这种乡土精神的文化传承，起到立管宜教的作用。比如珠三角地区的广府文化村落，通过赛龙舟、舞狮子等活动,宣扬团结拼搏之精神。

不断提高乡村社会文明程度,既要遏制城市劣质文化对乡土文化的侵蚀,也要破除传统乡土文化中的陈规陋习。深入挖掘乡土文化中蕴含的社会和美、公平正义、诚实守信等优秀思想观念和精神力量,培育文明乡风。

坚持良好家风、淳朴民风,结合时代要求,在保护传承的基础上创造性转化、创新性发展。

十一、结语

留得住绿水青山,记得住乡情乡愁。春天的桃花灿若云霞,夏天的荷叶青翠欲滴,秋天的稻浪层层金色,冬天的松竹郁郁苍苍。浙江农村别有一番景象:远处,重山叠嶂,层林尽染,烟雾缭绕间,恍若仙境;近一点,原野辽阔,田水相间,偶尔掠过几只白鹭,留下一抹乡愁;再近一点,松竹挺立,屋舍俨然,稚子嬉闹,鸡犬相闻。若是沿着乡间河渠信步游走,清风习习,流水潺潺,繁花点点,虫鸟对语,更为惬意。

一枝独放不是春,万紫千红春满园。一脉青山、一方绿水、一棵百年老树、一口清冽老井、一则美丽传说……都是乡愁的载体,都能唤起游子浓烈的故土眷恋和家国情怀。恰当地把这些元素摆放在游园、广场、村落中,不仅能实现废物利用,还能增添亲情、温情和乡情。人民对美好生活的向往,正一步步从愿望变成现实。

2022年5月,中共中央办公厅、国务院办公厅印发了《乡村建设行动实施方案》。在实施乡村振兴战略过程中,需要让乡村建设独具特色,农村各方面的发展也要呈现多样化趋势,让乡村建设更有"人情味",给乡愁留下一个可以靠泊的"港湾"。乡村有着"草长莺飞二月天,拂堤杨柳醉春烟"的明媚。作为新时代的青年,不论在学习、工作还是生活中,要不忘来路、不忘初心、不忘赤子情,帮助家乡发展,带领乡亲们致富。乡村建设行动具体包括以下方面:

加大乡风文明建设。随着乡村振兴战略向纵深推进,要紧贴乡土本色,建立生态宜居、简约文明、绿色低碳的美丽乡村,以绿色留人、留心,给乡愁留下一泓可以传续的"山水"。有了绿水青山，就有金山银山。加快培养广大农民自己的绿色产业，加强对"梯田乡愁"的保护和传承。调整其治理，改善其生活，让绿色成为广大村民的记忆归属，给乡愁留下一片可以承载的"热土"。让故土家园成为情感永恒的归宿，更成为精神永远的家园，促发推动乡村振兴的多重效应。

挖掘乡村文化内涵。乡村振兴不能离开乡愁记忆，村民的那份"乡愁"情结，也必须在领导干部的宏图规划之中。根植于本土的传统建筑、传承农耕文化，引导村民落实"门前三包"。通过集中开展乡村环境治理，要面向实际、深入实践，实践出真知。通过挖掘村庄历史，深度探索梯田产业、梯田旅游、梯田文化的融合发展，打造一批乡村休闲游、研学实践游的精品路线，逐步实现乡土文化的转型与升级，让历史与现代、时尚和复古在合理建设中迸发出新时代的火花，留下一份原始，就留住了一份"乡愁"。

开展家风家教教育。"月是故乡明，人是家乡亲。"家永远是人魂牵梦萦的地方，承载着对社会文化的传承。对于那些有记忆传承的传统民居、宗庙祠堂、文物古迹要全方位普查，激发绿色农业发展积极性，增强村民热爱家乡、建设家乡的认同感、归属感和凝聚力，让他们了解祖辈生活的艰辛。推进"三大革命""三大攻坚"行动，寻找共同文化根源，教育下一代，更加珍惜现在的幸福生活，让乡愁有了根，让乡村记忆有了归宿。乡村在，乡愁在；明天在，希望在。

要实现全体人民共同富裕，引领世界文明形态的跃升方向。文明因交流而多彩，文明因互鉴而丰富，文明因交融而发展。中国式现代化的理论和实践，创造了人类文明新形态，拓展了发展中国家走向现代化的途径，给世界上那些既希望加快发展又希望保持自身独立性的国家和民族提供了全新的选择。共同富裕基于中国特色社会主义道路优势而生发和出场，继承和创新了社会主义文明对于人类平等和人的全面自由发展的美好追求，超越了"资本至上""物质至上"的西方现代化模式，深刻体现了中国共产党对人类文明发展规律的深刻把握和关切人类命运的世界情怀。共同富裕所创造的人类文明新形态，内嵌于中国特色社会主义实践探索之中，也寓于人类命运共同体的构建之中。共同富裕所坚持的"以人的发展为根本价值旨归"的发展模式，超越了资本主义文明固有的局限性，开创了人类现代化发展的新道路，为创造人类文明新形态贡献了中国智慧和中国方案，是具有世界意义的原创性实践。

（本文来源：钟法评，《实现城乡共同富裕，融合十大乡愁——天尚首创乡村共同体解读之一》，2022 年 12 月 27 日，"天尚乡村"微信公众号，https://mp.weixin.qq.com/s/bE5NdpLKrw0qheCdxy7F6g.）

为了诗与远方：乡村旅游

——天尚首创乡村共同体解读之二

导语

党的二十大报告指出，从现在起，中国共产党的中心任务就是团结带领全国各族人民全面建成社会主义现代化强国、实现第二个百年奋斗目标，以中国式现代化全面推进中华民族伟大复兴。

我们正处在全面建设社会主义现代化国家开局起步的关键时期，要坚定不移地推进和拓展中国式现代化，坚定走中国式现代化之路的自信与自觉，不断开辟中国式现代化的新境界。

本文将从中国式现代化的理论内涵出发，立足于高质量发展，从现代化经济体系、新发展格局、全国统一大市场、创新治理、共同富裕等维度探讨中国式现代化的战略部署与发展路径，帮助读者读懂中国发展方向，为未来的行动和决策提供有益参考。

如何在错综复杂、充满冲突和高风险、高压力的环境中做好决策，关系到每一个人的生活和工作品质。

白居易在《与元九书》中说："文章合为时而著，歌诗合为事而作。""时"是时代，"事"是当下社会现象、现实问题、现实之重要课题。

我们所处的时代，是当今中国特色社会主义进入的新时代。党的十九大报告指出，经过长期努力，中国特色社会主义进入了新时代，这是我国发展新的历史方位。关于"新时代"定义的历史方位，党的十九大报告做了精辟概括。一是新时代"是承前启后、继往开来、在新的历史条件下继续夺取中国特色社会主义伟大胜利的时代"，这句话明确了时代的中国要举什么样的旗、走什么样的路；二是新时代"是决胜全面建成小康社会、进而全面建成社会主义现代化强国的时代"，这句话明确了新时代我们要完成什么样的历史任务、进行什么样的战略安排；三是新时代"是全国各族人民团结奋斗，不断创造美好生活、逐步实现全体人民共同富裕的时代"，这句话明确了新时代要坚持什么样的发展思想、达到什么样的发展目标；四是新时代"是全体中华儿女勠力同心、奋力实现中华民族伟大复兴中国梦的时代"，这句话明确了新时代要以什么样的精神状态、实现什么样的宏伟目标；五是新时代"是我国日益走近世界舞台中央、不断为人类作出更大贡献的时代"，这句话明确了新时代的中国处于什么样的国际地位、要对人类社会作出什么样的贡献。中国特色社会主义进入新时代具有重大意义，中华民族迎来了从站起来、富起来到强起来的伟大飞跃。

我们所说的"事"，指的是当前我国正在加快推进的乡村振兴伟大事业。党的十九大报告指出，农业、农村、农民问题是关系国计民生的根本性问题，必须始终把解决好"三农"问题作为全党工作重中之重。要坚持农业农村优先发展，按照产业兴旺、生态宜居、乡风文明、治理有效、生活富裕的总要求，建立健全城乡融合发展体制机制和政策体系，加快推进农业农村现代化。巩固和完善农村基本经营制度，深化农村土地制度改革，完善承包地"三权"分置制度。保持土地承包关系稳定并长久不变，第二轮土地承包到期后再延长30年。深化农村集体产权制度改革，保障农民财产权益，壮大集体经济。确保国家粮食安全，把中国人的饭碗牢牢端在自己手中。构建现代农业产业体系、生产体系、经营体系，完善农业支持保护制度，发展多种形式适度规模经营，培育新型农业经营主体，健全农业社会化服务体系，实现小农户和现代农业发展的有机衔接。促进农村一二三产业融合发展，支持和鼓励农民就业创业，拓宽增收渠道。加强农村基层基础工作，健全自治、法治、德治相结合的乡村治理体系。培养造就一支懂农业、爱农村、爱农民的"三农"工作队伍。

乡村振兴战略的提出，表明了"三农"问题在党中央工作中占据了重要地位。作为国家战略，它关系到我国是否能从根本上解决城乡二元结构，乡村发展不平衡、不充分的问题，是推动乡村经济社会发展、实现城乡统筹的长远性布局。党的十九大后，《中共中央　国务院关于实施乡村振兴战略的意见》（以下简称"2018 年中央一号文件"）、《乡村振兴战略规划（2018—2022 年）》等国家政策文件陆续出台，对乡村振兴进行了全面的战略部署，明确了乡村旅游的发展思路、目标任务及具体措施，为乡村振兴工作指明了方向。

乡村振兴战略是继社会主义新农村、美丽乡村建设之后更吸引人、更全面系统地解决"三农"问题的重大战略部署。党的十九大报告为中国农村发展和亿万农民实现对美好生活的向往描绘了新的图景。"产业兴旺、生态宜居、乡风文明、治理有效、生活富裕"，这 20 个字是对乡村振兴提出的历史任务和总体要求，是新时期开展"三农"工作的顶层设计。

天尚集团就是在这样的新时代背景下，对乡村振兴和乡村美美相融发展课题进行新的思考的成果。过去我们从事了多年的乡村旅游研究，做过不少乡村旅游规划设计项目，获得过许许多多务实的研究成果，对乡村和乡村旅游有着比较深入真切的了解，也有着浓浓的乡村情结。

如今，全国各地正如火如荼地推进乡村振兴工作。乡村迎来了百年不遇的大变革、大机遇，这样的形势激发了天尚产生更大的热情和行动力量。于是，我们开始着手写一篇旨在论述在乡村振兴战略下如何创新发展乡村旅游的突击战略战术的文章，从旅游专家学者的视角，以乡村振兴吸引乡村旅游，以乡村旅游助推乡村振兴，由此提出一些思路和方法，供大家参考借鉴。

一、"新乡建"下乡村旅游的可持续发展

2018 年中央一号文件提出，要"按照产业兴旺、生态宜居、乡风文明、治理有效、生活富裕的总要求"，走中国特色社会主义乡村振兴道路。

（一）乡村旅游的产业振兴——"一二三产业的融合互动"

当今乡村衰败的根本原因在于乡村发展缺乏有力的产业支撑。乡村振兴的重点和关键就在于产业兴旺，产业兴旺是提高农民收入的根本途径。对此，2018 年中央一号文件明确提出，乡村振兴，产业兴旺是重点。必须坚持质量兴农、绿色兴农，以农业供给侧结构性改革为主线，加快构建现代农业产业体系、生产体系、经营体系，提高农业创新力、竞争力和全要

素生产率，加快实现由农业大国向农业强国转变。

乡村一二三产业的融合互动是促进乡村旅游产业振兴（产业兴旺）的基本途径。文化和旅游部等 17 部门于 2018 年 12 月联合印发的《关于促进乡村旅游可持续发展的指导意见》明确指出："共建共享，融合发展。整合资源，部门联动，统筹推进，加快乡村旅游与农业、教育、科技、体育、健康、养老、文化创意、文物保护等领域深度融合，培育乡村旅游新产品新业态新模式，推进农村一二三产业融合发展，实现农业增效、农民增收、农村增美。"

特色文化产业发展是促进乡村旅游创新发展的关键，也是促进乡村产业兴旺的必然要求。对此，2018 年中央一号文件明确提出，要"发展乡村共享经济、创意农业、特色文化产业"。结合乡村旅游消费市场的需求，助力农业供给侧结构性改革，在深入挖掘乡村地方特色产业潜力的基础上形成乡村旅游特色产业品牌，将乡村文化融入乡村特色产业发展中，打造可游、可娱、可品、可住、可行、可文化体验与文化传承并行的综合性乡村文化旅游主题产品，是实现乡村文化传承与乡村旅游发展的有效途径。

创意旅游农业是"以农村的生产、生活、生态'三生'资源为基础，通过创意理念、文化、技术的提升，创造出具有旅游吸引力带来农业和旅游业双重收益的农业新业态，即有效地将科技、文化、社会、人文等方面的创意元素融入农村的各个方面，投入农业产业链的各个环节，使农业与旅游市场消费需求衔接，创造出满足旅游和农业双重市场需求、一二三产融合发展的新型农业发展模式"。创意旅游农业是创意农业与乡村旅游业、休闲农业等相结合的产物，是创意农业与休闲农业、乡村旅游发展到一定阶段相互渗透、相互融合的结果。目前，创意旅游农业已经成为乡村旅游产业转型升级的必然选择。

现代农业庄园是乡村"一二三产业的融合互动"的重要载体。它是"以现代化农业生产为基础，以先进经营理念和管理方式为支撑，依托特色自然、人文资源，拓展精深加工、农耕体验、旅游观光、休闲度假、健康养老、教育文化等多种功能，满足消费者多元化需求的一种新型现代农业发展模式和旅游消费形态"。

2016 年 11 月，国家旅游局（现文化和旅游部）、农业部（现农业农村部）联合印发的《关于组织开展国家现代农业庄园创建工作的通知》（以下简称《通知》）明确指出，创建国家现代农业庄园，是提高农业质量和效益、实现一二三产业融合发展、推进农业和旅游业供给侧结构性改革的具体实践；是创新经营模式，示范带动我国特色新型农业现代化的重要抓手；是丰富旅游产品，满足消费者多元化需求的重要举措；是促进全域旅游，发展农业、建设农村、富裕农民的重要载体，对全面建成小康社会具有重要意义。各级旅游、农垦主管部门要切实提高认识，采取有效措施，扎实推进国家现代农业庄园创建工作。根据《通知》，到 2020 年，我国将建成 100 个国家现代农业庄园，基本形成布局科学、结构合理、特色鲜明、效益显著的庄园经济带。

（二）乡村旅游的环境振兴——"田园梦"与"乡村景观美学"

生态宜居，让乡村生活更美好，实现人与自然的和谐共生，是乡村振兴的关键。乡村旅游的环境振兴（生态宜居），就是要在乡村旅游发展中保护生态环境，坚持绿色导向、生态导向。

2018 年中央一号文件提出，要坚持人与自然和谐共生，牢固树立和践行"绿水青山就是金山银山"理念，落实节约优先、保护优先、自然恢复为主的方针，统筹山水林田湖草系统治理，严守生态保护红线，以绿色发展引领乡村振兴。

乡村环境天然具有极高的美学价值，是"生态宜居"和实现"田园梦"与"乡村景观美学"的绝佳场所。中国自古以来就有崇尚乡村生活、寄情乡村文化、纵情乡村山水的传统。

晋末著名诗人陶渊明创作了大量反映乡村生活的田园诗，他的《饮酒》《归园田居》和《桃花源记》等作品，描绘了淳朴的农村生活和恬静优美的农村风光，表现了作者对田园生活的无限热爱，成为今天的人们对美好乡村生活和淳厚乡村文化向往的根源，其"采菊东篱下，悠然见南山"更是成为理想人居环境的写照。

传统乡村聚落最能够承载"田园梦"与"乡村景观美学"。传统乡村聚落（古村落、古镇、民族村寨）在中国数量众多，类型丰富，它们大多蕴含着丰厚的历史文化信息，具有古朴独特的建筑外观和独具特色的乡风民俗，自然生态环境十分优越，适合人居。传统乡村聚落的选址和建设，都非常看重人与自然的和谐相处。

中国人一直追求"天人合一"的境界。在过去的千百年里，一批在乡村居住、生活的社会精英，充分利用传统乡村聚落的人文和自然环境特点，营造了一个又一个"山深人不觉，全村同在画中居"的乡村生活环境。无论是北京的四合院、陕西的窑洞、安徽的古民居，还是福建和广东等地的客家土楼、内蒙古的蒙古包、云南的竹楼、湖南的吊脚楼，都以其独特的建筑形式和深厚的文化内涵吸引着游客的眼球，具有非常高的观赏价值。

例如，被誉为"齐鲁第一古村、江北第一标本"的山东省章丘区官庄乡朱家峪村，以梯形聚落布局闻名，村内道路分为上下盘道，高低参差，错落有致，完整地保存了原有的建筑形制和传统风貌，内有祠庙、楼阁、石桥、故道、古泉等大小景点 80 余处。

始建于明、重修于清的河南省平顶山市郏县堂街镇的临沣古寨，有"中原第一红石古寨"的美誉，古寨内的明清民居错落有致，寨外河水环抱，芦花飘扬。红色寨墙、绿色护寨河、青青芦苇、雪白芦花和各色水鸟，宛如一幅美到极致的天然图画。

位于浙江兰溪、建德、龙游三地交界的诸葛八卦村，周围由 8 座小山环抱，8 座小山似连非连，犹如八卦的 8 个方位，有环卫山村的外八卦之称。村里面的房屋建筑以钟池为中心，构筑了 8 条街巷向四面八方放射，而且分别指向村外的各个山冈。那些环池修建的几十座古老厅堂和村民住宅，自然而然地归入八卦的乾、坤、坎、离、震、艮、巽、兑等 8 个部位。

安徽省黟县的西递村、宏村，一向以世外桃源般的田园风光、保存完好的村落形态、工艺精湛的徽派民居和丰富多彩的历史文化内涵而天下闻名，是徽派建筑的典型代表，现存完好的明清民居有 440 多幢，这些建筑布局工整、结构巧妙、营造精美，是当今世界的传统建筑精品，并因此成为世界上第一批以民居形式被列入《世界遗产名录》的古村落。

这些乡村聚落在很大程度上仍然保持着那些已经消失或改变了的乡村面貌，是当今非常独特的文化遗存。

实现乡村旅游的环境振兴，要加强对乡村环境的优化和美化，通过将田园农业变农业公园、传统民居变乡村民宿、农业劳作变乡村体验，不断推动乡村旅游的环境振兴，大力推动乡村景区化、景观化建设。成都市蒲江县的明月村，就是依托茶山、竹海、松林等良好的生态本底和四口古窑历史文化资源，通过"七改"（改水、改厕、改厨、改院、改线、改圈、改习惯）和"七化"（硬化、绿化、美化、亮化、净化、文化、保洁员专职化），切实改善人居环境，吸引陶艺、篆刻、草木染等文创项目及艺术家、文化创客前来，形成以陶艺手工艺为主的文创项目聚落和文化创客集群，走出了一条"生态＋文创＋旅游"的乡村振兴之路。2017年，全村共接待游客18万人次，文创及乡村旅游总收入超9000万元，村民人均可支配收入达20327元。

农业公园是以经营公园的思路，将农业生产、乡村生活、生态家园融为一体的乡村旅游发展模式，也是实现文旅融合、农旅融合的理想模式。创建国家农业公园，是实现乡村旅游的环境（生态宜居）振兴、践行"田园梦"与"乡村景观美学"的重要方式。例如，河南中牟国家农业公园、山东兰陵国家农业公园、海南琼海龙寿洋国家农业公园等是目前我国比较成熟的对外开放的国家农业公园。

二、"文化创意"＋旅游业融合发展

近年来，浙江始终坚持走好乡村文化振兴之路。大力实施文化惠民工程，推动高质量文化资源下沉，累计送戏下乡21677场、送书下乡2904020册、送讲座展览下乡16193场、文化走亲1592次、送教下乡115场、培训9200多人次。加快推动公共文化服务高水平均等共享，实现乡镇（街道）综合文化站和村（社区）文化服务中心全覆盖。全面开展文化和旅游资源普查，实施文化基因解码工程，积极打造乡村博物馆等文化场馆，描绘浙江乡村文化基因图谱，不断提升乡村的文化软实力。

乡村文化是乡村旅游的核心与灵魂，吸引乡村旅游游客的关键因素是乡村文化。乡村文化能够满足游客回归田园生活的期盼、体验今非昔比的情感、寻亲访友缓解乡愁等情感需要，满足游客的乡村旅游需求，是让游客产生乡村旅游动机的重要驱动力量。乡村文化中的田园景观、农耕文化、建筑文化、伙食文化、手工艺文化、家庭文化、艺术文化等具有浓郁的乡土气息，从而构成乡村旅游独具特色的核心吸引物，成为开发重点。

天尚集团决策者认为，乡村文化对游客的旅游决策产生重要影响，可满足人们的乡村旅游需求，是产生乡村旅游的动因。乡村旅游的本质是乡村文化。可以说，乡村文化迎合了当代游客的心灵需求，"采菊东篱下，悠然见南山"的乡村旅游已经成为现代城市人追求田园风情的时尚之举，更成为现代城市人青睐有加的乡村旅游活动和产品形态。

追求"新、奇、特"是旅游者产生旅游动机的主要原因。中国的乡村文化具有很强的地域特征。中国人常讲的"一方水土养一方人""五里不同风，十里不同俗"，客观上是中国地域历史与文化丰富多彩的反映，体现了乡村文化的多样性和差异性。乡村文化中的各种传统民俗、节庆、手工艺、民间信仰等非物质文化遗产，都是重要的旅游吸引物。

比如，与苏州桃花坞年画并称为"南桃北柳"的天津杨柳青年画，其在漫长的发展演变过程中，不断创新技法，同时又吸纳各画派的长处，形成了刻工精致、绘制细腻、彩色绚丽、生动形象、乡土气息浓郁的独特风格，成为闻名世界的艺术品和中国民间艺术的一朵奇葩，为杨柳青古镇增添了无限的文化魅力。又如，江西省的婺源被誉为"中国最美的乡村""一颗镶嵌在赣、浙、皖三省交界处的绿色明珠"，是全国著名的文化与生态旅游县，其徽剧、傩舞、徽派三雕、歙砚制作技艺等被誉为婺源文化的"四宝"，是婺源当地响当当的文化旅游名片。丽江作为中国唯一的一个纳西族自治县，纳西族创造并延续下来的东巴文化是世界民族文化的一朵璀璨的奇葩和人类共同的文化遗产，东巴象形文字有"活着的象形文字"的美誉，其东巴的经书、舞谱、绘画、祭祀仪式等都充分展现了纳西族东巴文化的独特性与神奇性。这也是丽江成为世界文化遗产地和世界非物质文化遗产地（纳西东巴象形文字）、世界级旅游目的地的最重要原因。

乡村文化需要"在发掘中保护、在利用中传承"。《农业部关于开展重要农业文化遗产发掘工作的通知》（2012）指出，把重要农业文化遗产作为丰富休闲农业的重要历史文化资源和景观资源来开发利用，能够增强产业发展后劲，带动遗产地农民就业增收，可以实现在发掘中保护、在利用中传承。

《全国休闲农业与乡村旅游推进提升行动实施方案》（社会事业中心农函〔2013〕9号）明确提出，在文化挖掘行动方面，重点对农耕文化、农俗文化、产业文化等进行挖掘、保护、开发，创建一批休闲农业文化保护展示基地，设立休闲农业文化精品奖。在挖掘、保护、开发的基础上，创建一批全国性休闲农业与乡村旅游文化园，其中每年创建一个由分会与地方共建共享的文化园，既让我们的展示展览落地，又可增加休闲农庄的内涵和吸引力；创建一批全国农耕文化挖掘和保护基地，加大乡土民俗文化收集整理和挖掘力度。设立休闲农业文化精品奖，充分肯定行业企业的文化内涵。

深挖乡村文化内涵，必须重视乡村活态文化的挖掘与保护，这也是增强乡村旅游产品吸引力的关键所在。如果说乡村传统建筑堪称乡村凝固的历史、乡村文化的物质载体，那么，乡村文化中的习俗、非物质文化遗产等乡村活态文化就是现存的、活的乡村历史文化载体，体现着乡村文化的旺盛生命力。在挖掘和利用乡村活态文化方面，国内有不少成功的案例。

例如，婺源的乡村旅游从一开始就十分重视活态文化的挖掘，傩舞、徽剧、龙尾砚、徽派三雕、拾阁、豆腐架、灯彩等一大批非物质文化遗产得到整理、复兴和传承；绚丽多姿的年俗、婚俗、茶俗等不仅仍是村民生活的一部分，而且还被整理成各种表现形式；一批极具地域特点的菜肴小吃也成了人们对乡村温暖的记忆和思念；谷雨尝新茶、中秋迎草龙、元宵闹花灯等婺源延续千年又传承不息的习俗，是对每一个游子深情的呼唤，也让所有人的乡愁找到寄托。再如，围绕壮族民间传说中一个美丽的歌仙刘三姐的许多优美动人、富于传奇色彩的故事，依托阳朔山水，由张艺谋、梅帅元等导演、制作的大型山水实景演出《印象·刘三姐》，把"刘三姐"的传说与举世闻名的桂林山水进行了完美结合，成就了全国第一部全新概念的"山水实景演出"，演出一经推出就受到大量游客的追捧，至今仍热度不减，带来了可观的经济社会效益。

乡村文化旅游本身即为一种体验经济，是乡村旅游者通过体验乡村文化的旅游活动，达到愉悦心情、增长知识的目的，它追求的是消费者的个性化体验和独特的乡村文化体验。乡村文化旅游要坚持以人为本的原则，结合游客的消费需求开发相应的旅游项目。所谓以人为本，就是在乡村文化旅游项目的设计、开发、营销上，以游客的旅游需求与消费心理为基本依据，加大体验性、参与性强的乡村文化旅游项目的开发。项目要灵活多样，以满足不同年龄、不同职业、不同层次、不同习惯的旅游者的需求。以文化体验的视角解读乡村旅游与文化体验之间的关系，乡村文化体验可以采用娱乐型、逃避型、教育型、审美型四种模式，在实施这四种模式时，要注重文化体验的真实性、生动性和主题性。

乡风文明为乡村振兴提供智力支持和精神动力，是乡村振兴的灵魂。乡风文明有利于优化改善农村人居环境，可以为美丽乡村建设提供良好的人文支撑，帮助实现有效治理，提升乡民的生活品位，尤其是对促进产业兴盛有重要意义。

2018 年中央一号文件明确指出，"乡村振兴，乡风文明是保障。必须坚持物质文明和精神文明一起抓，提升农民精神风貌。培育文明乡风、良好家风、淳朴民风，不断提高乡村社会文明程度"。乡村振兴本质上是乡村文化的振兴。当前乡村旅游转型升级和实现可持续发展的关键在于提升乡村旅游的文化内涵，守住乡村文化和"美丽乡愁"。乡村文化体验旅游有助于传承中华优秀传统文化，有助于留住乡韵、记住乡愁，对于保护乡土文化的物质载体、保存有历史文化记忆和地域民族特色的传统村落、发展乡村民俗文化产业等，均起着重要的推动作用。这在客观上也推动了乡村文化的振兴和乡风文明的建设。

文化旅游产业的生产包括三种方式：一是直接生产文化创意激活旅游吸引力；二是基于旅游者视角对旅游体验方式或流程进行文化创意；三是基于供给商视角对旅游服务方式、经营模式进行文化创意。其中第一种方式是对旅游内容的文化创意，第二种和第三种方式则是对旅游形式的文化创意。在实践中，文化创意旅游产品的生产会综合运用到以下几种方式：

其一，旅游吸引力的文化创意。它是基于内容生产形成旅游产品，即通过文化创意再造旅游吸引力，并依托吸引物形成旅游产品。文化创意吸引力是文化创意旅游业生命力之所在，一般指原创性的文化创意旅游吸引力，包括创意旅游商品、创意社区、旅游演艺、旅游礼、主题乐园及大型节日活动，比如花京礼物、艺术家社区、印象·刘三姐、迪士尼等，也包括对传统旅游吸引力进行创意加工，让传统文化产品的文化内涵得以充分展示，又兼具时尚的创意内容，比如故宫的灯光秀、元宇宙激光秀等。

其二，旅游体验方式的文化创意。它是基于形式创新而形成旅游产品，即通过文化创意的手段，基于旅游者的视角通过旅游体验方式和体验流程的设计改变传统的项目体验方式与流程，也是文化创意产品开发的主要途径。传统旅游以静心展示和观光功能等视觉体验为主，相对缺乏情景体验、文化熏陶和交流交往等综合体验和情感交流的内容，随着信息技术和展陈技术的发展，现代人开始追求多感官体验，对旅游体验方式有了新的要求。很多旅游产品或活动以高新科技或文化创意为技术手段，创造出情境体验、动漫形象、游戏玩法、影视场景，颠覆了传统的旅游体验方式，为旅游者带来了畅爽的深度文化体验历程。

其三，旅游服务方式的文化创意。它也是基于形式创新而形成旅游产品，即通过文化创意的方式，基于供给商的视角对文化创意旅游的服务方式进行创意，是文化创意旅游产品开发的另一种方式，也是一个地方旅游业高质量发展的重要标志。服务方式的创意化包括科技创意、文化创意和服务流程创意。比如，智慧旅游服务、旅游服务机器人是属于旅游服务方式的科技创意，旅游景区问候手势语等是文化创意，用孔子礼仪创意旅游接待礼仪则属于流程创意。理论上，供给的产品就是被旅游者消费的产品，服务方式的创意也必定带来游客体验方式的改变，因此，第二种和第三种生产方式往往是交织在一起的。

其四，文化创意旅游业态。文化创意旅游业态是文化创意旅游产品与其经营方式的综合表现形式。文化创意旅游业态形成的影响因素包括其盈利模式、业态丰度和经营方式。文化创意旅游盈利模式从盈利点的角度出发可以划分为经营项目盈利、旅游活动盈利、销售产品盈利、品牌增值盈利、旅游地产盈利等多种盈利模式；按盈利实现方式可以划分为直接盈利模式和间接盈利模式，其中，旅游地产或旅游广告等依附性的业态均属于间接盈利模式。这也是旅游业与其他业态不同的地方，它的卖点与盈利点不一定是重合的，多半是分离的。盈利体系是设计业态的核心内容，它可确保文化创意旅游项目资金快速回流，降低投资风险，形成项目长期、持续的现金流及促进无形资产和有形资产的升值。

三、乡村旅游的人才振兴——"新乡贤"与"农业职业经理人"

人才振兴是乡村振兴的首要力量。2018 年中央一号文件提出，"实施乡村振兴战略，必须打破人才瓶颈。要把人力资本开发放在首要位置，畅通智力、技术、管理下乡通道，造就更多乡土人才，聚天下人才而用之"。

当前，乡村振兴战略实施和乡村旅游优质发展最主要的制约因素就是乡村人才的支撑力不够，农村社会精英流失严重，在乡村居住和生活的主要群体是妇女、儿童和老人，农村空心化问题不断加剧。在这种情况下，大力提升乡村旅游人才的业务水平，就成了促进乡村旅游发展的重要因素。应组织开展休闲农业和乡村旅游人才培训行动，加强行政指导、经营管理、市场营销等培训，培育一批积极性高、素质强、善经营的行业发展管理和经营人才。鼓励从业人员就近就地参加住宿、餐饮、服务等各种培训，增强服务意识，规范服务礼仪，提高服务技能，提升服务规范化和标准化水平。组织编写休闲农业精品丛书，加强对休闲农业设计、管理、营销、服务的指导。鼓励实行学历教育、技能培训、实践锻炼等多种教育培训方式，提高从业者的素质能力。

"新乡贤"与"农业职业经理人"在乡村旅游的人才振兴中起着至关重要的作用。乡贤，传统意义上是指品德、才学为乡人推崇敬重的人。在中华人民共和国成立前，乡贤是乡村治理的核心，承担着圣谕宣讲、教化乡里等职责，在乡村社会的建设与发展中起着至关重要的作用，在乡村文化传承发展中发挥着主力军的作用，对维护社会稳定、传承中华文明有着重要影响。"新乡贤"主要是指农村改革发展中涌现出来的先进典型，在本地有着较高的威望和影响，农村优秀基层干部、道德模范和身边好人是组成"新乡贤"的重要成分。活跃在乡村地区的有威望的退休公职人员、有影响力的返乡成功经商人士和专家学者、具有丰富经验的返乡务工人员是

"新乡贤"的主要代表。

在新时代，"新乡贤"成为凝聚乡情的纽带，是建设美丽乡村、实施乡村振兴战略的主力军。"新乡贤"作为乡村社会的精英群体，思想观念比较开放，接受新事物意识超前，熟悉农村发展的实际情况，与村民的沟通渠道通畅，在促进乡村文化复兴、化解农村矛盾、践行社会主义核心价值观、完善现代化农村治理体系、加强基层党组织建设、推动乡村旅游创新发展等方面发挥着重要的作用，是乡村社会全面快速发展的稳定器。在实现农村治理现代化的道路上，乡贤文化是必不可缺的重要力量。乡贤文化凝聚了中国传统乡村基层治理的智慧和经验，当下乡村现代化治理应当充分发挥乡贤文化的优势，为我国实现乡村振兴提供内在精神动力。

2014年9月，在培育和践行社会主义核心价值观工作经验交流会上，时任中宣部部长刘奇葆说，"乡贤文化根植乡土、贴近性强，蕴含着见贤思齐、崇德向善的力量"，"要继承和弘扬有益于当代的乡贤文化，发挥'新乡贤'的示范引领作用，用他们的嘉言践行垂范乡里、涵育文明乡风，让社会主义核心价值观在乡村深深扎根。同时，以乡情、乡愁为纽带，吸引和凝聚各方面的成功人士，用其学识专长、创业经验反哺桑梓，建设美丽乡村"。《中共中央 国务院关于深入推进农业供给侧结构性改革加快培育农业农村发展新动能的若干意见》（以下简称2017年中央一号文件）也明确指出，要培育与社会主义核心价值观相契合、与社会主义新农村建设相适应的优良家风、文明乡风和新乡贤文化。为了更好地发挥"新乡贤"在乡村振兴中的作用，一些地方开始出台乡贤参事会的工作规范和标准，将乡贤参事会工作规范化、标准化。

2019年4月，浙江德清县发布了《乡贤参事会建设和运行规范》（DB330521/T52—2019）地方标准，对乡贤参事组织性质、会员、机构成立、工作任务、工作制度、总体要求、民主协商、基金资助、会议举办等进行明确定位和规范，为我国的乡村基层治理提供了德清样板。

作为乡村振兴重要支撑力量的"农业职业经理人"，可谓"种田CEO"，是新时代有一定文化程度的种养能手、返乡农民工、返乡居住的城镇居民、返乡复员转业军人和熟悉农业生产经营与管理的人才。作为促进农村产业兴旺的最重要促进力量之一，农业职业经理人是指运营农业领域各种资源要素，运用现代经营管理理念和先进科学技术，专业从事规模化、集约化农业生产经营的组织者和管理者。农业职业经理人在为农民合作社、农业企业或业主谋求最大经济效益的同时，从中获得佣金或红利，是新型农民群体中的领军人才，是促进农业规模化、集约化、标准化、品牌化发展的重要力量，是加快推进农业农村现代化的重要引领力量，在农业生产经营管理中发挥着越来越重要的作用，受到社会各界的广泛关注。

在乡村旅游发展中，要充分发挥"新乡贤"与"农业职业经理人"在乡村人才振兴中的中流砥柱作用，将"新乡贤"与"农业职业经理人"视为新时代乡村旅游发展中最主要的依托力量和创新力量。

四、结语

目前，高品质、微生活的度假休闲旅游已成为主流，乡村旅游也进入新一轮转型升级阶段。

近年来，浙江首创破冰乡村文旅运营，构建乡村旅游共建共治共享的利益分享机制，打通"绿水青山就是金山银山"的转化通道，推动美丽生态向美好经济再向美满生活的华丽蝶变，进一步缩小城乡差距、地区差距、收入差距，为全国提供了乡村运营的新模式和新范本。

早在2019年，浙江省就率先在全国开启乡村文旅运营探索之路。2020年，浙江省文化和旅游厅（现浙江省文化广电和旅游厅）就破题乡村文旅运营率先举行专题研讨会，提出"一个运营导则、一批专业运营团队、一个供需交流共享平台、一个智库、一个文旅运营大讲堂、一个乡村文旅推广联盟、一组保障政策、一批运营典型"的"八个一"工作机制，为亟待破题的乡村旅游"架桥开路"。经过3年的实践，目前，全省共结对运营村庄50家，培育运营团队30家、运营专家200余人。

作为乡村文旅运营的初探者，杭州市临安区首创的"村落景区运营"已取得阶段性成果。通过"公司＋村＋合作社"的运营架构，鼓励专业运营团队进驻乡村，充分调动村民的积极性、主动性，实现公司与村民共建共享。近年来，临安先后引入市场化运营团队19家，盘活闲置房屋77处，租赁闲置土地 3500 亩，共招引投资业态项目 98 个、投资额 3.4 亿元，有效盘活了村集体闲置资产，累计实现村集体经济增收 4708 万元，实现村民增收 257 万元，实现旅游收入 4.2 亿元，吸引返乡青年 751 人，为本地村民增加就业岗位 1206 个，其中各类手工匠人参与业态运营 228 人。该案例被写入 2020 年浙江省政府工作报告，得到央视《中国三农报道》栏目、《人民日报》、《中国旅游报》、《浙江日报》等多方专题报道的"临安经验"，已逐渐向全省、全国辐射。

新阶段，新理念，新格局，新战略，新路径。高质量发展建设共同富裕示范区，最大的使命在乡村，最大的机遇在乡村。未来，浙江将以更高的目标、更大的决心、更大的力度推进乡村旅游，继续聚焦数字化、品质化、国际化、生态化，打造"诗画浙江"景区村 2.0 版本，创新乡村文旅运营，更好地发挥其在生态增值、产业增速、农民增收、文化增益中的作用，助力其形成全域美丽、全面提升、全民富裕的共富共享均衡图景，将浙江的美丽乡村建设成农民幸福生活的美好家园、市民旅游休闲的理想乐园、大众创业创新的希望热土、浙江共同富裕的展示窗口。

（本文来源：钟法评、王航倩，《为了诗与远方：乡村旅游——天尚首创乡村共同体解读之二》，2022 年 12 月 22 日，"天尚乡村"微信公众号，https://mp.weixin.qq.com/s/wYwL48p_BmAkZAGkT0JYFQ.）

新乡贤文化是乡村振兴的重要力量

——天尚乡村首创乡村共同体解读之三

近几年，"新乡贤文化"这个词十分火热，这与 2018 年中央一号文件公布的全面部署实施乡村振兴战略是分不开的。乡村振兴之路任重道远，其中最稀缺的就是各类优秀人才。而"新乡贤"有可能成为各类优秀人才的代名词，这可能才是"新"的真正含义。

党的十九大提出，要加强农村基层基础工作，健全自治、法治、德治相结合的乡村治理体系，这是立足于当前农村发展的现实提出的重要举措。当前，农村治理环境日益复杂化，治理对象多元化，弘扬乡贤文化，发挥乡贤作用，是推动农村有效治理的重要手段。乡贤文化具有明显的地域性、人本性、亲善性和现实性，是教化乡里、涵育乡风、泽被乡里、温暖故土的重要精神力量。实现乡村振兴，需要培育与时代和社会发展相适应的乡贤文化，发挥乡贤的引领作用，让乡贤真正成为政府在乡村治理和乡村发展中的有力助手和中坚力量，并通过他们凝聚乡村振兴的强大动力。

弘扬乡贤文化，有利于涵养乡风文明。乡贤文化是一个地域的精神文化标记，是连接故土、维系乡情、记住乡愁的精神纽带，是探寻文化血脉、弘扬固有文化传统的精神原动力。其中所蕴含的文化道德力量能延续传统乡村文脉、教化乡民、反哺乡里、涵养文明，使村民遵循正确的行为规范、价值导向，积极践行社会主义核心价值观。大力发挥乡贤文化的引领力，发挥新乡贤作为文化引领者的角色优势，有利于乡村文化的创造性转化和创新性发展，推动移风易俗，扭转农村封建迷信、赌博抹牌、大操大办、人情过度往来等不良风气，全面塑造文明乡风，建设和美家园。

乡愁需要大乡建，时代呼唤新乡贤。新乡贤若能因势利导地走出一条可持续地维护广大民众生计、尊严与幸福的新生活样式，成为有着扎实社会基础的巨大社会实践，则不止能缓解工业化背景下的"三农"问题，避免伴随物质福祉出现的物欲放纵等现象所带来的生态、社会和文化缺失的巨大风险，更是以中国道路的文化自信，以中国智慧和中国方案，承担起实现中国式现代化的时代新使命。

一、新时代乡贤新解

浙江绿水青山孕育了独特的人文传承。故土滋养了灵魂，乡贤反哺了桑梓。

所谓"乡贤"，就是"乡"里的"贤人"。指传统乡村中德高望重、为人正直、办事公道、有威信、有口碑的贤达人士，他们或以品行崇高而闻名，或以处事开明而望重，最容易引起乡民的认同感。当今乡村除了年高德劭的传统乡贤，还出现了一批新乡贤，他们是乡村干部、模范人物、贤人志士或是教师、医生及各界精英等。

与传统乡贤相比，新乡贤具有较高的学历和文化素养，知识丰富，视野开阔，能够适应当前社会的发展，准确及时表达村民意愿，能积极带领村民参与乡村事务的管理，激发村民参与乡村事务的积极性，有利于提升乡村公共事务决策的科学化水平。新乡贤大多见多识广、思维敏锐，对家乡的发展有着较高的热情，可以协助乡村研究和解决相关领域的问题，为公共事务提供咨询和参谋服务，进一步提高决策的民主性和科学性。同时，他们善于用村民们能够接受的方式传递现代知识，让现代的法律和契约精神与传统的价值和伦理相协调，让法治、德治能够在乡村融合发展。

乡贤文化集中体现了乡村的人文精神，代表着一方风气和文化底蕴，是一个地域的精神标记，也是探寻文化血脉、弘扬传统文化的精神原动力。尤其是在社会主义现代化建设的新时期，缺少乡贤文化支撑的乡村振兴面临人才流失、主体弱化等诸多难题，乡贤文化的"安全阀"作用显得越来越重要。如果把乡贤拧成一股绳，就能推动乡村文明的发展，加快乡村振兴。

岁月峥嵘，风鹏正举。乡村振兴不仅是经济振兴、生态振兴、社会振兴，更是文化振兴。2014 年 2 月 24 日，在中共中央政治局第十三次集体学习时的讲话上，习近平总书记强调："要认真汲取中华优秀传统文化的思想精华和道德精髓，深入挖掘和阐发中华优秀传统文化讲仁爱、重民本、守诚信、崇正义、尚和合、求大同的时代价值，使中华优秀传统文化成为涵养社会主义核心价值观的重要源泉。"要想实现乡村振兴，就需要培育与时代和社会发展相适应的乡贤文化。通过资源返乡、影响力返乡、技术返乡、智力返乡、资金返乡等方式，积极投身乡村建设，发挥乡贤的引领作用，用他们的嘉言懿行垂范乡里，涵育文明乡风，让社会主义核心价值观在乡村深深扎根，让乡贤真正成为政府在乡村治理和乡村发展中的有力助手和中坚力量，并通过他们凝聚起乡村振兴的强大动力。

乡村振兴，治理有效是基础。乡村传统社会和传统文化是帮助中国度过城市载体的现代化资本危机的基础。2017 年 12 月 28 日，习近平总书记在中央农村工作会议上指出，要"健全自治、法治、德治相结合的乡村治理体系"，我们理解，这是对乡村治理指导思想和政策研究方向作出的重大调整。党的十九大提出的乡村振兴战略，深入发掘了新乡贤们在"三治合一"框架下体现德治、推动乡村良性治理和综合发展的优秀经验，感召更多"懂农业、爱农村、爱农民"的人才建功乡村振兴。

二、新时代乡贤是中华文化复兴的担当者

习近平总书记最早将"留住乡愁"与"绿水青山就是金山银山"理念作为生态文明的重要内容。在 2018 年全国两会上，习近平总书记又提出，城市化不能以乡村衰败为代价。城市化与逆城市化相辅相成，新时代乡贤到底具有什么样的历史使命？我们认为，他们是中华文化复兴的担当者。他们正是用故乡之爱"润物细无声"地突破这种被城市化、工业化、被所谓的发展主义现代化所导向的困境，他们默默担当的正是我们乡村生活中鲜活地保存着的对中国多元文化的历史传承重任。

在相当长的时间内，有些提法容易陷入"见物不见人"的误区。唯物主义历史观不是精英创造历史，也不是有话语能力的知识分子创造历史，而是人民创造历史，是兢兢业业、辛辛苦苦在基层作出贡献的这些人创造了最鲜活的丰富多彩的历史。

从 1999 年开始，中央从政策层面上明确提出"以人为本"理念。据此可以认为，"人是第一可宝贵的"作为政策思想可能回归主流社会。接着，2001 年，"三农"问题成为中国理论界和决策层正式引用的术语，2003 年，中央强调"三农"问题是重中之重。

习近平总书记 2013 年在山东省农业科学院考察时强调，要传承乡村文明和乡土文化，保留田园风光。习近平总书记 2016 年在安徽省凤阳县小岗村农村改革座谈会上再次强调，要注意乡土味道，保留乡村风貌，留住田园乡愁，不要把乡情美景都弄没了，不要把乡村传统文化都搞丢了。

可见，爱故乡活动真正贯彻的就是"以人为本"理念，把人作为爱故乡的中心。正如习近平总书记所强调的"不忘初心"，要接近底层、接近人民，我们每年的爱故乡年度人物征集，很大程度上就是把民间的英雄、乡贤发掘出来。这些新乡贤没有雄厚资本，他们历经千辛万苦，凭着自己的良心和热血来感动这个世界、推动社会各界的内在变化。给这些新时代乡贤以掌声和赞美不是目的，重要的是"于无声处听惊雷"——不让这些在底层社会默默无闻仍然为乡土文明奋斗着的人被主流社会忽略。如果大家把他们忘记了，则意味着当巨大的代价转嫁到基层的时候，几乎没有人再能站得出来。

真正的伟力在民间，这个世界将会因这些基层乡贤的努力，在世界范围内正向交流，而逐渐改变在过去的工业时代和现在的金融时代所造成的负面后果。如果没有无数基层的乡贤的努力工作，我们的乡村文明甚至中华文化的发展速度，会比现在慢得多。

乡村振兴，需要成千上万的人才。希望通过调动更多城市里那些还保留有乡愁的人——那些对家乡怀有深刻情感的文化人、音乐人、诗人——的参与，让成千上万的乡贤发出声来，唤起社会各界更多热爱故乡建设家乡的力量，让这个社会变得更美好，让人与自然更和谐！

"文化是民族精神的火炬，是时代前进的号角，最能代表一个民族的风貌，最能引领一个时代的风气。"在落实乡村振兴战略要求具体实践中，黑龙江省佳木斯市驼腰子镇以文化振兴助力乡村振兴，用文艺丰富乡村的文化内涵、赋予乡村文化气质、提振群众的奋斗热情，为建设乡风文明的美丽乡村贡献文化力。

三、如何充分挖掘乡贤文化

（一）传颂"古乡贤"，繁荣乡村传统文化

当前，农村传统文化受到了前所未有的冲击，优秀文化传承出现断层，一些文化遗产濒临消失。作为一种有着深厚历史底蕴的传统文化，乡贤文化正日渐失去其往日的辉煌。这与乡村发展空心化、乡村产业空虚化、乡村风气庸俗化等诸多因素有关。原来居住在乡村的知识分子、技能人才和青壮年劳动力纷纷流向城市谋求发展；现代农业投入成本大、收益见效慢，短时间内难以形成气候；经济的快速发展导致一些人一味追求金钱和权力，乡村淳风良俗日渐流失。

在新时代，要充分认识到乡贤文化作为一种文化软实力在促进乡村发展过程中发挥的重要作用。对传统乡贤文化要进行抢救性保护，组织德高望重的老同志对乡村人文资源进行挖掘、保留、传承。相关单位要加大对历史悠久的乡贤文化的研究，吸纳其精华，与时俱进地融入现代元素，形成新的乡贤文化，结合文明乡风、优良家风大力宣传，给乡贤文化注入新内涵。因此，在乡村振兴过程中，我们必须重视乡贤文化的建设，大力传颂"古贤"，用乡贤文化促进乡村文明、推动乡村发展、繁荣乡村文化，不断挖掘乡贤文化的巨大潜力，发挥其积极作用。利用乡村文化讲堂、乡村道德讲堂、农家书屋等载体大力宣传乡贤文化，放大乡贤文化的力量，形成尊崇乡贤的浓厚氛围，吸引更多的人敬乡贤、学乡贤、做乡贤，凝聚起乡村振兴的磅礴力量。

（二）会聚"今乡贤"，参与美丽乡村建设

当代社会，乡贤的内涵已发生了一些变化。2018年中央一号文件强调，要培育富有地方特色和时代精神的新乡贤文化，积极引导发挥新乡贤在乡村振兴，特别是在乡村治理中的积极作用。

重构传统乡村文化，需要一批有奉献精神的新时代乡贤。他们是从乡村走出去的精英，回乡后以自己的经验、学识、专长、技艺、财富及文化修养参与新农村和美丽乡村建设，支持家乡的经济文化建设。他们身上散发出来的文化道德力量可教化乡民，对凝聚人心、促进和谐、重构乡村传统文化大有神益。从政府到个人，都需努力达成共识，在观念上重视和提高对乡贤文化建设的自觉性，积极培育，争当新乡贤。

（三）培育"新乡贤"，挖掘乡贤人才资源

政府要出台培育新乡贤文化的相关政策，认真落实政策，大力鼓励、表彰新乡贤以不同方式参与家乡建设，以乡情、乡愁为纽带，吸引和凝聚各方面的成功人士扎根乡村，用其学识专长、创业经验反哺桑梓，建设美丽乡村。

要广泛团结和引导更多根在农村、情系家乡的在外成功人士，积极投身乡村建设，推动故乡再造，发挥他们的引领作用，并通过他们凝聚起乡村振兴的强大新动力。努力搭建乡贤回归平台，通过建立有效激励机制、推进乡村两级乡贤规范化建设、建立"线上＋线下"服务平台等方式，充分发挥乡贤群体的能力、经验和热情，实现资金回流、企业回迁、信息回传、人才回乡等。

积极营造乡贤文化氛围。利用春节等传统节假日乡贤返乡过节的机会，组织召开乡贤座谈会，加强与乡贤的联系互动。充分征求新老乡贤关于乡村发展的意见建议，请新老乡贤为乡村振兴出谋献策，让乡贤成为推动乡村发展不可或缺的人才队伍。

开展乡贤回归试点。鼓励乡贤资源较丰富、乡村人才流出较多的地方开展乡贤回归试点示范，梳理摸清乡贤回归意愿，完善政策措施，做好对接服务，把现代乡贤引回来，为乡村振兴注入活力。鼓励和支持优秀乡贤参与镇、村重大发展决策，拓宽乡贤参政议政渠道，积极发挥乡贤树民风、解矛盾、献良策、治乡村的重要作用。

四、思考与启迪

党的二十大报告擘画了全面建设社会主义现代化国家的宏伟蓝图，作出了以中国式现代化全面推进中华民族伟大复兴的战略部署。中国要强，农业必须强；中国要美，农村必须美；中国要富，农民必须富。在已经走过的中国式现代化进程中，农业农村发生了历史性巨变。在中国式现代化新征程中，农业农村肩负着促进自身发展和提供战略支撑的双重使命。

2023 年 2 月 13 日，中共中央、国务院办公厅公开发布《关于做好 2023 年全面推进乡村振兴重点工作的意见》。这份党的二十大后首个指导"三农"工作的"一号文件"，从全面建设社会主义现代化国家的全局出发，对全面推进乡村振兴作出重大部署。

"新乡贤是在新的时代背景下，有资材、有知识、有道德、有情怀，能影响农村政治经济社会生态并愿意为之作出贡献的贤能人士。"一些学者致力于对新乡贤参与乡村治理的途径和功用进行探索，以提高乡村振兴的效率和效果。学者黄海指出，新乡贤文化作为一种"软约束""软治理"，应该有利于健全乡村居民利益表达机制，营造新乡贤参与家乡建设的氛围，激发村民参与乡村事务的积极性，建设乡村共同体，并提高其凝聚力和自治能力。学者杨军指出，新乡贤参与乡村协同治理时，能发挥其突破体制约束、完善资源及配置机制、弥补乡村治理人才短缺等方面的优势。

"出则兼济天下，归则回报桑梓。"在社会主义新农村建设过程中，"新乡贤"的引领示范作用就如一场场润物细无声的春雨。他们既挑起了乡村治理现代化的重担，又充当起了讲道德、明是非、守纪律的"传声筒"。为实现党的十九大报告中对乡村振兴战略提出的"产业兴旺、生态宜居、乡风文明、治理有效、生活富裕"的总要求，党和政府将重塑乡贤文化，作为乡村文化建设中固本培元的根本之计，用乡贤文化所蕴含的文化道德力量来推动乡村文明和乡村发展，为乡村振兴注入文化活力。浙江乡村振兴的崭新篇章必定会书写得更加壮美。

（本文来源：任重平、王航倩，《新乡贤文化是乡村振兴的重要力量——天尚乡村首创乡村共同体解读之三》，2023 年 2 月 22 日，"天尚乡村"微信公众号，https://mp.weixin.qq.com/s/sjI_GdIdcQ1TAYumAlF7MQ.）

乡村振兴是金光大道

——天尚乡村首创乡村共同体解读之四

导语

党的二十大报告立足全面建设社会主义现代化国家的宏大视野，对社会治理体系创新作出了全面部署，强调要完善社会治理体系，健全共建共治共享的社会治理制度，提升社会治理效能，畅通和规范群众诉求表达、利益协调、权益保障通道，建设人人有责、人人尽责、人人享有的社会治理共同体。

实践是理论之源，理论是行动先导。建设人人有责、人人尽责、人人享有的社会治理共同体，是建设中国特色社会主义社会治理体系、推进人类文明新形态创造的重要突破口。紧紧抓住最直接、最现实、人民群众最关心的利益问题，采取更多惠民生、暖民心的举措，着力解决人民群众急难愁盼问题，切实增强社会个体作为社会治理共同体成员的获得感、幸福感、安全感，逐步养成社会成员对社会治理共同体的认同感、归属感，使社会治理共同体真正成为社会个体在开放性、流动性社会的港湾。提升社会文明程度，增强社会成员参与社会治理的崇高感。要在充分保障社会成员自由权利的基础上，弘扬社会主流价值，支持全体成员的全面发展，引导社会成员增强道德意识，广泛参与社会治理共同体的公共生活实践，将社会治理共同体打造成社会文明实践的共同体。

乡村振兴战略是国家提出的发展农村新战略、新举措，计划到2035年基本实现农业农村现代化，到2050年全面实现发展目标。可以说，这是农村发展的一个重大契机，各方面多元投入资金总额形成万亿元以上规模，是乡村经济发展难得的机遇期。

乡村振兴战略是全新的国家战略，是对农业农村发展规律的准确把握，也是广大农民的心声。

近几年，随着乡村振兴战略的深入推进，出现了一批具有新时代影响力的产业。谁能抓住乡村振兴的机会，谁就能拥有未来 30 年的最大红利，尤其是选准乡村振兴项目。浙江天尚乡村做了有益的思考、探索与践行，将现代科技与农村结合，促进新时代信息技术与农业结合，促进经营发展。将人工智能等技术化产品带入农村建设，打造完整产业链，提高农村生产效率，扩大优质农产品网络销售，带动区域发展。

在乡村振兴的大赛道里，处处都是机会，但需要操盘者或者创业者保持"站在现在看未来"的雄心，放弃捞快钱的想法，沉下心来不断深耕，或许，这才是做乡村振兴项目的底层逻辑。

一、在乡村振兴新赛道上加速度迅跑

民族要复兴，乡村需振兴。乡村振兴是决胜全面建成小康社会、关系全面建设社会主义现代化国家的全局性、历史性任务，对实现中华民族伟大复兴、推动城乡协调发展、构建新发展格局、应对国内外各种风险挑战等至关重要。党中央、国务院明确提出，要把乡村建设摆在社会主义现代化建设的重要位置，要举全党全社会之力加快农业农村现代化，这将为民营企业发展带来重大机遇。

乡村振兴给民营企业带来新机遇。

乡村振兴的关键在于实现五个"振兴"，即乡村产业、人才、文化、生态和组织振兴。这五个方面的全面振兴将为民营企业发展创造新的机遇，民营企业应积极参与，充分利用资本、技术、信息、市场等优势，主动下沉乡村，寻找"商机"与合作"契机"，抢抓五大"赛道"机遇。

（一）乡村产业振兴"赛道"机遇

乡村振兴要求壮大农村集体经济，国家将大力完善农村集体产权制度，发展新型农村集体经济。当前，我国村集体经济发展存在发展后劲不足、人才缺乏、开拓进取精神不够等短板，仅仅依靠乡村自身力量很难推动农村集体经济发展壮大，这为民营企业的进入提供了契机与可能。同时，乡村振兴要求建立现代农业产业体系、生产体系和经营体系，这将推动各地加大现代农业产业园、农业产业强镇等建设力度，给民营企业发展带来机遇。

（二）乡村人才振兴"赛道"机遇

乡村振兴，关键在人。国家提出把乡村人力资本开发放在首要位置，大力培养本土人才，引导城市人才下乡，推动专业人才服务乡村，吸引各类人才在乡村振兴中建功立业，这将为民营企业带来三方面的重要机遇。其一是围绕推动乡村人才振兴而催生的商业机遇。中共中央办公厅、国务院办公厅印发的《关于加快推进乡村人才振兴的意见》明确指出支持企业参与乡村人才培养。其二是围绕完善乡村人才服务配套而衍生的商业机遇。随着乡村人才队伍的扩大，与之匹配的乡村教育、乡村医疗、乡村商业、乡村金融、乡村养老等商业及服务配套也将为民营企业发展提供重要机遇。其三是为民营企业缓解招工难、用工难等问题带来机遇。招工难、用工难是当前民营企业普遍反映的主要问题之一。乡村人才的振兴一方面有利于为企业定向培养乡村人才，缓解用工难、招工难问题，另一方面也能为企业开辟乡村人才服务业提供重要机遇。

（三）乡村文化振兴"赛道"机遇

乡村文化振兴作为乡村振兴战略的一个重要组成部分，贯穿乡村振兴的全过程，涉及乡村公共文化服务、乡村非遗和民间文化传承、历史文化村落保护等各方面，这将为新时代民营企业发展带来以下四方面的机遇。其一是文化产品与服务方面的机遇。乡村振兴将推动乡村文体市场的振兴，为文化产品生产及服务供给类民营企业带来重大发展机遇。其二是文化传播方面的机遇。乡村振兴要求不断完善乡村公共文化体育设施网络和服务运行机制。其三是文化保护传承方面的机遇。乡村振兴要求保护农业文化遗产和非物质文化遗产，挖掘优秀农业文化的深厚内涵，弘扬红色文化，保护历史文化名镇名村、传统村落和乡村风貌、少数民族特色村寨，传承和发展优秀传统文化，这将为从事文化保护传承类工作的民营企业带来商业机遇。其四是文化融合发展方面的机遇。随着乡村文化的振兴，以"文化＋"为基础的乡村资源、乡村产业将被赋予故事和文化内涵，文化振兴将切实融合产业价值。

（四）乡村生态振兴"赛道"机遇

乡村生态振兴要求建设生态宜居的农村人居环境，引导形成节约适度、绿色低碳、文明健康的生产生活和消费方式，建设美丽乡村。这将为从事农村生态环境保护与修复、生态生产、生态生活等方面工作的民营企业发展带来商机。其一是生态保护与修复方面的机遇。乡村生态振兴将更加注重生态系统保护和修复。这将为从事农村森林、草原、湿地保护修复和开展荒漠化、石漠化、水土流失综合治理等生态保护与修复工作的民营企业带来重要商机。其二是生态生产方面的机遇。为推动农村生产方式转变，国家将优先发展生态循环农业，鼓励和支持农业生产者采用节水、节肥、节药、节能等先进的种养殖技术，推动种养结合、农业资源综合开发和标准化生产。其三是生态生活方面的机遇。农村绿色居住、垃圾处理、污水处理等领域将迎来机遇。

（五）乡村组织振兴"赛道"机遇

组织振兴既是乡村振兴的目标之一，也是其他四个振兴的根本保障，它包括农村基层党组织、农村专业合作经济组织、社会组织和村民自治组织等组织的振兴。

二、农业产业链迎来品牌大爆发

近些年，多业态、多功能农业正成为中国农业的主流趋势，农业食品、农业科技、农业零售、农业电商、预制菜、都市农业、休闲农业等新业态层出不穷。即使在相对比较传统的畜牧、种植和农资等行业，也诞生了市值百亿元、千亿元级的巨头。

数据显示，2020年，我国农业总产值10.7万亿元，农产品加工业营业收入23.2万亿元，休闲农业、农业生产性服务业、农村电商等营业收入近4万亿元。这充分说明，虽然农业在国民经济中的比值在下降，但农业的多种功能、多元价值的作用日益凸显，农业及其相关联的产值占比呈上升趋势，这为乡村全面振兴筑就了坚实的基础。

时任国家乡村振兴局党组书记、局长刘焕鑫表示，未来农业必须转型，必须由"卖原料"向"卖加工品"转变，由"卖大路货"向"卖品牌产品"转变，由"卖产品"向"卖服务"转变，实现全环节提升、全链条增值、全产业融合。

农业的转型是其一，内外部产业裂变才是硬道理，比如，食品化、科技化、无人化等创新形式。这是中国农业的机会，也是中国农业的未来！

（一）备受国家重视，政策持续发力

国家统计局显示，2021年全国粮食总产量13657亿斤，再创新高，比2020年增加267亿斤，同比增长2%。全年粮食产量连续7年超过1.3万亿斤。

在粮食安全之外，国家还积极促进农业基本盘，稳步推进农业"小步快跑"。

众所周知，当前，农产品市场竞争已经演变为不同区域、不同国家之间的产业链、产业体系间的竞争。农业全产业链正围绕区域农业主导产业，将农业研发、生产、加工、储运、销售、品牌、体验、消费、服务等各个环节、各个主体链接成紧密关联、有效衔接、耦合配套、协同发展的有机整体。

除了产业融合之外，国家还在乡村振兴大赛道下功夫，出台政策，拨付资金。

早在2020年，农业农村部就制定印发了《社会资本投资农业农村指引》，鼓励社会资本投入现代种养业、现代种业、乡土特色产业、农产品加工流通业、乡村新型服务业、生态循环农业、农业科技创新、农业农村人才培养、农业农村基础设施建设、数字乡村建设、农村创新创业、农村人居环境整治等12个重点产业和领域。

数据显示，近3年，中央财政通过农业产业强镇、优势特色产业集群等转移支付项目，投资乡村产业发展300多亿元，带动各级财政及社会资本投入1000多亿元。

在鼓励科技创新上，国家还注重农业科技的创新与投入。

比如，《中共中央 国务院关于做好2022年全面推进乡村振兴重点工作的意见》（以下简称2022年中央一号文件）提到，推进智慧农业发展，促进信息技术与农机农艺融合应用。加强农民数字素养与技能培训。以数字技术赋能乡村公共服务，推动"互联网＋政务服务"向乡村延伸覆盖。着眼解决实际问题，拓展农业农村大数据应用场景。加快推动数字乡村标准化建设，研究制定发展评价指标体系，持续开展数字乡村试点。加强农村信息基础设施建设。

（二）科技兴，产业才会旺

随着农业科技在中国农业的渗透加速，电商、产业、新零售、智慧农业、数字农业等新业态也激活了中国农业的全产业链。

阿里、京东、华为、腾讯、拼多多、每日优鲜、叮咚买菜等互联网公司也纷纷加码投入农业，引发中国农业及产业深度变革。

（三）引爆农业新业态，企业纷纷布局万亿级赛道

毋庸置疑，农业新业态是中国农业欣欣向荣的加速器。近些年，中央一号文件多次提及要壮大新产业新业态，拓展农业产业链价值链。农业新业态涉及智慧农业、数字农业、现代食品产业、农村电商、生鲜电商、休闲农业，此外，农业新业态还延伸出新消费、新餐饮、农业服务等多个赛道。这些新业态、新赛道都将成为农业产业链"向上的力量"。

据农业行业观察统计发现，就市场机会而言，每一条新业态、新赛道蕴藏百亿元级、千亿元级，甚至万亿元级的市场规模。比如，智慧农业市场规模预计2025年将达到3340亿元，生鲜电商市场规模预计到2025年将达到6.8万亿元，农村电商规模已突破3万亿元大关，2021年中国预制菜市场规模为3459亿元，年复合增长率高达20%，至2023年，中国预制菜规模已达到5165亿元……如此巨大的市场诱惑，吸引了大批企业下沉、深耕。

2022年3月，农业新媒体联盟、企查查、农业行业观察联合发布了《共谱乡村振兴·中国涉农企业品牌影响力2月榜单TOP50》。在50多家涉农企业的品牌舆情监测、自媒体运营、搜索引擎数据及口碑影响力排名结果中，拼多多、喜茶、永辉超市、每日优鲜、叮咚买菜、百果园、京东、大北农、海天味业、先正达中国、新洋丰、海大集团、正大集团、牧原股份、国联水产、大疆农业、托普云农、博创联动、中农网等企业纷纷入榜

TOP50；同时，它们加码万亿元级新赛道，深度赋能乡村振兴，成为行业的典型案例。

三、农村一二三产业融合发展项目

以农民为主体，以乡村特色资源为依托，以地区优势为支持，打造一批农村一二三产业融合发展先导区。将农业与物流结合，促进产业前延后伸，构建高度依存的全产业链，打造乡村产业集群。

（一）现代农业产业园

鼓励开发特色农业农村资源，建设现代农业产业园、产业强镇、优势特色产业集群，打造特色农产品优势区，开发具有地区标志的特色农产品。培育新的农业品牌，支持建设规范化乡村生产车间，发展特色食品生产、制造、手工业和绿色建筑建材等乡村产业。

（二）乡村新型服务

鼓励发展乡村特色文化产业，如采摘钓一体化休闲体验农家乐、餐饮民宿等，同时推动农商文旅体融合发展。建设服务型农民合作社，打造物流点，在保留原有特色的基础上改造传统商铺，在服务当地居民的同时为旅游业增色添彩。

（三）特色农产品网购

利用当地特色农产品，可以是吃的，可以是喝的，可以是玩的，也可以是观赏纪念的，最重要的是独特，要吸引外地人的注意，引起其兴趣，同时也可结合一些营销手段，将农产品带火，从而提升乡村知名度。

（四）智慧农村建设项目

将新时代的科技与农村结合，推动新时代信息技术与农业结合，推动经营发展。将人工智能等技术化产品带入农村建设，打造完整产业链，提高农村生产效率，推进优质农产品网络销售，带动区域发展。

乡村振兴战略是国家新提出的发展农村新战略、新举措，计划到2020年制度框架和政策体系基本形成，到2035年基本实现现代化，到2050年全面实现发展目标。可以说，这是农村发展的一个重大契机，各方面多元投入资金总额将形成万亿元以上规模，是乡村经济发展难得的机遇期。

四、积极参与高标准农田建设

党的二十大报告和2023年中央一号文件都提出，要牢牢守住18亿亩耕地红线，逐步把永久基本农田全部建成高标准农田。

耕地是粮食生产的命根子。党中央、国务院高度重视高标准农田建设工作。《中共中央　国务院关于促进农民增加收入若干政策的意见》（以下简称2004年中央一号文件）提出，"建设高标准基本农田，提高粮食综合生产能力"。此后几年的中央一号文件先后就建设"基本农田""标准农田""高标准农田"等作出部署。2009年以后相关要求统一表述为建设"高标准农田"。各部门认真落实党中央决策部署，根据职责分工积极支持各地及农业部门提升耕地质量，分别组织实施了新增千亿斤粮食产能田间工程、农业综合开发、农田整治、农田水利等项目，建成后一般都称为高标准农田。

党的十八大以来，习近平总书记始终关心耕地保护建设，明确指出，保耕地不仅要保数量，更要提质量，建设高标准农田是一个重要抓手，要坚定不移地抓下去；强调要加强耕地用途管制，坚决遏制耕地"非农化"，防止"非粮化"。在2018年机构改革中，为统筹实施好高标准农田建设，国家把原来分散在有关部门的农田建设项目管理职责统一归并到农业农村部，构建集中统一高效的农田建设管理新体制，优化建设布局，完善建设内容，明确建设标准，强化项目管理。2021年出台的《全国高标准农田建设规划（2021—2030年）》（以下简称《规划》），按照因地制宜、分类施策等原则，把全国分为东北、黄淮海、长江中下游、东南、西南、西北、青藏七大区域，每个区域再区分平原、山地丘陵、水田旱地等分类确定建设内容和建设标准，并明确了建设重点区域、限制区域（如水土流失易发区等）和禁止区域（如退耕还林区等），严禁毁林开山造田，防止破坏生态环境。

农业农村部制定的《农田建设项目管理办法》等规定了项目的具体实施程序，明确要求按照规划先行、实地勘察、项目设计、评审审批、组织实施、竣工验收等流程开展建设，要求各地认真落实项目法人责任制、合同管理制、招标投标制、工程监理制等。高标准农田建设关系广大农民切身利益，我们把重点放在解决一家一户干不了、干不好的农田公共基础设施建设上，如集中连片的土地平整，统一规划施工的田间路网、水网、电网、林网等工程。为充分保障农民权益和调动农民参与积极性，明确要求各地坚持农民自愿、民主方式，调动农民主动参与项目规划、建设和管护等积极性。《高标准农田建设质量管理办法（试行）》明确，要广泛征求包括农民在内多方利益主体的意见建议，鼓励通过以工代赈、设置公益性岗位等方式引导农民参与建设和监督。实践中，各地也有不少有益的探索。如贵州探索创新"635"工作机制，实行包括农民在内的六方会审、三方共建，聚焦五个重点，广泛发动农民参与和监督，避免出现项目设计与生产实际不对应、与农民需求不符等情况。

2023年是全面贯彻党的二十大精神的第一年。要逐步把永久基本农田全部建成高标准农田，应该如何开好头、起好步？

（一）全力落实好年度建设任务

统筹新建高标准农田和已建项目改造提升，指导督促各地加快将新建4500万亩、改造提升3500万亩建设任务落实到具体项目、地块，规范项目设计、施工，全力推动项目实施。

（二）积极推动投融资机制创新

探索多元化投入机制，在积极争取增加中央财政投入、压实地方政府投入责任的基础上，指导地方拓宽资金筹集渠道，用足用好土地出让收益、新增耕地指标调剂收益、专项债券等，并加大政策性金融资本投入。

（三）加快完善建后管护机制

通过采取发行刊物及举办会议的形式，协会提供法律领域发展的最新动态，并积极解决阻碍民主、和平发展的问题。

（四）切实加强监督指导

一方面，严格有关考核，压实属地责任，严厉查处项目实施中的偷工减料、跑冒滴漏等违法违规问题，深化全面排查整改，通过明察暗访、约谈通报等措施，督促地方妥善有序地解决存量问题，坚决遏制新增问题；另一方面，加强对各地的技术指导培训，完善技术规范，组织开展技术服务，督促完善基层技术支撑体系，总结推广先进经验做法。谋划打造更高水平的高标准农田建设示范样板，辐射带动全国高标准农田建设提档升级。

五、结语

综上所述，我们认为，制胜农业新赛道，要主动拥抱市场。推进乡村振兴，要有强大的雄心与智慧，要勇于担当，多做贡献。

乡村振兴，关键在人，关键在干。如何增强群众内生发展动力，是一道必答题。有产业、能就业，有保障、可兜底，为群众过上好日子创造了有利条件。推动乡村产业振兴，迈上新的发展征程，我们要坚定不移地沿着党中央、习近平总书记指引的方向，在浙江省委、省政府的领导下，完整、准确、全面地贯彻新发展理念，奋力担当、敢于作为，全面推进乡村振兴。乡亲们的腰包会越来越鼓，日子会越过越红火。

（本文来源：钟财评、王航倩，《乡村振兴是金光大道——天尚乡村首创乡村共同体解读之四》，2023 年 5 月 23 日，"天尚乡村"微信公众号，https://mp.weixin.qq.com/s/lQ4Jq45M1I58AImal2kMGA.）

解码乡村运行的经营之道

民族要复兴，乡村必振兴。乡村运营是通过市场经济方式，对乡村有形和无形资产、内部和外部资源要素进行有效整合、重组、配置的一种经济活动，核心是经营，对象是乡村。乡村振兴包括"五个振兴"，即产业振兴、人才振兴、文化振兴、生态振兴、组织振兴。其中，产业振兴是关键，必须导入"经营"概念。经营就是要策划、谋划、规划、计划，就是既要讲社会效益，又要讲经济效益，并且主要讲营利和收益。经营比管理更具有创造性和挑战性，比治理更具有趋利性和市场性，经营之道的核心是实现投入产出效益最大化，要研究消费心理、市场需求、世界变革、商业模式、业态走向、文化创新、金融支持等诸多问题。

一、乡村运营是高质量推进乡村振兴战略的新路径

乡村的生产、生活、生态价值是乡村发展的底色和基础，运营则是在此基础上，通过市场力量和方法挖掘乡村之美，激活山乡资源，变美丽乡村为富裕乡村、和美乡村。以浙江临安乡村运营实践为例，2017年初，临安创造性地提出"村落景区"概念，在编制发布《村落景区临安标准》的基础上，进一步提出"村落景区运营"概念，明确了乡村运营的对象和主体，进而在2021年6月发布《乡村运营（村庄经营）导则》，成为全国首个乡村运营地方标准，为乡村运营有序有效开展奠定了良好基础。

乡村运营是实现产业升级和特色化、差异化发展的有效方式。乡村运营的最大优点就是根据村落特点，打造特色化、差异化的村落主题模式，从而开辟独有的发展路径。比如，临安、汝阳、溧阳、雅安等地在乡村运营实践中，逐步探索形成了村集体出资源、市场出运营、政府出规则、"能人"出智慧、村民出力量的乡村振兴共同体，并针对性植入和升级产业，

既有持续投资，打造完整的产业链，又拉长产业链、拓展新市场，充分激活乡村发展的内在动力。

乡村运营的关键是体现整村化、系统化和协同化。通过对村庄资源和资产的节约集约利用，综合实现乡村物质资源价值、生态资产价值和经济增长价值及资本价值的利用与转化，从而提升乡村有形和无形资产的综合价值。

从各地实践看，乡村运营主体多集中在县乡层次，运营项目很容易出现"上热、中温、下冷"现象，农村积极性主动性不够，参与度不高；乡村运营中存在人才缺口。目前，乡村运营队伍水平参差不齐，高素质乡村运营人才缺口大，尚未形成成熟的、适宜乡村运营市场发展的人才队伍，严重影响了乡村运营的效果和示范作用；经营理念上存在旧有约束，在经营上存在一定短板。

二、何谓乡村振兴的经营之道?

破解乡村运营面对的难题，需从模式创新、机制完善和制度健全三方面入手。

在模式创新上，要注重从外部"输血"引导转向内生"造血"培育，做到因地制宜、量力而行。一方面，由项目带动为主转向人才带动为主，克服重输血轻造血、重项目轻带动的发展制约；另一方面，应结合不同地区"人、文、地、景"等运营要素、资源优势和市场需求，因地制宜进行深度挖掘，制定差异化、特色化的策略，发挥运营管理对乡村发展的乘数效应。在此过程中，须保持清醒、量力而行，避免一哄而上、盲目冒进。

在机制完善上，要注重从依赖政府主导转向更加注重利用市场机制，做到政府有为、市场有效。政府不再是运营的"主角"，但也不能因为专业运营商进村而置身事外、袖手旁观，要从"主营"变为"助营"，厘清与市场之间的权责划分，积极为乡村参与市场创造良好的制度环境，引导各方遵循规则、规范完善运营标准，助力乡村运营模式行稳致远。

在制度完善上，要注重巩固和完善利益联结机制，做到企业有利、农民有益、乡村治理有效。乡村运营是多主体参与价值共创、利益共享的一种协同合作模式，离不开紧密型利益联结机制的约束和保障。因此，必须坚持以"活农村资源、促集体增收、富农民口袋"为核心，在保障农民受益的前提下兼顾企业盈利。与此同时，还要处理好乡村运营与乡村治理之间的关系。乡村运营团队需围绕治理和运营之间的协同关系，准确把握乡村运营方向，融合多方利益，推进乡村运营与乡村治理协同，推动乡村运营稳步发展，助力乡村治理效能提升。

三、村庄经营的战略与路径抉择

一是因为村庄具有巨大的资源和价值，如果不去经营或不善于经营，这些资源和价值不会自动变成财富，甚至已有的价值也会丧失。村庄的价值是多元的、多重的、客观的，只不过不同时期村庄价值的显现不同。在过去很长一段时期内，我们的村庄只是有农产品生产、农民居住和生活的价值。随着时代的发展，村庄包含了越来越多的生态价值、景观价值、文化价值、社会价值、康养价值、民宿价值等多元价值。如果只站在农村内部或者城乡分割的角度看待村庄价值，可能仅是农产品生产与农民居住和生活的价值，但如果站在城乡开放、城乡融合的角度看待村庄，其价值不可估量。村庄巨大的价值不会主动显现出来，不会自然地变成财富，必须要搞好经营、巧妙经营、善于经营，才能使潜在的价值显化，通过满足消费者的需要，变为滚滚而来的财富。

二是有的村庄发展已经到了"经营"阶段。近年来，政府对村庄尤其是贫困村庄投入了大量的人财物和经营性、公共性基础设施，如果只建设、不经营，只投入、不收益，就会导致巨大的浪费，村庄已有的建设和发展成果也难以巩固。有的地方美丽乡村建设已经进展到一定程度，就要考虑如何让每一个家庭、每一位村民都享受到美丽乡村建设的成果，如何实现村庄的健康、可持续发展等问题。

三是村庄建设主要依靠财政投入，存在村庄建设同质化、造血功能不足、缺乏产业植入和专业化运营等问题。要解决这些问题，需要靠村庄经营的作用。

村庄经营，就是以"村"为基本单元，以乡村发展、社会进步、农民物质文化生活水平的提高为目标，以整合资源要素为核心，运用市场经济手段对构成村庄空间和村庄功能载体的自然生成资本（如土地、山水、森林、河流、草原等）与人力作用资本（如基础设施和公共设施）及相关延利资本（如村庄道路、桥梁、人名地名冠名权、广告设置使用权）等进行重组营运，最大限度地盘活存量，对村庄资产进行集聚、重组和营运，以实现村庄资源配置容量和效益的最大化、最优化。

村庄经营的动力在哪里？在于村集体的动力、村民的动力、社会资本的动力。如何形成动力呢？就是把各方的利益通过股份制、股份合作制捆绑在一起；就是各方都要投资，都要入股，有的以土地入股，有的以资源入股，有的以资金入股，有的以资产入股。通过股份把各方的利益联结起来，兼顾村集体、农民、外来资本和经营者的利益。

四、村庄经营必须坚持的几点原则

一是坚持原则：（1）党建引领振兴原则；（2）城乡融合发展原则；（3）土地属性不变原则（耕地红线）；（4）农民长期增收原则；（5）市场导引产业原则（供给侧结构性改革、提供好产品）；（6）生态稳定优化原则；（7）进出强度递增原则（单位面积投入产出递增）；（8）因地制宜突出特色原则。

二是推进几大转变：（1）废地变宝地（荒山变金山）；（2）封闭变开放；（3）资源变资本；（4）村庄变景区；（5）农房变客房；（6）人力变人才；（7）手机变农具；（8）农民变股民（核心是资源变资产、资产变资本，资本在流动中增殖）。对于村庄而言，要实现五大转变：（1）由田园村庄变公园村庄；（2）由种养村庄变农商文旅村庄；（3）由农房村庄变客房村庄；（4）由封闭村庄变开放村庄；（5）由普通村庄变品牌村庄。

三是触发产生效应：（1）裂变增殖效应（产业）；（2）磁场吸引效应（资本）；（3）灯塔导向效应（人才）；（4）明星爆发效应（媒体放大、

李子柒等）；（5）都市牵动效应（靠近都市）；（6）能人带动效应（乡土人才）；（7）文化塑造效应（农耕、传统）；（8）迭代修复效应（把结果作为原因输入，不断循环校正，形成正反馈）。

四是实现市场化：（1）要用企业合作、资金入股、资源入股的形式，构建经济利益共同体；基层组织力要体现在文化道德的层面，要保持一个地方的和谐、开放、团结向上的民风民俗，让一个地方的人民成为一道最美的风景，营造近者悦、远者来的热情好客的乡村人文环境。（2）兴办村庄企业。企业是乡村振兴的主体，具有资源整合力、市场开拓力、民众组织力的龙头企业、平台企业，是乡村实现市场化的经济支柱和产业保证。构建龙头企业、骨干企业带领小微企业、村民广泛参与的企业集群，是一个村实现资源向资本转化，实现小散弱差的自营自主模式向品牌化、规模化提档升级的必由之路，通过企业的纽带，将城乡的资本要素、技术要素、人力要素、文化要素流动起来，形成最优的城乡市场要素配置。（3）宣传村庄乡贤。乡贤是乡里出生的，在精神、文化、科技、经济领域具有示范性的楷模。在中国传统乡村中，乡贤对当地文化教育和经济发展有着不可替代的作用。乡贤在本土的血脉联系更具可示范性、可带动性，更加能在文化教育经济方面反哺故里，推动乡村社会经济的发展。在乡村治理，尤其是文化治理中，大力宣传历史乡贤人物的精神事迹，努力做好新时代新乡贤的回乡落地能量转化工作，让过去与现在、乡村与城市、精英与大众有机地结合起来，形成一个稳定持续的乡村发展形态，让普通群众尤其是乡村青少年见贤思齐、提升自我、改造自我，从而推动乡里村庄的全面发展。（4）关注村庄群众。乡村村民是经营乡村的主体。比如，近年来，四川战旗村的发展充分发挥了主体的作用，充分体现了村民主体的获得感、幸福感。

五、结语

人不负青山，青山定不负人。实施乡村建设行动，浙江省 20 年久久为功，扎实推进"千村示范、万村整治"工程，造就了万千美丽乡村，取得了显著成效。2018 年 4 月，习近平总书记作出重要指示："农村环境整治这个事，不管是发达地区还是欠发达地区都要搞，标准可以有高有低，但最起码要给农民一个干净整洁的生活环境。"要进一步推广浙江好的经验做法，因地制宜、精准施策，不搞"政绩工程""形象工程"，一件事情接着一件事情办，一年接着一年干，建设好生态宜居的美丽乡村，让广大农民在乡村振兴中有更多的获得感、幸福感。

（本文作者：王航倩）

城中村升级改造：规划设计行业掘金热火

导语

我国自 2021 年 3 月在政府工作报告和"十四五"规划文件《中华人民共和国国民经济和社会发展第十四个五年规划和 2035 年远景目标纲要》（以下简称《"十四五"规划》）中首次提出城市更新的概念之后，短短几年内，城市更新就已经上升至国家战略层面。这不仅仅意味着城市更新在战略和政策角度受到了社会各界的重视，也意味着高速的人口增长和人口城镇化已经导致我国城市的发展方向正在从增长转向存量发展。

对于我国的大城市来说，城市更新主要指的是城中村改造，指的是对城市中那些早期建造的部分进行更新。这些部分可能已经不再适合当下时代和社会生活，甚至不符合城市发展的风格和目标。因此，为了让城市更好地发展，也更好地利用这些城中村所在的土地，城市更新和城中村改造势在必行。

一、背景简述

城中村，单从定义来看，指的是在城市化进程中、在城市建成区范围内，失去或基本失去耕地，仍然实行村民自治和农村集体所有制的村庄。不过现在往往也泛指在城市高速发展的进程中，滞后于时代发展步伐、游离于现代城市管理之外、生活水平低下的居民区。

（一）政策利好

如上所述，2021 年公布的《"十四五"规划》除了提出城中村改造是本轮城市更新的重要组成部分之外，还明确了"十四五"时期的城市更新目标，即"完成 2000 年底前建成的 21.9 万个城镇老旧小区改造；基本完成大城市老旧厂区改造；改造一批大型老旧街区；因地制宜改造一批城中村"。

2023 年以来，中央高级别会议多次提及城中村改造。2023 年 4 月 28 日召开的中共中央政治局会议提出，在超大特大城市积极稳步推进城中村改造。7 月 21 日，《关于在超大特大城市积极稳步推进城中村改造的指导意见》（以下简称《城中村改造意见》）在国务院常务会议上审议通过。中共中央政治局于 2023 年 7 月 24 日召开会议指出，积极推动城中村改造。这意味着加速推进城中村改造，将成为超大特大城市改善民生、扩大内需、推动城市高质量发展的一项重要举措。

城中村改造的市场有多大？根据中银证券的测算，全国范围内城中村住房约 1919 万套，占存量住房的 10%，涉及面积达 17.5 亿平方米。1919 万套的规模约为老旧小区改造体量的一半，约为棚户区改造的 1/3。考虑到城中村改造主要集中在一、二线城市，实际体量或将更小。

从省份结构数据看，城中村多集中在东部沿海一带，15% 位于广东，9% 位于山东，9% 位于浙江，8% 位于江苏，而棚改和老旧小区改造均集中在中西部省份。

根据中银证券测算，超大特大城市城中村待改造规模约 7.7 亿平方米，一线城市 3.1 亿平方米。其中深圳 2.2 亿平方米、武汉 6546 万平方米、东莞 6037 万平方米、广州 5693 万平方米、杭州 5591 万平方米、郑州 4457 万平方米，城中村体量相对较大。此外，北京和上海分别为 1756 万平方米、1528 万平方米。

重点城市如何开展城中村改造？城中村改造要经过规划、前期土地开发整理、土地收储、建设四大阶段。从市场实践来看，普遍存在土地变性、利益关系与产权复杂、清产清资、资金筹措困难、市场主体参与积极性不高等难点。因此改造是长期而渐进的过程，单个项目 7—8 年，整个城市周期会更长，以上海为例，预计需要 19 年（2014—2032 年）。

从主导方来看，目前我国城中村改造模式有四种：政府主导（以杭州、上海等为主）；开发商主导（以珠海、郑州为主）；村集体主导（以广州、深圳为主，通常由村股份公司主持实施，资金主要来源于村民自筹资金、政府扶持资金、商业银行贷款）；三方合作模式（以北京、西安为主）。

从改造方式看，有拆除新建、整治提升、拆整结合三种，各地根据城市规划、功能定位、经济实力自行选择。

从土地开发模式看，主要有一、二级联动和租地模式。其中深圳、上海、成都等城市多采用一、二级联动模式，即允许承担拆迁和土地一级开发的市场主体不经过招拍挂，通过协议转让、补缴地价等方式获得土地二级权利，优势在于一、二级资源嫁接，节省成本，增厚综合利润空间。广州和杭州主要采用租地模式，即一级开发后土地必须收租，进行招拍挂后才能进入二级开发，一、二级市场是分开的。租地模式可以缓解资金压力，也有利于内部充分竞争，更加高效。

未来改造的资金来源可能包括：政府出资（财政补贴、发行专项债券）；金融机构融资（政策性银行贷款、政策性开发性金融工具、商业银行城市更新贷款、保险资金、不动产私募股权基金等）；城市更新类基金；城投主体（发行城市更新类债券融资、发行基础设施公募 REITs 等）；社会资本投资）。补偿安置预计采用货币化安置比例有限，更多采用实物或房票安置，或与保障性住房建设相结合。

（二）政策展开

根据国家统计局第七次全国人口普查的数据，《城中村改造意见》提到的 21 个超大特大城市的合计人口数量为 2.9 亿人。根据平安证券首席经济学家钟正生估算，本轮超大特大城市的城中村待改造面积或有 13.4 亿平方米，总投资额或达 8.2 万亿元，年均 8200 亿元，将占 2022 年全国房地产开发投资完成额的 6.2%，在城中村改造过程中的新建总面积原则上应不超过 5.4 亿平方米。

值得一提的是，此次城中村改造与 2014 年的棚改政策在土地开发模式、改造方式、安置方式及资金来源等方面均有不同。首先，在改造方式方面，此次改造涉及城市中的集体用地和房屋，可选择拆除新建或整治提升、拆整结合等方式，改造重点是要把城中村改造与保障性住房建设结合好。在安置方式方面，此次改造可能为货币化安置与实物安置并存的模式，或将更多采用房票安置和实物安置。在资金来源方面，不同于棚改政策主要依靠央行和国开行发放的棚改专项贷款，此次改造提倡"多渠道筹措改造资金，鼓励和支持民间资本参与"，强调市场化主导，预计将通过社会资本（城市更新基金、REITs 等）、政策性贷款、财政支出或专项债发行等渠道筹措资金。

城中村升级改造是这轮地产行业改革非常重要的政策之一。

二、新黄金机遇

城市更新的重要性往往体现在它对城市适应现代风险与复合型灾害的能力的提升，以及推动城市治理体系和治理能力的现代化发展。因此，城市更新是每个城市在发展道路上必然经历的一环，而这种必然性也正是相关行业的机遇所在。

（一）改造的必要性

对于我国的现今发展情况来说，由于人口城镇化逐年加快导致的"新市民"居住问题逐年加重，因此超大特大城市的城中村改造有着很强的必要性。

根据住建部的数据，截至 2022 年底，广州市城中村的面积已占广州全市的 10%，这些地区的常住人口占全市常住人口的 35% 左右；截至 2017 年底可统计的数据，北京有 952 个城中村，其中常住人口达 370 万人，占北京全市常住人口的 17%；截至 2015 年，郑州仅在中心城区就有 124 个行政村，村民人口达到了 30 万人，占全市常住人口的 3.1%；截至 2020 年底，哈尔滨仅中心市区可确认的城中村数量就达到 77 个，涉及土地面积 184 平方千米。

这些数据无一不在说明，城中村问题在中国的城市中普遍存在，而且随着城市人口数量越多和城市越发达，城市发展过程中遗留的待改造城中村问题也越来越严重。因此，各个城市都有着城中村改造的需求，而城市越发达，这一需求就越大。

需求意味着机遇。对于城市更新和城中村改造来说，建筑和规划设计行业是刚需。因此，旺盛的城中村改造需求意味着对于刚需行业的良好发展机遇，也意味着面向行业的广阔市场。

（二）"租购并举"

2015 年底中央经济工作会议首次提及发展住房租赁市场，并将"租购并举"确立为我国住房制度改革的主要方向。2017 年，国土资源部和住建部曾经要求北京、上海、广州等 13 个城市开展"集体建设用地建设保障性租赁房"试点工作，不过当时规定是须先把农村土地征为国有才能建设。近年来，这 13 个大城市已经开始允许直接用集体建设用地来建设保障性租赁房的尝试了。

不仅如此，2021 年以来，中央已经开始着力解决新市民和青年人的住房困难问题，加大了保障性租赁住房的建设力度。根据住房和城乡建设部住房保障司司长曹金彪的说法，在"十四五"期间，应当力争新增保障性租赁住房占新增住房供应总量的 30% 以上。

"租购并举"和新增的保障性租赁住房都需要土地作为建设基础，而城中村改造恰好可以为其提供所需的土地。因此，在地产行业向"租购并举"这一新格局过渡的过程中，城中村改造有望成为其重要的推动力。反过来，地产行业的"租购并举"发展模式也需要城中村改造工程为其提供助力。因此，城中村改造就有了更大的需求，并将给相关产业带来更多的机遇。

（三）地产行业的新路径新模式

如果从改造方向和改造目标两个角度综合考量的话，不难发现本轮"城中村"改造实际上是中央政府稳定房地产预期、探索房地产新发展模式的重要举措。

之所以如此判断，一方面是因为地产行业及其上下游产业链对于我国的经济、社会及地方财政收入等方面有着巨大影响，但是"三道红线"之后，地产行业进入了前所未有的调整周期。尤其是自新冠疫情以来，大部分诸如新开工、投资或销售的地产指标市场预期偏弱，对经济基本面复苏造成了一定影响。另一方面是 2022 年人口普查结果宣告了我国人口自 1960 年以来首次出现负增长，城镇化率较 2021 年仅提升 0.5%，是近 30 年来最低的（数据来源：国家统计局，2021 年城镇化率为 64.72%，2022 年为 65.22%）。这意味着我国人口发展已经进入了总量见顶、城镇化效率放缓的阶段。参考日、韩两国在城镇化率放缓后，超大特大城市诸如东京和首尔的人口占比依然不断扩大的趋势，未来我国的地产行业的主要增长空间依旧在大城市的更新和土地的重新利用方面。

当然，城中村改造必须积极稳步推进，探索适宜模式。《城中村改造意见》指出，要规划先行，坚持稳中求进、积极稳妥，优先对群众需求迫切、城市安全和社会治理隐患多的城中村进行改造，成熟一个推进一个，实施一项做成一项，真正把好事办好、实事办实。一些城市正在积极推进城中村改造，有望形成可借鉴的经验。上海市提出，预计到2025年，中心城区周边城中村改造项目全面启动；到2027年，中心城区周边城中村改造项目全面完成。广州市有关部门发布了《广州市城中村改造条例（征求意见稿）》，表明广州将以立法推进城中村改造工作。

因此，只要土地的利用和发展方向依旧以城市更新和土地重新规划为目标，那么规划设计行业依然会是其必需行业，而这亦会成为整个行业的机遇所在。

（四）新城镇化进程

城中村改造的本质是重新开发利用那些当前利用率过低的土地，并产生增值收益，使原住居民获得更合理的价值分配。因此，从根本上来说，城中村改造包含着农村土地制度改革的重要内涵，同时也是推进以人为本的新型城镇化进程的重要组成部分。

早在十八届三中全会上，就提出了集体建设用地与国有土地要"同等入市、同权同价"的要求。然而，目前我国居民拥有的国有土地上建造的房屋可以交易，但是农民在集体土地上建造的房屋却仍然不能交易（只能与村民交易）。自有房产无法"同等入市、同权同价"，也是农民财产性收入低的重要原因之一。

2020年12月，习近平总书记在全国农村工作会议上指出，"今后15年是破除城乡二元结构、健全城乡融合发展体制机制的窗口期"。因此，城中村改造可以被视为一种充分利用农村建设用地、逐渐破除城乡二元结构、让农民富裕起来的方法。基于这一点可以推断，城中村改造将会是新型城镇化进程中非常重要的一环。

三、风向预测

关于本次的城中村改造，除了如上文所述的那样，和 2014 年的棚改政策在多个方面存在差异之外，其根本导向也是不同的。本次改造预计将不会再出现如棚改政策那样大拆大建的模式，涉及的城市数量也较少。然而，其整体覆盖面并不小。根据国家统计局的数据，2021 年 21 个超大特大城市生产总值合计占全国的 32.0%；合计房地产开发规模为 54808 亿元，占全国的 37.1%；商品住宅销售面积合计 3.3 亿平方米，占全国的 21.2%；销售金额为 61578 亿元，占全国的 52.7%。因此，本次改造应当会各有特色，以"一城一策"为主要形式。由于各个城市的独特性和特殊性，这种形式需要大量专业人士因地制宜地制定方案，因此为各类民营企业和规划行业介入参与改造提供了非常好的机会。

四、结语

无论是从城市发展需求的角度还是从国家战略政策的角度出发，城中村改造和城市更新都是我国在进一步城镇化发展道路上的必经之路。发展就意味着机遇，需求就意味着市场，本次城中村改造风向则毫无疑问是利好规划设计行业的。尤其是本次改造将大力引入民间资本，并实行"一城一策"的针对性规划方案，这将为整个规划设计行业创造一个巨大的市场和需求窗口。

风物长宜放眼量，新风口、新机遇，有识之士必当只争朝夕。

（本文来源：钟规评、吴越阳，《城中村升级改造：规划设计行业掘金热火》，2023 年 11 月 14 日，"天尚乡村"微信公众号，https://mp.weixin.qq.com/s/Sc2zM-GVaXjJT6TZ-Axp8g.）

城市更新：规划行业的新风口

导语

党的二十大报告提出，加快转变超大特大城市发展方式，实施城市更新行动，加强城市基础设施建设，打造宜居、韧性、智慧城市。

我国人口城镇化速度逐年加快，导致土地城镇化跟不上人口城镇化，我国城市的发展方向正在从增量转向存量为主。自 2000 年以来，我国城镇常住人口逐年增加，城镇化率逐年提升。截至 2022 年底，全国城镇人口已达到 9.21 亿人（数据来源：国家统计局），占总人口的比重达 65.23%。然而，繁华如北京、上海，却依然有着城中村这样的存在。

土地城镇化跟不上人口城镇化的直接表现，便是城市"蔓延"式地扩张增长。在 Robert Burchell 的《蔓延成本》一书中曾提到，城市蔓延式发展的坏处包括但不限于局部系统性功能的落后、环境承载能力的减弱、人口规模和空间结构的失衡等。简而言之，一味地扩张城市弊大于利，在中国这片承载了太多人口的土地上尤其如此。我们的城市需要及时地进行更新，只有这样才能与时俱进地提高应对现代风险和复合型灾害的能力，推动城市治理体系和治理能力的现代化发展。

老旧小区改造，提升老百姓获得感；建设"口袋公园"，持续改善城市生态；更新燃气、供水、排水、供热等老化管道，增强安全韧性；推广数字化、网络化、智能化服务，城市运行更高效；保护好城市历史文化遗存，延续城市文脉；老厂房焕发新生机，带动产业升级……一个个惠民项目，一幕幕生动场景，不断记录着城市更新行动的足迹。

一、时代背景

城市是人民幸福生活、百姓安居乐业的重要载体，城市更新是推动城市高质量发展的重要手段。我国的城市更新概念首次提出于2019年12月的中央经济工作会议上，并在2021年3月首次被写入2021年政府工作报告和"十四五"的规划文件《中华人民共和国国民经济和社会发展第十四个五年规划和2035年远景目标纲要》中。至此，城市更新上升至国家战略层面，并意味着在现在及不远的将来，城市更新将正式在中国各地全面推进。

（一）定义阐述

从概念上来说，城市更新指的是将城市中已经不适合当前时代和社会生活，甚至于不符合城市风格的地区进行必要的和有计划的改造。换言之，城市更新是一个重新建设城市部分地区、盘活城乡不良资产重新打包上市分配的过程。

从我国的城市更新实践经验和需求来看，当前对城市更新有需求的主要城市为北京、上海、广州、深圳、天津等老牌一线城市，并已经逐步延伸到了诸如成都、杭州、南京等新一线城市。其主要的更新对象为成片旧区、旧村、旧厂房和旧城，主要的更新模式为"工改工""工改商住""工改居"等。以开发模式来区分的话，主要有政府主导、市场主导、政府和市场合作三种模式，每种模式下，房企垫资压力和项目周期均有所差异。

我国目前绝大部分城市更新计划的目标，主要是解决城市中影响甚至阻碍城市发展的问题。这就导致了城市更新计划的政策性很强，一般都会涉及房屋、土地、规划、风貌保护、财政、税收或金融等方面。这些项目并不意味着一定要大拆大建，更重要的是把那些老旧的部分进行翻新和维护，以赋予它们新的生命力和活力，其中往往涉及城市功能的重新定位、城市动能的重新发现、城市资源的重新利用等规划目标，同时，城市更新计划在完善空间结构、优化城市布局、提升城市功能等方面也发挥着积极作用。

（二）项目解析

一般来说，按照改造力度由弱到强来区分，城市更新项目可分为整治类、改建类和拆建类三种类型。根据不同的城市，这些项目分类的命名略有不同，但实质相近。例如，深圳市将城市更新项目分为综合整治类、功能改变类和拆除重建类（分别对应整治、改建和拆建），而在广州则分为全面改造（对应拆建）和微改造（对应整治和改建）。

通常来说，整治类项目改造力度较弱，审批条件较为宽松。此类项目不会改变建筑主体的结构和使用功能，也不会增加或改变建筑面积，一般以消除安全隐患和完善现状功能等为改造目的。一般此类项目私有企业参与相对较少，主要由区级政府负责审批、实施、竣工验收和后续监管，改造资金则主要来自市/区政府、权利人等。

改建类项目改造力度适中，一般由市级城市更新管理部门审批。此类项目通常不会改变土地使用权的权利主体和使用期限，一般在不全部拆除的前提下进行局部的拆除或加建，也可以实施土地用途的变更，在部分城市可以增加建筑面积。对于此类项目，私有企业一般可通过改造、持有运营等方式参与项目。

拆建类项目则具备改造力度强大、审批严格等特点。此类项目往往会对城市更新单元内的原有建筑物进行拆除并重新规划建设，这很有可能会改变土地使用权的权利主体，可能会涉及部分土地性质的变更。因此，拆建类项目的审批流程一般会较为复杂，审批机构涉及区、市城市更新管理部门，此类项目也是私有企业参与城市更新的主要形式。由于该类项目不具有普遍性和代表性的案例，本文不多做介绍。

无论以上哪一类项目，都离不开规划设计行业。而且，随着城市更新进度的推进，会有越来越多的项目出现，这也是城市更新会被称为规划行业的新风口的原因。

二、优势解析

在阐述了城市更新的意义及其具体情况之后，城市更新的定位和作用已不言自明。建立在这一基础上，能更好地理解城市更新的重要性和它对城市适应现代风险与复合型灾害、推动城市治理体系和治理能力现代化的重要意义，也能更好地理解国家对此的重视及它会成为规划行业的新风口的原因。

（一）国家战略优势

《城中村改造意见》对充分发挥市场在资源配置中的决定性作用、更好地发挥政府作用提出了相关要求，提出加大对城中村改造的政策支持。同年 7 月末，中央政治局会议强调，"要加大保障性住房建设和供给，积极推动城中村改造和'平急两用'公共基础设施建设，盘活改造各类闲置房产"。

有了国家层面的战略指导和具体的政策推动，城市更新自此上升到了国家战略层面，也正式成为新风口，走到了历史的台前。

《城中村改造意见》对城市更新的指导包括两个核心关键词，即超大特大城市和城中村改造。本次的改造范围限定在 21 个超大特大城市，其中包括城区人口规模超过 1000 万人的北京、上海、广州、深圳、重庆、天津和成都 7 个超大城市，以及城区人口规模在 500 万—1000 万人的武汉、东莞、西安、杭州、佛山、南京、沈阳、青岛、济南、长沙、哈尔滨、郑州、昆明和大连共 14 个特大城市。《城中村改造意见》还强调将城中村改造与保障性住房建设相结合，不局限于城市老旧小区和住宅区，将建设用地的住宅、工业厂房和商业配套设施都囊括进去了。

在性质和资金方面，本次城中村改造与 2014 年的棚改政策有着本质的区别。当时的棚改主要依靠央行和国开行发放的棚改专项贷款，而本次的城中村改造主要由民间资本支持。这意味着本次的城中村改造将有着更多的市场化运作和商业运作，也代表着更高的投资回报率和产业振兴。

（二）地方政策优势

各地政府在国家大力推进城市更新战略的背景下，也基于前期城市更新的实践经验，因地制宜、因城施策，逐年发布了诸多关于城市更新的相关政策。

例如，广州市政府从政府站位的角度出发，对于城市更新提出了明确的"政府主导"原则。其中，广州于 2015 年颁布的《广州市城市更新办法》将"三旧"的改造上升到了城市更新的高度，从而更好地治理城市发展过程中产生的土地低效开发地区。

广东省的另一个大城市深圳则使用"政府引导"的方法，以更深层次的市场逻辑帮助建立市场力量在城市更新过程中的盈利基础，同时调动民间资本的参与积极性。2009 年，深圳作为城市更新的先锋者提出了中国第一个城市更新的专项政策——《深圳市城市更新办法》。2020 年，深圳颁布了《深圳经济特区城市更新条例》，正式从地方政府的规章文件提升到地方性法规的层面上，体现了深圳市政府对于城市更新的重视。

诸如广州和深圳的各地政府还有很多，在此不一一列举。总而言之，无论是国家高层的战略政策还是地方政府的法规，都体现了对城市更新的重视性，也宣告了城市更新作为新风口的出现。

三、案例介绍

如上文所述，城市更新已经从上至下引起了重视，也得到了各类政策的支持。事实上，已经有一部分城市率先迈出了城市更新的步伐，在不同类别的项目上，都有着一些成功案例。

（一）整治类

由 WTD 纬图设计的重庆万州吉祥街项目是一个由万州老城区政府主导的整治类城市更新项目，该项目在老旧的街区上搭建起与年轻人互动的桥梁，同时保留场地的时间属性，如图 3-1 至图 3-2 所示。

图 3-1 吉祥街改造前

图 3-2 吉祥街改造后

如图 3-1 和图 3-2 中，该项目基于原有街道，保留了大量基底，且对场地原有结构和树木进行了保留，并对现有的黄葛树进行重新解读与包装，打造了月光剧场、城市书屋和览书一隅等空间。此外，还把原有的不能动的防滑桩和用混凝土浇筑的沼气池及很多杂乱的管线，在立面上采用铝板包的手法，使其变成类似于穿孔板形式的剧场文化墙。对于部分临街老旧的危房，基于成本的考虑做了拆除，并按同面积、同位置恢复，改建成一个小体量的商业建筑，通过对建筑切角，延续古树的生长路径。同时，对临街的居民住宅进行代建，尊重当地居民的生活方式，对建筑外立面进行了最大限度的保留，局部做饰面改造。

（二）改建类

广州市滨江公园是一个将原有滨江绿地建设成社区中一处对外开放的休闲滨水公园的改建类项目。原始场地较为封闭，且对滨江视野有所遮挡，犹如一座断层的江岸"荒岛"。设计以低干预介入，注重场所精神的探索及在地文化的保留，以满足场地功能、激发片区活力为导向，用克制的设计手法，将关系到珠江与场地最生动的记忆保留下来，并加以转化和利用，如图 3-3 至图 3-4 所示。

图 3-3 原滨江绿地

图 3-4 滨江公园

如图 3-3 和图 3-4 中，设计保留原场地的 7 株老榕树和装卸货平台，并将其改造成附近社区步行可达的滨江绿地公园。此外，还保留了码头原有驳岸，将存有场地记忆的船只旧物融入景观设计当中，用原有的拴船桩结合"流动"的片岩铺装，演绎出一处静谧的观赏节点。项目以低干预的形式让码头广场与城市空间共存，释放新旧碰撞的魅力。

四、结语

无论是从城市本身的发展需求出发，还是从国家战略角度和地方政策角度来看，城市更新正逐步成为社会各界的关注点。可以断言，城中村改造和城市更新即将成为规划设计行业最大的刚需。

实施城市更新，不仅有助于充分释放我国巨大的发展潜力并以此形成新的经济增长点，更可以凭借这个新兴的发展方向成为畅通国内大循环的重要支点。城市更新已然成为未来 10 年的风口，成为众多私企、央企和第三方服务机构的掘金之地。人民城市人民建，人民城市为人民。以实施城市更新行动为抓手，着力打造宜居、韧性、智慧城市，群众的生活将更方便、更舒心、更美好。

（本文来源：吴越阳、钟规评，《城市更新：规划行业的新风口》，2023年 11 月 7 日，"天尚乡村"微信公众号，https://mp.weixin.qq.com/s/oAdF_zX5YuWD7ShPFESOaQ.）

亿元村的产业发展特征与经验启示

导语

《中共中央　国务院关于坚持农业农村优先发展做好"三农"工作的若干意见》（以下简称 2019 年中央一号文件）指出，应当发展壮大乡村产业、拓宽农民增收渠道，并从加快发展乡村特色产业、大力发展现代农产品加工业、发展乡村新型服务业、实施数字乡村振兴战略、促进农村劳动力转移就业、支持乡村创新创业六个方面明确了发展方向和措施方法。这几年，在党中央的指导下，全国各地都围绕乡村产业振兴，大力发展乡村特色产业，持续推动着业态、模式、产业等各方面的创新和发展，为乡村振兴增添了活力，向着乡村发展和农民增收的目标不断前进。

时至今日，当初种下的种子已经在悄然间成长为参天大树。2023 年 3 月 6 日，农业农村部公布了第十二批全国"一村一品"示范村镇及 2022 年全国乡村特色产业产值超十亿元镇和超亿元村名单。其中，"一村一品"示范村镇 395 个，超十亿元镇 199 个，超亿元村 306 个，可见发展成果之丰厚。

本文对超亿元村的数据和部分案例展开分析，并探讨其能够完成高效的产业发展的原因，总结经验和启示，并以此为其他乡村的振兴探寻道路。

一、时代背景

乡村要发展，关键靠产业，灵魂在特色。发展"一村一品"是做好产业发展的重要途径，可以有效推动乡村特色产业集聚化、标准化、规模化、品牌化发展，从而提高农特产品的附加值，拓宽农民的增收渠道。这一思路的底层逻辑已经被事实证明有效，而其具体证明便是那 306 个产业发展收入超亿元的村庄。

（一）统计数据

本文对 2022 年全国乡村特色产业产值超亿元村名单进行了数据整合和统计，初步统计结果如表 3-1 所示。

表 3-1　2022 年产业产值超亿元村产业分类统计

产业分类	数量（个）	占比（%）
养殖业	23	7.52
种植业	211	68.95
旅游业	12	3.92
渔业	27	8.82
制造业	31	10.13
商业	2	0.65

从表 3-1 可以很清晰地发现，在 306 个超亿元村涉及的产业中，种植业处于绝对优势，占所有产业的占比高达 68.95%，这不仅再次证明了农业发展在我国拥有广阔市场，也从侧面说明了我国乡村振兴应当以农业发展为主。紧随其后的是制造业，值得一提的是，在这个类别中包括但不限于诸如食醋和粽子等食品加工业，以及像紫砂和湖笔这样的商品制造业，制造业占比 10.13%。在以上两大产业之外，养殖业和渔业分别囊括了陆地和水生的动物产品，根据地理位置不同，不同的省份一般会选择更为适合当地发展的产业，这两个产业分别占比 7.52% 和 8.82%。

（二）数据分析

为求数据准确和分析科学，本文以省份和地理情况对超亿元村的产业分布做了进一步统计分析，其细化统计结果如表 3-2 所示。

表 3-2　2022 年产业产值超亿元村地区产业数据统计

地区分类	数量（个）	占比（%）	主要产业	占比（%）
北京	3	0.98	养殖业	66.67
天津	2	0.65	旅游业 / 渔业	100

地区分类	数量（个）	占比（%）	主要产业	占比（%）
上海	3	0.98	种植业	66.67
重庆	8	2.61	种植业	87.50
河北	15	4.90	种植业	66.67
山西	8	2.61	养殖业	50
内蒙古	4	1.31	种植业	100
辽宁	21	6.86	种植业	71.43
吉林	2	0.65	种植业／旅游业	100
黑龙江	9	2.94	种植业	100
江苏	49	16.01	种植业	75.51
浙江	14	4.58	种植业	42.86
安徽	15	4.90	种植业	66.67
福建	20	6.54	种植业	60
江西	5	1.63	种植业	60
山东	11	3.59	种植业／制造业	90.91
河南	15	4.90	种植业／制造业	86.67
湖北	8	2.61	种植业	75
湖南	9	2.94	种植业	77.78
广东	11	3.59	种植业／渔业	81.82
广西	12	3.92	种植业	91.67
海南	3	0.98	种植业	100
四川	22	7.19	种植业	90.91
贵州	6	1.96	种植业	100
云南	13	4.25	种植业	100
陕西	6	1.96	种植业	66.67
甘肃	5	1.63	种植业	100
宁夏	4	1.31	制造业	50
新疆	3	0.98	种植业	66.67

从表 3-2 可以发现，绝大部分的省份都以种植业为主要发展产业，这也符合之前的数据统计结果。此外，沿海地区有可能以渔业为主要产业，如天津、广东等；而内陆地区则偏向于以制造业为主要产业，如河南、山东等。

在地区分布方面，江苏省以 49 个产业超亿元村、占总数 16% 的惊人数据位列全国第一，其后分别是四川省（22 个，占 7.19%）、辽宁省（21 个，占 6.86%）、福建省（20 个，占 6.54%），以及河南省、河北省和安徽省（各 15 个，各占 4.90%）。这 7 个省的主要产业均为种植业，仅有河南省以制造业和种植业为主要产业。

综合表 3-1 和表 3-2，本文可以得出以下结论：我国的乡村产业发展主要产值还是以种植业为主，辅以制造业、养殖业和渔业。因此，在未来的发展中，可以考虑在保持当前种植业发展的基础上，进一步开拓其他产业，完成产业结构多元化的深化发展。

二、案例列举

在了解了当前全国范围内的亿元村的情况之后，本文从中选取了几个较为典型的成功案例进行介绍，并在后文对其成功经验进行分析和总结。选取的这些案例包含种植业、渔业和制造业，囊括不同的产业发展类型。

（一）杭州市三围村

杭州市萧山区益农镇三围村位于萧山区东面，与绍兴市相邻，现有耕地 2225 亩、农户 431 户、人口 1659 人。近年来，三围村以 1700 亩省级无公害设施蔬菜示范基地为发展基点，深入实施"一村一品"工程，做大做强蔬菜产业，助力广大村民种出"摇钱菜"、齐奏"富民曲"、共挑"金扁担"，成为远近闻名的大棚蔬菜村。

目前，三围村建有年交易量达 10 万吨的绿色蔬菜产地批发市场，村内与芹菜打交道的种植户有 350 户，年交易量近 2 万吨，年交易额达 1.3 亿元。2022 年农业总产值达 1.88 亿元，实现农村居民人均纯收入 5.65 万元，蔬菜年交易量达 3.1 万吨。

三围村是一个典型的农业村，2002 年，该村开始发展设施蔬菜产业，产品涉及芹菜、南瓜、瓠瓜、大蒜等 10 余个时令蔬菜。目前，三围村已成为省内外著名的"菜篮子"基地。同时，该村复种面积达 8000 亩的无公害设施蔬菜基地，成为杭州地区最大的设施蔬菜基地。

通过社员带村民、师傅带徒弟、大户带小户的方式，全村 80% 以上的土地种植大棚蔬菜，80%以上的村民从事蔬菜产业，农户80%以上的收入来自蔬菜。

（二）益阳市高马二溪村

就种植业来说，湖南省益阳市安化县田庄乡高马二溪村可以说十分成功。这里的人们利用本地的独特资源努力发展茶产业，一举摘掉了省级贫困村的帽子，不仅成了产业亿元村，还计划打造"天下黑茶第一村"。

距安化县城30多千米、地处大熊山腹地的高马二溪村，平均海拔700米，层峦叠嶂，溪涧纵横。"千年黑茶出安化，高马二溪茶最佳。"早在1979年，安徽农学院教科书《制茶学》中就有着"湖南黑茶产于安化……而品质则以高甲溪、马家溪的原料为最好……"等记载。然而，由于产业不发达，加上茶文化没有很好地发展，截至2014年，高马二溪村还是省级贫困村，全村465户村民中有124户是建档立卡贫困户。

为了改变这一现状，当地开始发展黑茶产业，这里的茶农在扶贫工作队的帮助下，多方筹措资金约500万元，完成村主干道扩改、硬化，村内交通网形成回环，打通5个出村口，提高了茶叶的运输效率。此外，还在村民谌任岩的牵头下，流转500亩荒山建有机茶园并牵头成立苏家溪茶叶专业合作社，开垦茶山，培管茶园。2020年，该村和湖南高甲溪农业科技有限公司签订产业帮扶协议，覆盖全村124户贫困户，并将茶叶加工厂搬迁进村，就近建厂和加工，解决了村里许多村民的就业问题。

在村民和企业的共同努力下，高马黑茶的产业逐步走上了正轨。2016年，安化县以高马二溪村悠久的皇家贡茶历史、冰碛岩风化成的沙砾土壤和独特的地理环境形成的小气候等为依托，结合村里茶园面积、企业数量、产业规模等，筹建"天下黑茶第一村"，发展集茶叶种植、生态观光于一体的茶旅产业。2021年4月下旬，央视新闻频道《朝闻天下》《午间新闻》栏目报道高马二溪村茶产业，"天下黑茶第一村"在全国声名鹊起。2023年3月25日，田庄乡政府与湖南省白沙溪茶厂股份有限公司签订战略合作协议，打造公共品牌"百年高马"，以"龙头企业＋合作社＋农户"的合作形式和"高马纯料＋顶级大师工艺＋强势品牌"的制作形式，进一步通过品牌建设打开市场，促进产业发展。

截至2023年上半年，该村居民个人储蓄和对公存款余额达到1.02亿元，这不仅仅是产业产值过亿，更是居民可支配收入过亿，真正实现了产业发展和村民致富的双重目标。

（三）台州市涛头村

截至2022年，台州市三门县海润街道涛头村已经连续三年入选全国乡村特色产业产值超亿元村名单了。无独有偶，早在20世纪末，整个涛头村一直是三门县最贫穷的村庄之一。

当时的三门县总体经济水平在台州全市属偏低水准，而涛头村更是县里垫底的贫困村。在1997年，村里本就欠发达的种植业又遭遇了超强台风，不仅4000余亩橘园、水稻和棉花全部绝收，而且农田还遭到海水的浸泡，土地盐碱度高达10%以上。这意味着接下来数年内，涛头村的田地将无法种植任何作物，这无疑让本就贫困的村民雪上加霜。

穷则思变，不能种庄稼，就改养殖！在村民林后宜的带领下，村里很快成立了三门县涛头农业发展有限公司，每天挖河道、下海塘，饲养青蟹等海产品。然而好景不长，随着越来越多的村民加入到海产养殖的队伍中，涛头村本身的局限性开始显现。5000多亩海塘供不应求，不仅生产成本增加，而且很多村民根本拿不到海塘进行养殖。于是，林后宜开始引导村民一路向外拓展，去三门县蛇蟠乡、宁波市、江苏省等地养殖，并带着村里几名养殖青蟹的行家里手一起到马来西亚考察。近几年，村民们的养蟹触角越伸越长，除了马来西亚，他们还通过综合混养模式和养殖技术，在斯里兰卡及莫桑比克等海外地区养殖出好的产品进行内销。

除了发展更多的海塘之外，村民们都在学习用科技搞好生态，打破局限性，确保养殖塘的平稳和活力。比如养殖户陈华法购买了光合细菌发酵净化海塘水质的设备，成功保持了水质稳定，再加上特调的饲料，从而使得青蟹、血蚶、小白虾、蛏子等小海鲜可以进行混养，增加了收入。

诸如此类的事情在涛头村还有很多。这里的村民以实际行动证明，"只要思想不滑坡，方法总比困难多"。他们用自己智慧的头脑和辛勤的汗水，成功地将涛头村的渔业和海产养殖业发展壮大，并实现了连续多年产业产值超亿元的壮举。

（四）许昌市霍庄村

在制造业方面，河南省许昌市建安区灵井镇霍庄村可谓发展得如火如荼。截至 2023 年，霍庄村已有 3 家大型电商企业，在村里 535 户人家中，从事社火和戏具产品生产与销售的达到了 400 余户。2022 年，霍庄村社火、戏具产业实现销售收入 1.2 亿元，这已是该村连续第五年产业产值突破亿元。

据霍庄村党支部书记霍军政介绍，霍庄村社火产品有 30 大类，细分种类有 200 多个品种，占据了国内长江以北地区 60% 以上的市场份额。不仅如此，产品还销往东南亚、日本、英国、美国等国家和地区。

这里采用的是"龙头企业＋合作社＋农户"的"双绑"机制，自 2014 年起就通过村党支部领办合作社牵线搭桥，龙头企业向农户提供更加优质实惠的原材料，企业引领村民一起进行产业化和规模化发展。

2016 年之后，随着电商的兴起，村里的销售思路也在发生变化。目前，霍庄全村电子商户总数已达 300 余家，几乎家家手艺都有年轻人接手传承，户户都有年轻人熟悉电子商务。此外，霍庄村正在计划打造产业园区，把一家一户集中起来，集中生产、集中管理、集中销售，从而实现霍庄村社火、戏具产业长盛不衰。

三、亿元村解析

（一）农村转型

随着时代和科技的发展进步，传统农业已经逐渐转变为现代乡村产业，而传统农村也需要向未来乡村转型发展。其中，客观和主观的双环境转型尤为重要。

从客观方面来说，首先可以推进新型农业的发展，例如涛头村利用科技进行水质控制和饲料研发，此类利用高新技术进行产业推进的方法值得学习。同样地，对于基础设施的改造和建设也需要引起重视，例如高马二溪村通过打通村内村外交通，来方便产品的运输。此类例子还有很多，总结经验就是跟上时代的发展，并利用技术的进步为农业和产业的发展带来推动力。

从主观方面来说，需要打开思路，不再拘泥于传统农业的发展方式。比如涛头村，在种植业走不通之后果断转型水产养殖业，在本地海塘供不应求之后同时向提高本地海塘养殖效率（多品种混养）和开拓新海塘（出国养殖转内销）两个方向发展。此类灵活变通的底层逻辑值得广大发展中乡村借鉴。

（二）产业转型

以高马二溪村和霍庄村为例，它们都采用了"龙头企业＋合作社＋农户"的"双绑"机制，通过和企业的合作，进行产业化和规模化的发展，并系统性地发展整体品牌。同时，利用电商的发展，完成了"实体业＋电商"的双重发展。

这不同于传统产业的自产自销或是自制自销的个体户产业方式，而是通过整合资源，以整体的形式进行产业发展。这样一来，产业化使得村庄形成更大的体量，并以此获得更大的发展能量，再通过电商的形式获取更大的市场，从而取得极高的产业发展效率。

总结来看，乡村产业需要转型，只有整体化和数智化才能有效推进产业的发展，从而实现乡村产业的跨越式发展和进步。

（三）"亿元村"的经验做法

产业兴旺是乡村振兴的经济基础，也是缩减相对贫困的重要手段。针对推进产业发展面临的主要问题，这些村镇围绕优势主导产业发展，主要从推动农业产业结构调整、推进全产业链建设、推动产业转型升级、完善联农带农机制和促进绿色可持续发展等方面入手，逐步培育出产业发展基础和竞争力，实现产业兴旺。

（1）推进产业结构优化。在找准主导产业的同时，产业结构向粮经饲统筹、种养加一体、农牧渔结合方向转化。比如湖北省龙王镇在传统水稻产业的基础上发展虾稻共生，内蒙古自治区阿尔巴斯苏木在养殖阿尔巴斯绒山羊的同时发展牧草产业，河南省尚庄村在发展蜂产业的同时生产加工蜂机具等，双产双丰收，互促互利，相辅相成。

（2）加强全产业链建设。在乡村原有的种养生产基础上，大力发展农产品加工、仓储物流、市场销售及服务业，同时发展休闲农业、观光农业，推动产业多功能发展，挖掘农村文化资源，发展传承农耕牧渔文化，开展科普教育及体验活动。整体延伸产业链，打造供应链，提升价值链。

（3）推动产业转型升级。由龙头企业牵头，提升技术和装备水平，形成产业集聚，打造产业集群，形成加工引导生产、加工促进消费的良性发展态势，推进产业向设施化、园区化、融合化、绿色化、数字化发展。

（4）完善联农带农机制。通过合理打造农业经营体系，从农民技术培训、适度经营和促进新型经营主体带动小农户入手，形成有效利益联结，保证农民利益。可采用丰富多样的合作形式，推广"龙头企业＋合作社＋农户"等模式。不断完善利益共享机制，通过订单合同、按股分红、利润返还等方式，让小农户分享增值收益。培育发展一批带农作用突出、综合竞争力强、稳定可持续发展的农业产业化联合体，为完善产业组织体系注入新动能。

（5）促进可持续发展。坚持创新发展，树立绿色发展理念，在产品质量、产业结构、生产方式等方面按照技术创新、组织创新、市场创新的理念，大力推进优质农产品绿色生产、生态保护、质量安全等进步，破解高产高效和优质之间存在的矛盾，促进产业可持续发展。

湖南第十二批全国"一村一品"示范村镇，打头的便是湖南省长沙市长沙县春华镇，水稻和蔬菜种子是它的"当家招牌"。早在20世纪六七十年代，春华镇的农业就闻名全省了。经过多年摸索和产业升级，春华镇打造了一条以"稻种"为核心，玉米、蔬菜、中药材（以百合为主）等种子和种苗产业同步发展的种业特色产业。现在的春华镇，85%以上的农田实现自流灌溉，全镇4.8万亩耕地已建成高标准农田3.96万余亩。区位好，农业资源富饶，还拥有精细的农产品流通销售渠道，春华镇种植小镇的规模稳步扩张，村民们的"钱袋子"也越来越鼓。

湖南省湘西土家族苗族自治州古丈县默戎镇牛角山村，则靠黄金茶成为"亿元村"。10年前，牛角山村还是个人均年纯收入不到800元的"老、少、山、穷"苗族聚居村。如今，牛角山村开发并带动周边发展绿色食品认证茶园1.38万亩，建设有机茶认证面积2000亩，建成现代化茶叶生产线3条，承担牛角山区及周边村寨3万多亩茶叶收购加工生产，在全国建有13

家品牌形象自营店。牛角山村茶叶、乡村旅游两大支柱主导产业年产值已达 3.4 亿元。

湖南省郴州市临武县舜峰镇贝溪村以种植业为主。20 世纪 80 年代开始，村里因地制宜种植香芋，经过 30 多年发展，贝溪村几乎家家户户种上了香芋，香芋不仅让全村 3000 多人致富，也让贝溪村成为全国闻名的"香芋之乡"。

四、结语

2022 年 12 月，习近平总书记在中央农村工作会议上强调："各地推动产业振兴，要把'土特产'这 3 个字琢磨透。"其中"土"讲的是基于一方水土，开发乡土资源。

从当前实践来看，各地对山水田园、交通区位等"看得见的资源"，利用得相对较好；对生态环境、民俗文化等"看不见的资源"，则重视不够、开发不足。其实，这些"看不见的资源"恰恰是乡村最具竞争力的"卖点"，只要善于挖掘、懂得营销，往往能实现巨大的经济效益。

这启示我们，发展乡村产业，要树立大资源观，善于分析新的市场环境、新的技术条件，用好新的营销手段，打开视野来用好各类资源，不断开发农业多种功能，挖掘乡村多元价值，增强乡村产业市场竞争力和可持续发展能力。

（本文来源：王航倩、钟农平、吴越阳，《亿元村的产业发展特征与经验启示》，2023 年 10 月 27 日，"天尚乡村"微信公众号，https://mp.weixin.qq.com/s/w-WCcNDFHujk6V4_QyxpJg。）

民宿运营的痛点与破解之道

导语

　　"民宿"一词最先源自日本的民宿（Minshuku），指的是利用自家住宅的空闲房间或闲置财产，结合当地人文、自然景观、生态环境资源及农林渔牧等生产活动，以家庭副业的经营方式，给旅客提供乡野生活的住宿和处所。这一定义很好地诠释了民宿的特质，即不同于传统饭店、酒店和旅馆，也许没有高级奢华的设施，但它能让人体验风气习俗、感受本土民生的热情和服务，真正体验属于当地的独特生活方式。

　　早在 10 多年前，我国就有了"民宿"的叫法。那些由住宅改造而成的短租空间，不同于酒店的标准化产品，它们散布在城市的大街小巷，用更接近生活的"诗意"作为装点。不得不说，乡村民宿俨然开创出了自己的商业模式，越来越多的返乡创业者将开民宿看作一门既浪漫又不错的生意。只是乡村与乡村之间特点不一、差异太大，真正成功的经验似乎并不能被简单地复制。

　　据相关统计，2022 年全国在线民宿交易规模超过 200 亿元，以浙江、云南、福建沿海及北上广等地为主，其中，仅浙江就拥有民宿 2.5 万余家，数量居全国之首，年营收近 100 亿元，占了全国的近一半。

　　乡村民宿以其独特性广受游客的欢迎，越来越多的人将目光投向了这片市场。然而，正如那句话说的一样，市场会给出答案。由于种种原因，许多民宿在运营中逐渐遇到了瓶颈和困境，不可避免地进入百舸争流的激烈竞争当中。因此，本文将就民宿运营的痛点进行分析，并给出相对应的对策和建议。

一、痛点分析

正如上文所述，民宿因为其火热的市场需求，吸引了大批的人来投资。想进入民宿行业的人形形色色，而当经历了前期选址、合同、策划、规划、设计、建设、装饰、配套等一系列过程后，终于要面对运营时，却往往发现遇到了各种各样的运营问题和运营痛点。本文将简述民宿运营的几大主要问题所在，并逐一分析。

（一）定位问题

民宿作为旅游业的衍生行业，其在国内的前身定位应该是客栈。在当前社会，民宿还普遍作为一种贩卖文化生活的特色产品存在。因此，其在贩卖情怀的同时应该搞清楚自身定位。

例如，民宿行业面临着很大的品控问题。由于民宿的特殊性，很多民宿经营者可能对其房屋质量、服务水平等都不会有过高的要求，毕竟"因地制宜""入乡随俗"。甚至，在某些地方，还出现过以居高临下的姿态迎接客户的现象。其房屋质量和服务水平不仅比不上星级酒店，有时甚至不如一般的旅馆、宾馆、招待所。要知道，没有人会喜欢一个住起来不舒服的地方，即便是想体验当地风土人情的旅客，也希望在满足体验风俗的同时，享受高品质的生活和住宿。

此外，广大民宿的另一个极端就是很多投资者斥巨资打造奢华民宿，导致装修成本、房屋成本和服务成本的严重溢出，从而导致价格高涨。在旅游高峰期，过高的价格可能还会有顾客咬牙光顾，但是当潮水退去之时，便会进入运营困难的窘境了。

因此，民宿经营者需要弄清楚自身的定位是什么。民宿作为旅游居住的产业，论品质肯定无法与星级酒店竞争，因此它主打的风格应该是温馨和舒适的，再加上适当的特色和风土人情，用较为舒适的住宿条件配上低于酒店的价格，才能对游客产生足够的吸引力。

（二）客源问题

除了本身的质量问题之外，民宿的另一大痛点是客源不足。目前国内大部分民宿主要位于旅游风景区附近，主要客源来自游客，也直接受景区客流量的影响。如此一来，民宿的客源不仅严重依赖于景区，更因为缺少专业平台进行运营和推广，导致其宣传渠道和销售渠道相对狭窄，拓展不足，流量不足，容易造成获客难、获客成本高的问题。在这种情况下，游客除了能在一些 OTA 平台上（在线旅行社）找到房源之外，无法对民宿有任何其他了解，更难以帮助订单的完成。

简而言之，目前民宿主要依赖于互联网途径获取客流人群，预订流程效率低，销售渠道单一，而且缺少专门的平台进行运营和推广，以提供帮助用户了解和寻找民宿的渠道。

（三）产业结构单一

在盈利模式上，当前绝大部分民宿有且仅有售房收入这一条，而该收入又如上文所述，受到很多其他因素的影响，因此并不稳定。再加上民宿的收费标准相当受限，长期来看难以达到星级酒店的高度，因此盈利能力堪忧。加上标准化住宿业态无法很好地满足消费者个性化需求，主题特色缺乏差异化容易导致用户黏性低。

总体来说，民宿过于依赖售房收入，业务结构单一，大多数民宿只售房，二次消费收入低。

二、对策与建议

关于上文提到的种种痛点，想必很多民宿运营者和投资者都深有体会。因此，本文将结合民宿运营规则，系统性地针对这些痛点给出对策建议。

（一）提高服务质量

对服务业来说，服务质量永远是第一位。好的服务质量才能带来好的用户体验，好的用户体验才能带来口碑的发酵和更多的用户。因此，提高服务质量应当是民宿升级的重中之重。

然而，正如上文所述，民宿不能也没有必要达到星级酒店的高度，因为那样做无论是从成本还是从定位上来说都是不明智的选择。大多数用户选择民宿，想要的无非是短暂的舒适体验和对于当地风土人情的感受。因此，可以考虑在保持清洁和舒适生活质量的同时，适当增加一些本土特色的装饰，或打造本地居住风格，以此给用户带来更好的体验。

民宿主要的赛道应该是温馨和舒适，适当地追求本土特色即可。以良好的用户体验带来优良的口碑，并以此吸引用户，此类正向循环才是民宿运营的正道。

（二）增加业务形态

有了稳定的客源，接下来就应当考虑适当扩大收益。除销售民宿房间外，还可以增加多种业务形态。例如，利用本地人口的优势和对当地的了解，适当提供抢购门票，制定特色旅游路线，销售特色餐饮、农业特色产品和旅游特产，甚至是制作专属纪念品等服务。通过了解用户需求，规划自身能力和资源，为用户提供更多的服务，就可以有效地增加业务形态。

因此，总结起来便是，民宿运营者可以通过民宿整合周边消费资源，深入了解用户体验，并以用户为中心拓展丰富的二次消费场景，以便有效地增加民宿收入。这样一来，民宿不仅可以改善业务结构，还可以提高市场适应力和抗风险能力，减少淡旺季收入差，从而实现多方位的收入提升。

（三）运用营销策略

在营销方面，可以考虑从内容营销、OTA 分销、社交媒体平台营销等多个方向入手，完成全方位的宣发和品牌打造。

例如内容营销方面，包括资讯攻略、视频、点评、问答等多种形式。可以根据当地文化撰写民宿故事，塑造品牌；也可以发布民宿宣传片和当地特色风的介绍视频；还可以建设自己的客户评价体系，增加点评的真实性，吸引更多用户并完成口碑的发酵。

平台方面，可以对接携程、同程、驴妈妈、飞猪等一系列 OTA 平台，以帮助民宿进行多渠道的宣发，来获得客流量以便促进售房。诸多社交媒体平台也可以进行内容营销的转载和宣发，以帮助扩大影响力。同时，可以进行 OTA 平台和社交媒体平台的联动，实现诸如小程序直播、优惠券限时抢购、小程序链接、短信通知和小程序订阅消息通知等一系列功能。

（四）利用科技辅助

除了以上建议之外，还可以利用科技更好地辅助民宿运营。例如，智慧入住功能可以让游客更方便地挑选下单，也就可以通过密码或手机蓝牙打开房间。在离开民宿时，只需要轻轻一扫二维码即可确认退房，而系统将立刻自动通知负责该楼层的保洁人员，在确认清洁完房间和相关物品之后便可以完成退房手续。

又比如类似酒店系统的智能民宿管理程序，可以有效地进行订单管理、押金管理和房态管理等，方便运营者随时随地查看后台信息。而配套的智能数据分析系统可以对民宿的智能设备运行数据、能耗数据、用户行为数据等进行监控和分析，帮助管理者分析用户的习惯爱好，及时调整运营策略，实现精准营销。

三、结语

雄关漫道真如铁，而今迈步从头越。民宿经济在旅游市场中异军突起，可以有效推动当地的旅游经济，盘活富余劳动力，带来巨大的社会效益。同时，民宿的井喷式发展也映射出这一市场的广阔发展空间，引发了人们对民宿商业运营与情怀的理性思考。然而，民宿不仅仅是一种情怀，更有其商业运营的本质。做好民宿这门生意，最终还是要兼顾商业和情怀。

（本文来源：王航倩、吴越阳、任农平，《民宿运营的痛点与破解之道》，2023 年 10 月 12 日，"天尚乡村"微信公众号，https://mp.weixin.qq.com/s/YRR3hQiC-yL3S416WI9FYA.）

文旅助推和美乡村建设的几点建议

导语

党的二十大报告强调要"全面推进乡村振兴",并指出要加快建设农业强国,扎实推动乡村产业、人才、文化、生态、组织振兴。2023年7月26日,2023美丽乡村国际论坛在甘肃举办,论坛围绕"推动农文旅融合发展·建设宜居宜业和美乡村"这一主题,与会嘉宾深入讨论,分享经验,共同为高质量建设美丽乡村"把脉问诊"。

"乡村发展的内涵在中国不断演变,从最初的脱贫攻坚转到乡村振兴,再到更加丰富的'建设宜居宜业和美乡村的理念'。"联合国世界粮食计划署中国办公室驻华代表屈四喜说,本次论坛不仅要讨论乡村发展的物质因素,还要讨论乡村发展的精神文化建设。他认为,和美乡村符合"惠及所有人"和"不让任何人掉队"的发展理念。在建设乡村和推进乡村发展的过程中,文化是不可缺少的一环。如果说土地是乡村的肉体,那文化就是乡村的灵魂。文化建设是乡村振兴的基础,如果要全面推进乡村振兴,那么文化必然不能缺席。

当下,国内乡村的文旅产业发展相对滞后,还有着很大的提升空间。因此,全面推进乡村振兴应当以文旅融合为切实抓手,在巩固拓展脱贫攻坚成果的同时,努力推动乡村经济与文化协同发展,更好地满足人民日益增长的精神文化需要,以文旅建设助推乡村振兴。根据这一基本原则,本文从乡村文旅建设的角度分析,并给出相应的对策和建议。

一、原理阐述

文旅的本质是文化和旅游,在赋能乡村振兴方面,就是将乡村文化与旅游产业进行双向的深度融合，以文化底蕴促进乡村旅游产业的发展和升级，并利用旅游产业带来的消费力和经济产出反过来助推乡村文化产业的研学和发展。这样一来，就可以实现正向循环的乘数效应，从而实现乡村高质量发展的新型业态和模式。就文旅产业来说，乡村有着天然的优势，这些优势分布在多个方面，本文将一一进行阐述。

（一）先天资源优势

就客观条件来说，乡村相比城市，有着得天独厚的优势。我国的很多乡村地区都有着其独特的生态环境和多样化的人文风貌，还传承着不少传统文化，这几点从客观上就构筑了乡村独有的集自然风光、生态农业、民居生活、文化休闲于一体的复合型资源。

如果可以充分利用这些资源，利用文化为载体深挖乡村文化与乡村民俗特色，传扬传统文化和非物质文化遗产，提炼出乡村独有的文化特色，从而发展旅游体验产业，将有效地推进乡村振兴全方面发展。纵观全国各地，不少地方都依托其独特的地域自然景观和丰富的民族文化发展了旅游业，足以说明文旅融合对和美乡村建设的助推能力。

（二）客观需求潜力

从需求上来说，发展文旅产业是对乡村和游客的双赢举措。以下数据足以说明文旅产业融合发展是乡村振兴的有力支撑。2019 年，中国全年实现国内旅游总收入 5.73 万亿元，其中休闲农业和乡村旅游实现营业收入8500 亿元；全国旅游业共接待游客 60.06 亿人次，其中休闲农业和乡村旅游接待游客 32 亿人次，占总接待人数的 53.28%。这充分说明了广大游客对乡村旅游产业的需求，以及乡村文旅产业的广阔市场。

虽然突如其来的新冠疫情给休闲农业和乡村旅游按下了"暂停键"，但疫情放缓后，随着生产生活秩序逐步恢复，城乡居民被抑制的需求将持续释放，山清水秀、生态优美的乡村比以往任何时候都更具吸引力。在旅游大盘市场持续向好的局面下，乡村旅游热度攀升的趋势同样明显。

携程网的数据显示，2023 年 1—5 月山地旅游产品订单量较 2019 年同期增长 60% 以上，山地旅游产品交易金额较 2019 年同期增长 53.2%，山岳型景区旅游订单人次较 2019 年同期增长约 279%。可见，乡村文旅产业是一片广阔的市场，有着良好的前景，能明显有力地助推乡村建设。

二、对策建议

乡村文旅产业融合发展是乡村振兴的助推器，但是在乡村文旅产业融合发展的过程中，很容易陷入"文旅融合＝文化＋旅游"简单相加的经典误区，缺少系统化的科学规划。同时，生搬硬套也使得文旅项目缺乏特色与体验感，很难打造独有的特色品牌。如果要构建成功的乡村文旅产业，就要持续加强乡村文旅在广角度、深层次、宽领域的融合意识和融合理念。综合来看，本文归纳出了以下三个步骤。

（一）资源规划

俗话说"工欲善其事，必先利其器"，谋定而后动是在军事上的取胜利器，在产业建设上也一样。资源的规划整合永远是发展的第一步，优秀的规划能使一切发展事半功倍。

我国有着众多的乡村，分布在全国的各个地区。从地理角度来说，每个地区都有着独特的自然风光和气候条件，诸如内蒙古的草原、福建的土楼、江南的水乡等。这些独特的地理环境孕育出了不一样的文化，两者相结合就是优质的文旅资源。

因此，文旅建设的第一步应当是合理规划，找出本地的特色。比如，先统计开发难度较低的资源有哪些景区、哪些名人故居、哪些古建筑或是遗址，然后从地理环境入手，寻找那些有潜力开发成景区、农业体验区或自然体验区的区域，最后深挖本地文化和传统风俗，如果有非物质文化遗产则更好。总而言之，就是先统计规划整合好一切资源，并准备最大化地利用它们。

（二）产业融合

在统计规划整合完资源之后，在正式开始发展之前，需要进行产业的设计和规划。这一部分如果从乡村文旅产业的角度来看，便是多产业的融合。乡村以农业为主，这是第一产业；农副产品的加工及其他制造业，这是第二产业；旅游和文化研学，这是第三产业。要成功建设和美乡村，完成乡村振兴，产业融合是必不可少的。乡村振兴中，产业兴旺是关键，产业兴则乡村兴，推动一二三产业融合是发展的根本途径。

因此，文旅产业的融合发展与乡村振兴在运行方式上都要以产业融合为核心，构建乡村一二三产业融合发展的空间格局。在这里，文旅融合不是对文化和旅游做简单的加法运算，而是指各类产业组织要以文化产业和旅游产业的融合为依托，通过文化、旅游及相关要素之间的整合重组，延伸文旅产业价值链条，实现一二三产业彼此交融、互动共生的动态优化。

究其本质，文旅产业发展助推和美乡村建设，就是要立足于乡村文化底蕴进行产业融合。通过产业聚集、体制创新、技术渗透、功能重组等方式，实现资本、人才、技术、信息、生态等要素的集约化配置，从而创新发展文旅特色产业，并以此驱动乡村一二三产业协同发展，通过三大产业融合发展，助推农业供给侧结构性改革，实现乡村产业链供应链生态体系迭代升级，最终完成乡村的振兴。

总之，乡村的振兴少不了产业升级和发展，而我国广大乡村一般都有着优越的客观条件来发展文旅产业。如果可以以文旅产业发展为基础，助推和美乡村建设，那么势必能事半功倍，取得良好成效。

（三）质量发展

按规划进行资源整合、完成产业融合的策划之后，一般将进入发展阶段，而乡村高质量发展是文旅助推和美乡村建设、融合赋能乡村振兴的战略目标。党的二十大报告明确提出"全面推进乡村振兴"之后，也对推动高质量的乡村发展作出了战略部署。高质量发展不能因循守旧，首先，要以创新为第一动力，要精心挖掘乡村文化资源并通过文旅融合将其创造性转化和创新性发展，破解高质量发展动力不足的难题。其次，乡村振兴旨在推动各类产业的一体化发展和经济、政治、文化、社会、生态的协调发展，要通过文旅融合培育文旅业态多样化的新空间。此外，乡村振兴也包含了生态振兴，应通过生态文旅深度融合擦亮乡村生态宜居的亮丽底色，巩固提升乡村生态扶贫成效，建设人与自然和谐共生的美丽乡村。

三、结语

乡村文化振兴是乡村振兴的重要内容和有力支撑。推动乡村振兴，既要"塑形"，也要"铸魂"，要不断丰富人民精神世界、增强人民精神力量，焕发乡村文明新气象"。20多年来，浙江深入推进"千万工程"，打造"村美、人和、业兴、民富"的生动实景图，浙江省委、省政府按照"主客共享，近悦远来"的要求，迭代升级新时代花园乡村建设，让游客更好地共享文化和旅游发展成果。

在浙江高质量发展建设共同富裕示范区背景下，应以文旅产业发展带动经济发展，从而助力乡村振兴。过去的实践和数据早已证明，文旅融合赋能乡村振兴是可行的，也是必然的。新时代文旅融合赋能应从主体、产业、市场、科技等方面入手，丰富文旅融合内涵，充分挖掘文旅融合的多功能价值，迭代推动美丽乡村建设向和美乡村蝶变，描绘全省乡村塑形与文化铸魂协同发展的美好图景。

（本文来源：吴越阳、钟农平，《文旅助推和美乡村建设的几点建议》，2023年9月26日，"天尚乡村"微信公众号，https://mp.weixin.qq.com/s/DjlYrvwu4YlT37c6bEgGBA.）

用科技赋能乡村振兴的路径研究

导语

科技强，国家强。科学技术经合理的利用往往能极大地便利生活，如同以往的马车和现在的高铁一般，科技带来的一直是生产力的大幅度提升。

就乡村振兴而言，科技是第一生产力。在科技赋能乡村振兴之后，乡村振兴的发展速度和质量都可以得到有效的提升。本文从不同角度入手，对乡村振兴的科技振兴路径进行解析，辅以科技振兴的可行路径建议，以说明科技赋能乡村振兴的重要性。

一、乡村和科技

（一）历史背景

乍一看，乡村和科技是背道而驰的两个方向，很多人往往会错误地认为乡村就应该保持原汁原味的古老农家生活和发展方式，而科技则是城市化、现代化的代表。然而这的的确确是刻板印象了。科技发展至今，以美国农业农村的大型现代化农场为标杆，科技化、现代化早已成为乡村振兴的核心理念。如果我们依然觉得乡村仅仅只能呈现"采菊东篱下，悠然见南山"的传统模式，那未免有点坐井观天了。

城乡之间的差距是一直存在的，乡村落后于城市在全球是一个普遍的现象，其核心原因是乡村的生产力远远落后于各种资源汇聚的城市。因此，乡村若是想要振兴，必然要在生产力上取得进步，而不仅仅是像欧洲国家和美国一样，只关注于改善基础设施和增加就业。

为什么呢？以中国的现状来看，目前我国正在全面推进现代化，而乡村振兴的过程也是农村现代化的过程。但是，如果我国走欧美大型工业化的农业发展道路，无论是从生态角度还是从投资角度看，都是不合算的。因此，科技振兴的理念被提了出来，并逐渐得到了重视。

（二）核心理念

既然大型工业化道路不可取，那么依靠科技振兴来提升生产力就成为乡村振兴非常重要的一环。近年来，习近平总书记曾多次强调科技在乡村振兴中的重要作用。他指出，要把发展农业科技放在更加突出的位置，大力推进农业机械化、智能化，给农业现代化插上科技的翅膀。这为科技赋能助力乡村全面振兴提供了根本遵循。因此，乡村振兴需要利用科技赋能，打造现代乡村产业体系，带动乡村全面振兴。

具体来说，科技可以有效赋能乡村振兴，通过打造全产业链来获取足够的竞争优势，促进多产业的融合发展，优化产业结构。此外，还可以促进乡村文化振兴，同时也有利于人才的培养。

二、可行路径

在阐明了科技振兴路径在理念和逻辑上对乡村振兴的重要性之后，本文将介绍一些能为乡村振兴赋能的科技发展道路，以进一步说明乡村发展中侧重科技振兴路径的必要性。

（一）打造全产业链

正如上文所述，乡村振兴需要提高生产力，科技助力乡村振兴的第一个方面就是打造全面的产业链。打造乡村振兴的全产业链，即农业技术研发、农业耕种技术、农产品销售网络等整个农产品从研发到销售终端的全产业链的数字赋能和技术升级。

当前乡村产业振兴往往局限于某一点的技术赋能，譬如欧美大工业化农村代表性的机械化耕种流程，或者是某一农作物的单一种植技能提升等。这些技术赋能并不是不好，它们往往代表了在某一个环节上了不起的技术突破。然而在这种情况下，整个产业的各环节之间都缺乏有效联结，没有形成充足的聚合力，这就导致了产业链的失衡及发展的局限性。

此时，数字化平台就显得尤为重要。合理地运用数字化平台，就可以有效地整合产品价值链，打通产品研发、生产、销售等各个环节，同时，可以通过数字化平台实时掌握市场需求和市场动态，从而更好地根据市场进行产品研发和设计，并且将产品的最新信息和动态实时地推送到平台终端，送到客户手中，以实现完整的数字化产业链条。

（二）促进产业融合发展

在产业链条之外，科技赋能乡村振兴也可以促进多个产业的融合发展，优化综合性的产业结构。要知道，推动农村一二三产业深度融合是构建现代乡村产业体系、促进农业高质高效的一个重要措施。

这是因为，仅在农产品的生产中就涉及粮食产业、蔬菜产业、水果产业、畜牧业、养殖业、渔业等一系列多样化的产业，更不用说许多乡村普遍发展的工业和旅游业等其他产业。因此，如何整合多个产业，推动农村一二三产业融合发展，从而实现产业集聚效应，是乡村全面振兴的重要课题，而注重科技振兴路径就能帮助解决这一课题。通过科技赋能，打通各产业之间的联结，整合各个产业之间的优势，实现产业间的耦合与融合，能够有力地推动乡村的全面振兴。

（三）促进文化振兴

在产业发展之外，科技赋能也可以促进乡村文化振兴。我国作为农业大国，许多农村地区都有着悠久的历史文化和深厚的文化底蕴，这些都是我国传统文化的宝贵财富。

要推动乡村文化振兴，就需要加强农村思想道德建设和公共文化建设，以社会主义核心价值观为引领，提高乡村社会文明程度，焕发乡村文明新气象。在发展中保护、传承和发扬乡村的传统物质文化和非物质文化，就成为乡村文化振兴的重要内容。

通过科技振兴路径，一方面可以使用 VR 等技术实现文化元素的电子化和虚拟化，以实现远程的乡村文化虚拟体验，让更多人可以足不出户地感受乡土人情；另一方面也可以通过网络直播、短视频传播等路径，发展乡村主播业务，通过数字技术传播乡村原汁原味的文化元素和自然资源。数字赋能可以让广大消费者感受到平原的田园景色、山区的自然风光、古老的民间传说及遗留的传统建筑等。这些可以有效促进乡村旅游业的发展，从而促进乡村文化振兴，为乡村振兴持续提供强大精神动力。

（四）助力人才振兴

除了以上三点之外，科技振兴路径还可以助力乡村人才振兴。长期以来，乡村的青年、优质人才持续外流，这就导致了乡村人才总量不足、结构失衡、素质偏低、老龄化严重等一系列问题，乡村人才总体水平与乡村振兴的要求之间存在较大差距。

乡村人才振兴的关键，一方面是如何留住和吸引优秀人才，另一方面是如何培养和训练现有人才队伍。在市场经济条件下，人才和资金往往会流向利润率高的行业，且当今的人才大多汇聚在数字招聘平台上。因此，只有通过科技赋能，提升乡村产业的利润率，大力发展高附加值的产业和产品，同时在更多的数字平台上进行招聘，才能吸引和留住优秀人才。

此外，也需要通过科技赋能打造新型人才培养平台，例如推动乡村与高等院校和科研院所等合作、开放高等院校的在线课程等，为乡村人才建设打造良好的互动平台。

三、结语

大道无垠，"浙"里见证。我们必须要深入学习贯彻习近平新时代中国特色社会主义思想和党的二十大精神，坚决落实省委、省政府的部署，深刻认识人才队伍建设在推进乡村振兴中的重要性，注重发挥科技人才优势，助力乡村振兴。要牢牢把握科技对农业现代化的引领作用，着力发挥科技创新优势，支撑乡村振兴。必须要持续擦亮科技特派员制度这块金字招牌，发挥科技特派员制度优势，服务乡村振兴。

总之，乡村振兴的重点是提高生产力，而以科技振兴来提升生产力是乡村振兴非常重要也非常需要重视的一环。科技振兴路径能有效赋能乡村的产业链打造、产业融合、文化振兴和人才培养等各个领域，为乡村振兴提供强大的推动力量。因此，乡村振兴更应该注重科技振兴路径，科学地规划发展方向，开拓中国特色的乡村振兴道路。

（本文来源：吴越阳、任重平，《用科技赋能乡村振兴的路径研究》，2023 年 9 月 18 日，"天尚乡村"微信公众号，https://mp.weixin.qq.com/s/Zkw6aigNCO3vOgHVvs7mAQ.）

推进乡村振兴必须多措并举

导语

只有干在实处，才能走在前列。农业强国是中国社会主义现代化强国的根基，大力推进农业现代化是实现高质量发展的必然要求。党的二十大报告提出，全面建设社会主义现代化国家，最艰巨最繁重的任务仍然在农村。2022 年 12 月，习近平总书记在中央农村工作会议上指出，"要一体推进农业现代化和农村现代化，实现乡村由表及里、形神兼备的全面提升"。新时代，新征程，我们必须坚持以习近平新时代中国特色社会主义思想为指导，全力以赴推进农业农村现代化，多措并举推进乡村振兴。

一、如何通过科技驱动实现乡村振兴

用科技改变环境，让国土更适宜耕种。对中国很多农业地区来说，土壤改良是第一步工作。我国耕地面积约 19 亿亩，但其中碱化面积占 6.62%。在我国近 15 亿亩的盐碱地中，还有 2 亿亩有农业利用潜力，是重要的后备耕地资源。以黄河三角洲为例，这是全球最年轻的新生陆地之一，东营市 2005—2015 年每年新增 60 万亩左右耕地。但由于土地盐渍化等，大量土地未得到利用。中国科学院团队在黄河三角洲研究时发现：区域土壤有机质含量与土壤盐分含量密切相关，当表层土壤有机质含量达到每千克 19.1 克及以上时，能够较好地抑制下层土壤盐分向表层土壤集聚。团队由此研发了土壤改良的综合配套技术，以生物有机肥改良土壤结构，快速促进土壤团聚体形成，阻控土壤返盐。耕层原始含盐量大于 0.5% 的样地，第一年改造后，种植冬小麦亩产达 300 千克，第三年小麦亩产达 400—450 千克。

用科技改变物种，从源头上进行物种重塑。农民即使不改变原有耕作方式，仅靠采用改良后的新种子，就能实现增收减害的目标。中国农民在种植水稻方面早就深有体会。1958 年，我国水稻高产田的平均亩产只有 400 千克，而袁隆平领衔的第三代杂交稻平均亩产达 1046.3 千克。袁隆平院士去世在国内民众间引发的巨大震动，正反映了其良种创制对中国人生活产生的巨大影响。中国是全球种子进口大国，种子进口高度集中在美国、荷兰和日本 3 个国家，其中对美国的进口依赖度是最高的。目前，美国仍是全球最大的种子出口国和技术最强国。《中共中央 国务院关于全面推进乡村振兴加快农业农村现代化的意见》（以下简称 2021 年中央一号文件）把种业提高至前所未有的重要地位，要求"打好种业翻身仗"。2021 年 5 月，习近平总书记在中国科学院第二十次院士大会上强调，要从国家急迫需要和长远需求出发，在农作物种子等方面的关键核心技术上全力攻坚。这是中国农业不能输掉的战场，是用科技改变生产方式、实现农业生产的新时代发展方向。2018 年 2 月，农业部（现农业农村部）《关于大力实施乡村振兴战略加快推进农业转型升级的意见》中明确提出，要"推进'机器换人'"。黑龙江垦区是中国农业"机器换人"的典型代表。中国粮食生产格局已由南粮北运变为北粮南运，黑龙江垦区成为保障中国粮食安全的最重要的商品粮基地。农业机械化水平是黑龙江垦区粮食生产中最显著的影响因子。早在 1978 年，黑龙江友谊农场的五分场二队引进美国约翰迪尔公司的先进农业机械，一举创造了中国几千年农业史上的奇迹——仅用 20 名农业工人耕种 11000 亩土地，当年就创造了人均生产粮食 100 吨的全国之最。

如今，第三代农机和农业遥感技术、地理信息系统、全球卫星定位系统、移动通信和物联网技术等结合，实现天空地一体化、一人能种百人田的目标，向无人化和精准化要效益。2020 年 5 月 9 日，在华南农业大学增城教学科研基地，中国工程院院士罗锡文团队现场展示了水稻无人农场直播技术，14 亩水稻田在 1.3 小时内全部被播种完毕，对行精度可达到 2 厘米，可实现水稻生产耕整、种植、田间管理和收获全程无人机械化作业。机器协同的现代农业，令农业从业人口大幅减少，而农业人口减少的背后是农民的现代化。根据丹麦统计局发布的数据，丹麦 24% 的农民能操作智能农机，使用 RTK–GPS 系统进行精准作业。

2023 年第 6 期《求是》杂志发表的《加快建设农业强国 推进农业农村现代化》指出，要紧盯世界农业科技前沿，大力提升我国农业科技水平，加快实现高水平农业科技自立自强。农业现代化的关键是农业科技现代化。当前，我国农业科技创新整体迈进了世界第一方阵，但农业科技进步贡献率同世界先进水平相比还有不小差距。要加强农业与科技融合，大力提升农业科技水平，以农业关键核心技术攻关为引领，以产业急需为导向，聚焦底盘技术、核心种源、关键农机装备等领域，发挥新型举国体制优势，整合各级各类优势科研资源，强化企业科技创新主体地位，构建梯次分明、分工协作、适度竞争的农业科技创新体系。加强农业科技成果转化，推动基层农技推广体系稳定队伍、提升素质、回归主业，强化公益性服务功能。鼓励发展各类社会化农业科技服务组织，创新市场化农技推广模式，打通科技进村入户"最后一公里"。

二、构建现代农业产业体系

2018 年 3 月 8 日，习近平总书记在参加十三届全国人大一次会议山东代表团审议时发表讲话时指出，要"加快构建现代农业产业体系、生产体系、经营体系"。构建现代农业产业体系，要通过优化调整农业结构，充分发挥各地资源比较优势，推动粮经饲统筹、农牧渔结合、种养加一体，推动一二三产业融合发展，促进农业产业转型升级；要加快发展农产品精深加工、保鲜储藏、运输销售等，加快发展乡村旅游、生态旅游、民俗文化、休闲观光等乡村特色产业；实施藏粮于地、藏粮于技战略，加强农村土地综合整治和高标准农田建设，推进农业标准化生产，大力发展生态低碳农业；发展多种形式的适度规模经营，积极培育新型职业农民和新型农业经营主体，健全农业社会化服务体系。

要调整优化农业产业结构，提高农业产业竞争力，提高农业整体素质和效益。要在稳定粮食生产能力、确保国家粮食安全特别是口粮绝对安全的基础上，积极调整农业生产结构，大力发展现代畜牧业、园艺业、水产业、林业，大力发展高附加值、高品质的农产品生产，把提高农产品品质和附加值作为农业生产的主攻方向，实现农业生产由主要追求产品数量向更加重视产品品质提高、更加重视生态可持续方向的转变，使农业生产在农产品数量、品质、生态三个方面满足人民日益增长的美好生活需要。要不断优化农业区域布局，根据各地资源比较优势发展农业生产，形成区域专业化的生产布局，逐步改变农业生产布局"小而全""大而全"的状况。要积极延伸农业产业链条，大力发展农产品加工和流通业，发展农业社会化服务业，发展围绕农业活动的第三产业，推动粮经饲统筹、农牧渔结合、种养加一体，推动一二三产业融合发展，不断提高农业整体素质和竞争力。

要用现代物资装备武装农业，用现代科学技术改造提升农业，不断改善健全农业技术推广体系，特别要解决好农业技术推广"最后一公里"问题，打通农业技术进入农业经营主体手中的通道，使农业科技创新和推广成为推动农业发展的持续动力。要强化农业社会化服务，在加强政府主导的公益性社会化服务基础上，着力培育新型农业服务主体，重点发展面向农业生产的专业化服务公司，扩展农业产前、产中、产后服务，完善农业社会化服务体系，提高农业社会化服务水平。要强化农业标准化生产，大力发展标准化农业，健全从农田到餐桌的农产品质量安全全过程监管体系，提高农产品质量安全水平。要强化农业生态资源环境保护，深入推进化肥农药零增长行动，大力推行高效生态循环的种养模式，大规模实施农业节水工程，大力实施区域规模化高效节水灌溉行动，深入实施土壤污染防治行动计划，实施耕地、草原、河湖休养生息规划，集中治理农业环境突出问题，推进山水林田湖整体保护、系统修复、综合治理，推进农业可持续发展。

建设现代农业经营体系，关键是要培育和形成新型农业经营主体，这是建设现代农业经营体系的"牛鼻子"。要着力提高农业生产的组织程度，积极调整一家一户分散的、小规模的、粗放式经营，构建集约化、专业化、组织化、社会化相结合的新型农业经营体系。要积极鼓励和引导工商资本到农村发展适合企业化经营的现代种养业，向农业输入现代生产要素和经营模式，实现家庭经营、合作经营、集体经营、企业经营共同发展。

要积极发展多种形式适度规模经营，发挥规模经营在现代农业建设中的引领作用，积极探索土地流转和规模经营的模式和途径，特别是探索有利于促进农民土地承包经营权流转的方式和机制，形成完善的土地流转和规模经营机制，形成有效的土地流转和规模经营实现模式，为新型经营主体和适度规模经营的形成提供必要条件，用新型经营主体和适度规模经营提升农业竞争力和收益，这是我国建设现代农业经营体系的根本性问题。

三、建设宜居宜业和美乡村

2023 年，浙江省委一号文件提出，以"千万工程"统领宜居宜业和美乡村建设，为未来乡村发展定下目标。通过激发乡村振兴新动能，塑造乡村风貌新气质，深入、持续且高质量地探索共同富裕的新路径。

人不负青山，青山定不负人。现在我们尝到了"绿水青山就是金山银山"的甜头，更应该坚定方向、坚定信心，一步一个脚印往前走。2022 年12 月，习近平总书记在中央农村工作会议上强调，建设宜居宜业和美乡村是农业强国的应有之义。乡村是农业生产的空间载体，也是广大农民安居乐业的地方。要总结好、运用好浙江"千万工程"的好做法、好经验，坚持先规划后建设，通盘考虑土地利用、产业发展、居民点布局、人居环境整治、生态保护和历史文化传承，编制多规合一的实用性村庄规划，引导和鼓励各类社会资本投入农村基础设施建设，逐步建立全域覆盖、普惠共享、城乡一体的基础设施服务网络。建立健全有利于城乡基本公共服务普惠共享的体制机制，推动公共服务向农村延伸、社会事业向农村覆盖。加强和改进乡村治理，健全党组织领导的自治、法治、德治相结合的乡村治理体系。加强农村精神文明建设，让广大农民不仅物质富足，而且精神富有。

总而言之，最有效、最高明的发展秘诀，就是浙江从 2003 年起实施推动的"千村示范、万村整治"工程。一张蓝图绘到底，一任接着一任干，深刻地改变了浙江面貌。"千万工程"是发展理念、发展模式的变革重塑。

剖析浙江乡村振兴经验，要从整治环境入手，但并非仅就环境抓环境，而是因地制宜、精准施策、综合统筹，注重保留传统文化脉络与乡村特色，融合推动发展方式与生活方式的变革。

（本文来源：王航倩、吴越阳、钟农平，《推进乡村振兴必须多措并举》，2023 年 8 月 23 日，"天尚乡村"微信公众号，https://mp.weixin.qq.com/s/62ZHuH1_A9or6kZ4SECsSw.）

在未来，"归园田居"将以怎样的方式慰藉乡愁？

导语

2017 年中央一号文件首次提出了"田园综合体"这一新概念，"支持有条件的乡村建设以农民合作社为主要载体，让农民充分参与和受益，集循环农业、创意农业、农事体验于一体的田园综合体，通过农业综合开发、农村综合改革转移支付等渠道开展试点示范"，掀起了田园综合体的开发热潮。它是集现代农业、休闲旅游、田园社区于一体的乡村综合发展模式，目的是通过旅游助力农业发展、促进农业一二三产业融合，是一种可持续发展模式。

田园综合体，"田园"便是其最大的特色。追根溯源，其发展的底层逻辑就是尊重乡土、因地制宜。通过调查和整合当地特色资源，充分挖掘可行产业，诸如山水、田园、民居等潜在优质资源，从而制定相应的发展策略，打造亮眼的地方特色，以体现综合竞争力。

田园综合体作为乡村新型产业发展的亮点，在发展乡村旅游、休闲农业、农耕文化体验、农村电子商务等新产业和新业态，促进农村一二三产业的深度融合等方面，都发挥了重要且明显的作用。然而，在农旅融合的深度和广度上，以及推动乡村旅游、乡村休闲发展的市场反响上，一些田园综合体还有着广大的发展余地和提升空间，社会各界对它们的向往度、期望值和消费预期都大有潜力可挖。本文将解析国内外的田园综合体发展过程及其中值得学习和借鉴之处，争取依照国家方针，为当前的田园综合体潮流提出一些方向，以防"走偏、走错、走弱"，做到"走准、走稳、走顺"。

一、背景和现状

从国家层面看，田园综合体发展是按照党中央和国务院的有关部署，为了推动农业现代化与城乡一体化互促共进，加强培育农业农村发展新动能，提高农业综合效益和竞争力，探索乡村发展新模式，实现"乡村美、产业兴、农民富、环境优"的目标，由财政部发起施行的。

国家级探索建设田园综合体的试点最早建立于 2017 年，其后，由各省批准试点的省级田园综合体也陆续建立。2017 年 5 月，财政部印发了《关于开展田园综合体建设试点工作的通知》（财办〔2017〕29 号），按照三年规划、分年实施的方式，在部分省份启动国家级田园综合体建设试点，其中第一批次选定参与的有 24 家单位，分别来自 15 个不同的省份。此后，2018 年国家又在 3 个省份新启动了 6 家单位参与试点，2021 年则在 13 个省份启动了 13 家单位参与试点。由各省设定的下属田园综合体试点数量更多。

从多年来全国各地田园综合体试点的情况来看，大多数试点单位都基本实现了财办〔2017〕29 号通知所期望的目标，即围绕农业增效、农民增收、农村增绿，加强基础设施、产业支撑、公共服务、环境风貌建设，实现农村生产生活生态"三生同步"、一二三产业"三产融合"，以及农业文化旅游"三位一体"的目标，探索了农村经济社会全面发展的新模式、新业态、新路径。但是，暴露出来的问题也不少，如借政策之名行套现之实、缺乏消费链设计和消费环境营造、可持续性差、三产融合不充分等。

二、田园综合体的建设思路

田园综合体的建设，应当深度挖掘乡村特色资源，倡导低碳和生态保护等科学理念，以乡村旅游资源与土地资源为基础，以乡村旅游休闲产业为脉络，以休闲商业为配套，以乡村地产为核心，以高品质服务为保障。根据以上逻辑，本文推导出以下四个方向的思路。

（一）田园

田园是特色。乡村拥有着城市不可比拟的优良环境资源。山清水秀、空气清新、文化独特，这些都是城市居民日常难以企及的特色文旅资源。因此在田园综合体的建设过程中，应当以发挥特色为核心思想，因地制宜，创造出独属于一个村落的特色产业风格，以此开辟一条田园文旅融合的新赛道。

（二）综合

综合是关键。通过一二三产业的深度融合，带动田园综合体各方面的资源聚合、功能整合及要素融合。争取各类生态都能得到展示、各类产业结构都能得到发展、旅客的各类需求都能得到满足，并最终体现在文旅产业的蓬勃发展上。

（三）产业

产业是基础。突出不同于大都市的乡村产业风貌，以现代农业发展为基础，拓展农业功能，满足各项产业的功能需求，探索"旅游＋"和"生态＋"等新模式，让各项产业在规划布局中合理展开，推进一二三产业的融合发展，打造当地文化和文旅产业的融合示范区。

（四）文化

文化是灵魂。应当从本地生态、地域文化、风俗民情和地方特色节庆等方向找寻文化的主题，创新文化形式、业态模式和载体方式，以满足市场发展和时代需求。同时，也要坚持生态为先，注重生态环境保护和建设，促进文化、空间、生态有机融合。

三、国外优秀案例解析

古话说："尺有所短，寸有所长。"不同的文化背景下存在着相似的田园综合体，而通过分析学习其他国家的成功范例，也许可以取长补短，为我国的田园发展作出贡献。

（一）日本

同属于东亚文化，日本文化中对乡村的追求能很好地引起我国民众的共鸣。就发展历史来说，日本的田园综合体经历了"二战"后的农业发展、经济高速增长时期的机械化现代化、泡沫经济时期的综合旅游和大型度假村、现代的综合发展一共四个阶段。其主要风格为注重环境保护和当地居民的主体性，尊重农村居民和地方特点，不过度关注经济利益，不断拓展绿色观光农业的内涵，在观光农园、民俗农园和教育农园等方面进行创新。

总体特征：地方独立发展，注重民俗和教育形态，经营时淡化商业元素。

可借鉴之处：保障机制和激励措施完善，产业注重现代化和自动化发展。

（二）意大利

意大利农业旅游区的管理者们利用乡村特有的丰富自然资源，将乡村变成具有教育、游憩、文化等多种功能的生活空间。这种"绿色农业旅游"的经营类型多种多样，使乡村成为一个"寓教于农"的"生态教育农业园"，人们不仅可以从事现代的健身运动，还可以体验农业原始耕作时采用的牛拉车等方式。

总体特征：发展"绿色旅游"，注重多元化的综合功能，注重现代和原始的融合。

可借鉴之处：重视环保，发展生态农业。

（三）美国

美国市民农园采用农场与社区互助的组织形式，参与市民农园的居民与农园的农民共同分担成本、风险和盈利。农园尽最大努力为市民提供安全、新鲜、高品质且低于市场零售价格的农产品，市民为农园提供固定的销售渠道，双方互利共赢，在农产品生产与消费之间架起一座连通的桥梁。

总体特征：产业强者重在生产销售，交通优者重在综合服务，生态佳者重在度假。

可借鉴之处：采用资源导向型的片区发展模式，强化各自的优势，把握重点人群的需求。

（四）法国

自从法国推出"农业旅游"后，以农场经营为主的休闲农业得到较快的发展。这些农场基本上是专业化经营，主要有九种：客栈农场、点心农场、农产品农场、骑马农场、教学农场、探索农场、狩猎农场、暂住农场及露营农场。

总体特征：专业化经营，以特长性质进行专项营业，顾客针对性高。

可借鉴之处：发展旅游和美食结合的产业，结合节日和艺术氛围进行宣传。

四、案例总结

通过分析以上案例不难发现，这些田园综合体的建设核心都是根据本地国情，针对消费者的喜好和需求，因地制宜构建景观和发展产业。其本质是发展本土文旅的"五风"：风貌、风物、风俗、风情和风味。总结归纳，找准"五风"、发展"五风"，是实现差异化发展的重要方面。"五风"的延伸化发展也有助于本土的文化复兴和艺术乡建。同时，田园综合体本就包含了浓厚的人文情绪元素，能从情感上、内心上抓住游客的情绪。

从发展方向上分析，国外的成功案例均坚守乡村本质进行发展。因此不难发现，发展田园综合体固然要融入新的产业、艺术、文化，但是本土的地域特征、乡村农业背景也要占一席之地。否则空有田园之名，却无田园之实，难以实现可持续发展。

此外，田园综合体产业链的构建与扩展是农业核心竞争力的物质基础，是保障田园综合体稳定快速发展的必要条件。其重点内容在于综合体内的生产与加工业转型升级，在农业生产、农产品加工、服务业紧密融合的基础上再派生新产业。因此，综合体产业链扩展既要高度重视三个产业链的高端性，也要强调经济效益、社会效益、生态效益与资源效益的全面性。

五、文旅融合建议

从田园综合体的规划面积来看，大多都是庞然大物。以南宁市美丽南方田园综合体为例，其占地面积达 70 平方千米。若是对比来看，厦门鼓浪屿仅有 1.88 平方千米，是它的几十分之一。如此的巨无霸，某个方面出点儿问题，或是发育不良，或是微有小恙，治疗起来都是十分不易。在当下这个阶段，要进行针对性的调研问诊，把存在的问题搞清楚，把解决问题的思路理顺，才能开出对症的药方，以取得事半功倍之效。

要想发展好，应当坚持几个原则，引领今后旅游功能和旅游业态的提升。例如，坚持市场主导的原则，明显不同于政府主导、领导拍板；坚持农旅融合的原则，农与旅不应有主次之分，都要主动融合；坚持业态魅力的原则，增加和配置的业态，要对游客有吸引力，以此去调整，缺什么，补什么，对魅力不足的场景，要调整或取消；坚持产品体系的原则，即成体系、系列化地考虑业态配置，不是单一、零散的只有几个看点；坚持协作配套的原则，就是搞好旅游发展所必需的公共设施与公共服务，解决好外部进入的通达性，也要搞好内部交通和配套支撑。关于这些原则，本文提出以下几个建议。

（一）规划调研

根据产业现状和发展前景，研究确定产业对应的主要客群和业态提升目标。从专业角度对市场进行分析，并对旅游业态和产品进行构思、设计和配置。需要找到策划与设计的专业逻辑，并通过筛选和集萃，针对主要潜在客源群，配置最为适当和时尚的业态。

在产业规划方向，可以广泛进行借鉴，但切忌随波逐流。需要规避诸多昙花一现的所谓"网红"业态，也需要对现有业态和客观存在进行筛选与提升。无论是已有的田园业态，还是生产与工作场景，或是周边农家生活，都可作为规划和提升的对象。

（二）运营调整

在田园综合体的发展和运营过程中，为了对应文旅融合的更高目标，需要时常梳理和确定旅游产品体系，要时刻警惕既有的发展规划是否对应了发展预期。如果发现现有产业结构已不适合发展需求，应及时进行修编和调整。要从有利于吸引游客的角度进行农旅融合和业态配置的规划，甚至可编制专项规划。要尽量多地从旅游者角度思考问题，发现潜在需求，以求进一步发展，从而能吸引来人、留得住人。

（三）找寻业态

在田园种植和生产加工流程中，也需要找寻和培育农旅融合的新业态。

如果把田园综合体比作鲲鹏，那么对于文旅融合而言，田园与旅游应各是其一翼。鉴于这点，在发展过程中既要加强对田园现有资源的旅游开发，也可有针对性地引进和借鉴有关业态。

举例来说，可以引种一些有说头、有看点、有特色的农作物，如原生大豆、巨型水稻、太空南瓜等，也可以把一些能延伸为旅游看点的生产加工过程开发为旅游观赏点。如浙江松阳的甘蔗榨汁制糖工坊，就建在甘蔗田的地头。还可以用当地最具代表性的果蔬花卉开辟具有展示功能的"博物馆"或其他业态，介绍其品种特色、种植要领、加工工艺、生产流程等，争取把乡土田园这部分改得有亮点和魅力。例如，浙江仙居因出产杨梅久负盛名，就建造了杨梅博物馆；无锡阳山建有水蜜桃生产示范园、果品示范园、有机农场示范园、蔬果水产种养示范园等。

（四）把握场景

把握乡村旅游发展的潮流和时尚，狠抓具有魅力的旅游卖点和场景。要把营造田园综合体的旅游氛围作为加强点，根据总体的旅游规划和策划，着力增加观赏点、魅力点、体验点和卖点，剔除低效乏味的旅游业态，力争产生经济和社会效益。

旅游业态或项目要尽量拉长其延展度。例如朱家林的蚕丝坊项目，从采桑养蚕开始，到蚕宝宝作茧自缚、化蛹成蝶，再到抽丝纺绸，直至最终生产各种蚕丝制品和文创产品。这一完整的过程包含了很大的展现空间和内容，非常适于中小学生的研学教育。

若是需要可观赏体验的农家生活场景，则可以对农户家庭进行引导、改造和提升，争取使其成为某类产品生产的专业户。举例来说，豆腐、煎饼的制作、食品的品尝体验环节及各类动物的生态生活场景，这些体验都可以加入文旅融合。在气候适于户外活动的季节，也可以大力营造夜间项目和活动，开辟一个开放的参与性区域，从黄昏时开始，露天餐饮、进行休闲娱乐活动、看露天影视、施放篝火与烟火、进行啤酒或赛歌的狂欢等，或者引入有创意策划和景观性的露营（房车或帐篷）片区，既具有聚集和居住功能，又带有观赏性。

以上所述的各个场景都有其独特的受众群体，同时对应了相应的季节和专属的文化功能。如果能把握适当的场景，就可以更好地建设田园综合体，并打造良好的文旅环境。

（五）发掘文化

田园综合体也需要发掘当地的民俗和乡土文化，做好节事和时令性的旅游营销宣传，按照时令和季节不断举办民俗和农事活动。例如，可根据二十四节气的节律，在每个节气都搞一次活动，对应不同的习俗和风俗，传扬传统文化。也可以挖掘历史和民俗传统，大办农民丰收节，弘扬优秀传统文化、农耕文明。抑或按季推出应季的果蔬花卉、粮油蜂蜜等，按照半月到一月的节奏，迭代更新、次第推出，永远有新内容面对市场。

在文化节日方面，可以举办各种花卉果蔬的节庆，如北京昌平草莓节、大兴西瓜节等，也可以邀请世界知名的雕塑或建筑大师来此创作并留下艺术作品，或举办乡村艺术节作品大赛，在野外留下一部分艺术作品，成为吸引游客的新看点。例如，杭州小河历史文化街区所在的大运河岸上，就邀请日本建筑大师畏研吾对废弃储油罐区进行设计美化，将之改造提升为"小河油库主题公园"，一下子化腐朽为神奇，成为市民和游客争相前往的休闲打卡点。

此类文化艺术的发掘和传扬能更好地吸引游客，以辅助其完成从农业到文旅的融合转化发展，帮助田园综合体更好地进步。

六、结语

当前，田园综合体已经成为各级政府非常关注的重要发展项目，更是振兴农村发展的大事。不难发现，在广大农村，创建田园综合体正在成为乡村投资建设的又一热潮，必将成为推动我国传统乡村大变革的重要力量。

田园综合体是乡村振兴的一个重要抓手，而并非一个短时期的策划。在新的历史时期，推进田园综合体的创建，首先要提高对田园综合体在农村发展过程中历史地位的认识，确立田园综合体是未来乡村发展新形态的重要抓手。其次，田园综合体作为新的乡村形态，应该在新的层面上重构发展方式。通过田园综合体的创新发展，构建起未来乡村与现代城市发展的新关系，推动传统农村向未来乡村发展转型，实现传统"三农"向"新三农"的转型发展。最后，通过创建特色小镇、特色乡村、特色产业，创新运行新机制，塑造新型职业农民形象，以实现未来乡村的大发展。

（本文来源：王航倩、任重平、吴越阳，《在未来，"归园田居"将以怎样的方式慰藉乡愁？》，2023 年 8 月 11 日，"天尚乡村"微信公众号，https://mp.weixin.qq.com/s/ruWXeodHJfGkMdHhY5KOMA.）

解码乡村振兴的一二三产融合

导语

在乡村振兴背景下，农村三产融合必须持续推行全产业链、全生物链、全供应链、全利益链"四链"融合，推进信息服务平台、科技创新平台、创业平台和产权交易平台"四平台"建设，强化农村绿色发展能动、科技创新驱动、质量效益拉动、品牌引领带动、产业融合互动、新型主体联动的建设。

产业兴旺是实现乡村振兴的首要条件。实施乡村振兴战略是一个系统性、整体性、协同性的战略工程，要建成新时代新农村的新面貌，实现"产业兴旺、生态宜居、乡风文明、治理有效、生活富裕"的目标，让农村成为安居乐业的美丽家园，产业兴旺具有极为重要的地位和作用，是实施乡村振兴的基础。乡村振兴必须让经济发展起来，实现产业兴旺。突破"乡村的产业就是农业"及"农业的功能就是提高农产品"的传统思维模式，最重要的举措是促进农村三产融合发展。

农村三产融合要始终把农民的利益放在第一位，注重生态环境保护，通过多种方式吸引青壮年劳动力返回农村安居乐业，有效地解决现阶段中国农村地区农民增收困难、环境污染严重、农村社会凋零等诸多问题。实现农村三产融合是中国城乡一体化发展的重要组成部分，是发展现代农业的新途径，是提高中国农民收入的重要手段，也是实现中国农村地区可持续发展的客观要求。促进农村三产融合发展意义深远。

一、产业兴旺是乡村振兴的必由之路

农村活不活，农民富不富，关键在于农村生产力的发展。兴旺农村产业，农业现代化是关键基础，农村三产融合发展是重要途径。在这一过程中，不仅要提升农业生产功能，还要实现生产功能、生活功能、生态功能的全面拓展。当前，我国农业正处在转变发展方式、优化经济结构、转换增长动力的攻关期，各地要把产业兴旺作为乡村振兴的重要基础，加快推进农村三产融合，加快新技术、新业态、新模式发展，培育农村产业发展新动能，加快培育乡村产业发展新业态，推动农产品生产、农产品加工流通、农资生产销售和休闲旅游等企业整合聚集，推动生态资源和生态优势转化为产业优势，着力推动城乡融合发展体制机制建设和政策创新，夯实乡村振兴产业基础，把基础打得再牢靠一些，形成城乡融合发展新格局。

产业兴旺在乡村振兴战略中具有极为重要的战略地位和支撑作用。乡村振兴的产业发展，不同于以往农村产业的构建，它需要有新的思路、新的举措，要以新的发展理念为指导，构建新机制，搭建新平台，培育新业态，形成新动能。各地各部门要提高政治站位，增强政治自觉、思想自觉、行动自觉，把乡村产业发展摆在更加突出的位置，深化农业供给侧结构性改革，建立城乡产业配套、互补、协调发展长效机制，采取更加有力有效的措施，聚焦、聚神、聚力抓好落实，做到紧之又紧、细之又细、实之又实，坚定不移推进乡村产业发展，保持农业农村经济发展的旺盛活力。

我们必须坚持以农业供给侧结构性改革为主线，加快构建现代农业产业体系、生产体系、经营体系，着力提高农业创新力、竞争力、全要素生产率，促进农村三产融合发展，不断提高农村产业发展水平，加快构建现代农业产业体系，加快实现产业兴旺。这无疑对于加快乡村振兴发展、重塑城乡关系，对于促进农民稳定增收、实现生活富裕，具有十分重要的现实意义。

《关于加大改革创新力度加快农业现代化建设的若干意见》（以下简称2015年中央一号文件）第一次提出要通过"推动农村一二三产业融合发展"等方式，促进农民增收。

2016年，国务院办公厅印发《关于推进农村一二三产业融合发展的指导意见》，三产融合成为国家战略；同年，农业部（现农业农村部）印发《全国农产品加工业与农村一二三产业融合发展规划（2016—2020年）》。

2018 年，农业农村部印发《关于实施农村一二三产业融合发展推进行动的通知》。

2019 年，农业农村部确认 153 个县（市、区）为全国农村一二三产业融合发展先导区创建单位。

2021 年，我国脱贫攻坚战取得了全面胜利，推进农村一二三产业融合成为拓宽农民增收渠道、巩固我国脱贫攻坚成果的重要手段。

2022 年，中央一号文件进一步强调"持续推进农村一二三产业融合发展"，并将其作为文件第四部分"聚焦产业促进乡村发展"的第一条。

2023 年，《习近平关于"三农"工作的重要论述学习读本》中指出，要紧紧围绕发展现代农业，围绕农村一二三产业融合发展，构建乡村产业体系，推动乡村生活富裕。

一二三产业融合是指全产业链或者产业链上多点增值，有搞种养的，有搞加工的，有搞销售服务的，还有在第三产业上进行观光、休闲、养老、采摘、亲子、文旅等延伸价值的，使原本作为第一产业的农业变身为综合产业，使农产品增值、农民和农业企业增收。

中国最大的发展不充分是农村发展不充分，最大的发展不平衡是城乡发展不平衡，最大的发展不同步是农业现代化没法和工业化、城市化、信息化同步。要破解农村发展问题，就要走出固有的农村发展思路，真正从农村本位出发，以农村三产融合为抓手，打造农业新产业、新业态、新模式，延伸农业产业链，进而实现农业、农产品加工业、农村服务业的融合，推动乡村振兴真正落地实现。

如果只做一产，就是农业 1.0 版本，靠天吃饭。如果只做二产，就是做农产品加工，靠密集的投入，靠工业生产。只做一产或只做二产都不是长久之计。但如果做农业三产融合，在农业产业化发展的基础上，将一二三产业的理念进行交互，将第二产业工业化、标准化的生产理念和第三产业以人为本的服务理念引入第一产业的发展，形成"一产接二连三"的互动型、融合型发展模式，就能形成可持续发展路径。

二、产业融合的发展潜力与前景方向

当前，在我国大力推进农村三产深度融合，需要把握好以下几个重要节点：

一是加快农业技术创新，搭建农业科技服务平台，促进农村三产融合的快速发展。

二是大力扶持和培育农业新型生产经营主体，解决他们的资金、土地、政策等多方面的约束问题。

三是积极推进绿色、健康的现代生产消费方式，引导消费者提高对农村三产融合产品与服务的消费水平。

四是要加强全国统一规划，调动地方的积极性。根据各地农村三产融合发展的需要，因地制宜地制定农业发展规划和政策措施，尽快完善食品质量安全体系，强化法律体系，为农村三产融合营造优越的外部环境。

五是做好政府政策驱动的外部保障。政府通过对宏观经济的调控，提供公共产品与服务，进行市场监管，以出台政策、颁布法规等方式达到国家宏观经济平稳快速发展的目的。对于农村三产融合而言，同样需要政府政策的驱动，通过财政、税收、法律等手段为农村三产融合营造出良好的外部环境，驱动农村三产深度融合发展。以日本、韩国为例，两国在促进本国第六产业发展的过程中，无一例外地动用了大量的人力、物力、财力及政策等多方面资源来支持第六产业发展。政策的驱动可以为农村三产融合主体创造出优越的外部环境，是确保农村三产深度融合的外部保障。

因此，着力促进农村三产融合发展应在技术创新、培育农业生产经营主体、刺激市场需求及政府外部政策驱动四个维度上齐头并进、多措并举，有效促进中国农村三产融合深度发展。其中技术创新的三产融合动力、农业生产经营主体对增加收入的不断追求为农村三产融合发展提供了内在原动力，不断翻新市场需求为其提供了外在诱因，同时又与政策支持密不可分，这是它发展的良好外在保障。

三、结语

综上所述，全面推进我国乡村振兴中的农村三产融合就是要依托农业和农民及相关的生产经营组织，借助高新技术的渗透和三大产业的联动发展、体制机制创新等多种手段，实现农业和其他产业领域资源的跨界高效率分配，形成集农业生产、加工和营销于一体的格局，与休闲旅游等服务业全产业链条相结合，使农村一二三产业深度融合。

"仓廪实而知礼节，衣食足而知荣辱"表明人们在满足衣食富足的条件下，才能顾及礼仪，重视荣誉和耻辱，才能有效建设新时代富美乡村，实现人与自然的和谐统一。产业发展要结合本地、本部门实际"量体裁衣"，制订个性化产业发展方案，充分结合地区资源优势、已有产业现状、潜在市场空间、现有新型经营主体及劳动能力情况等条件，着力培育可持续的高效益的乡村产业经济新形态。要针对农村地域分布广、人口多、资源禀赋和经济社会发展水平差异较大的实际，抓住产业兴旺这个首要条件，围绕调整乡村产业结构和建立现代农业的目标，依靠现有资源、要素条件构建现代农业产业体系，引导农民积极适应市场竞争，推广先进的生产技术和生产项目，着力解决区域、城乡发展不平衡的问题。

党的二十大报告作出了推动乡村文化振兴、建设宜居宜业和美乡村的部署。面向未来的农业新赛道，物种重塑、机器共生、风景农业、海洋农业等就孕育其中。传统农业已无法维系，新经济时代在倒逼我们转变农业生产方式，我们需要构建符合新时代要求的高价值农业体系，我们坚信，未来我国农村的广袤土地必将成为创造财富、寄托情怀、保护生态环境的沃壤，中国农业大有希望！

（本文来源：王航倩、钟评、吴越阳，《解码乡村振兴的一二三产融合》，2023 年 8 月 9 日，"天尚乡村"微信公众号，https://mp.weixin.qq.com/s/sqM8O0SrJsqlt1JrxJODtA.）

如何破解乡村振兴的经营难题

导语

强国必先强农，农强方能国强。实施乡村振兴战略是中国共产党领导中国式现代化的必然选择，是中国式现代化道路的集中体现。

乡村振兴包括"五个振兴"，即产业振兴、人才振兴、文化振兴、生态振兴、组织振兴。其中，产业振兴是关键。产业属于经济学范畴，必须导入"经营"概念。经营就是要策划、谋划、规划、计划，就是既要讲社会效益，又要讲经济效益，并且主要讲盈利和收益。经营比管理更具有创造性和挑战性，比治理更具有趋利性和市场性，经营之道的核心是实现投入产出效益最大化，要研究消费心理、市场需求、世界变革、商业模式、业态走向、文化创新、金融支持等问题。

所谓乡村振兴的经营之道，就是要把乡村振兴作为一个大项目，把乡村当企业，按照工业理念办农业，进行系统策划、谋划、规划、计划，研究乡村振兴的产业、产品、市场、营销、收益，要让农业标准化、市场化，让农村美景化、艺术化，让农民股民化、职业化，从而使乡镇村落更美、农民收入更高。经营的核心是资源变资本，让资本充分流通，在流通中实现增值。

一、乡村振兴背景下村庄项目经营的逻辑

村庄经营以项目治理为导向，遵循"经营"的行为逻辑。在乡村振兴背景下，中央逐步加强"公共财政覆盖农村"的政策进程是项目进村的制度背景，中央财政的专项资金运作构成"村庄经营"的体制性内涵。通过对村级组织经营行为的考察，从项目开源、优化配置、资源援引、产业提

升的经营路径剖析"新村庄经营"的"新"经营和实践样态。研究发现，村庄经营是一种以项目为要素并耦合村庄公共利益的经营行为。村级组织通过引入项目资源，结合以村庄公共利益诉求为导向的"项目—治理"的治理逻辑，可有效提升村庄治理效能、推动产业发展、维护公共利益，从而实现村级治理组织化、产业发展持续化、公共利益取向化。

（一）问题的提出

村庄是乡村振兴的微观主体，乡村的全面振兴最终要落实到一个个村庄的振兴。当然，不是每个村庄都要振兴，有些村庄在未来可能要消亡或者被其他村庄兼并。未来村庄的发展方向可能有五种出路：城乡融合类村庄、集聚发展类村庄、特色发展类村庄、乡村旅游类村庄、文化保护类村庄。村庄的振兴要靠建设，更要靠经营。仅有村庄的规模化建设，没有村庄的良好经营，村庄建起来了，表面上很好看、很壮观，但不会持续、不会长久。建设和经营是支撑村庄振兴的两个轮子，密不可分。必须像抓村庄建设一样抓村庄经营，做到一体谋划、一体部署、一体推进，必须深刻领悟村庄经营的奥秘，才能使之越来越火红！

党的十九大提出了乡村振兴战略。乡村振兴回应了农村发展的战略定位问题，项目制成为国家资源输入农村的制度背景。2022年中央一号文件以"全面推进乡村振兴重点工作"为指导性意见，农村地区进一步被纳入国家"城乡融合一体化"发展，大量国家资源以项目运作方式反哺农村社会，给农村发展带来新的契机。在此背景下，各地不断涌现出回应乡村振兴战略的实践性探索，其中不乏地方行为的经营取向。

（二）村庄经营：必须开启乡村振兴新视野

乡村是一个尚未完全开发的宝藏地，蕴含了丰富的生态、农业、文化、康养等资源。如今，乡村振兴工作已经开展多年，但是很多地方都还将重点放在基础建设层面，不少乡村投入了大量的资金，为乡村发展打下了基础，让乡村有了"颜值"。可是后续的经营呢？没有经营就没有收益，无法充分发挥乡村价值，产出经济、生态和社会效益。所以，我们需要在乡村发展前期就想清楚如何来经营乡村。

村庄经营是推进农民农村共同富裕的新尝试。在浙江，村庄经营这一发展村集体经济促进共同富裕的新路子正悄然兴起，一二三产业正深度融合。它通过培育或引入新型农村经营主体，对村庄的人、财、物、地、技、产、景、文等"三农"资源统筹规划、配置、组合、营销，将村庄品牌化，促进乡村产业新业态、新模式发展，提高农村价值、农业效益和农民收入。

二、乡村振兴是系统工程

乡村振兴涉及多个方面，是典型的系统工程，关键是产业要振兴。习近平总书记就此多次发表重要指示。他要求，鼓励和扶持农民群众立足本地资源发展特色农业、乡村旅游、庭院经济，多渠道增加农民收入。

（一）产业：因地制宜发展乡村产业

精心选择产业项目，确保成功率和可持续发展。在产业扶持、金融信贷、农业保险等方面出台政策，为农村经济发展提供有力支持。顺应产业发展规律，立足当地特色资源，推动乡村产业发展壮大，优化产业布局，完善利益联结机制，让农民更多地享受产业增值收益。

（二）文化：推动乡村文化振兴

加强农村思想道德建设和公共文化建设，以社会主义核心价值观为引领，深入挖掘优秀传统农耕文化蕴含的思想观念、人文精神、道德规范，培育挖掘乡土文化人才，弘扬主旋律和社会正气，培育文明乡风、良好家风、淳朴民风，改善农民精神风貌，提高乡村社会文明程度，焕发乡村文明新气象。加强农村精神文明建设，要特别注重提升农民精神风貌。普及科学知识，推进农村移风易俗。

（三）生态：加强农村生态文明建设

遵循乡村自身发展规律，充分体现农村特点，保留乡土味道，保留乡村风貌，留得住青山绿水，记得住乡愁。坚持走可持续发展之路，在保护好生态的前提下，积极发展多种经营，把生态效益更好转化为经济效益、社会效益。保持战略定力，以钉钉子精神推进农业面源污染防治，加强对土壤污染、地下水超采、水土流失等治理和修复。

（四）改革：处理好农民和土地的关系

深化户籍制度改革，强化常住人口基本公共服务，维护进城落户农民的土地承包权、宅基地使用权、集体收益分配权。必须坚持和完善农村基本经营制度，坚持农村土地集体所有，坚持家庭经营基础性地位，坚持稳定土地承包关系。抓紧落实土地承包经营权登记制度，真正让农民吃上"定心丸"。激发农村资源要素活力，完善农业支持保护制度，尊重基层和群众创造。

（五）基础设施：继续把公共基础设施建设的重点放在农村

在推进城乡基本公共服务均等化上持续发力，注重加强普惠性、兜底性、基础性民生建设。健全多元投入保障机制，增加对农业农村基础设施建设的投入。建立健全城乡基本公共服务均等化的体制机制，推动公共服务向农村延伸，推动社会事业向农村覆盖。

（六）城乡融合：必须走城乡融合发展之路

加快建立健全城乡融合发展体制机制和政策体系。加快农业转移人口市民化。要把县域作为城乡融合发展的重要切入点，赋予县级更多资源整合使用的自主权，强化县城综合服务能力。加快城乡基础设施互联互通，推动人才、土地、资本等要素在城乡间双向流动。

（七）乡村治理：要加强和改进乡村治理

加快构建党组织领导的乡村治理体系，深入推进平安乡村建设，创新乡村治理方式，提高乡村善治水平。继续推进农村人居环境整治提升行动，重点抓好改厕和污水、垃圾处理。合理确定村庄布局分类，注重保护传统村落和乡村特色风貌，加强分类指导。强化农村基层党组织建设，选好配强农村党组织书记，整顿软弱涣散村党组织，深化村民自治实践，加强村级权力有效监督。

三、乡村振兴、村庄经营，人才是关键

2018年3月，习近平总书记在参加十三届全国人大一次会议山东代表团审议时指出："激励各类人才在农村广阔天地大施所能、大展才华、大

显身手，打造一支强大的乡村振兴人才队伍。"实施乡村振兴战略，必须打破人才瓶颈，其根本就是要让更多人才愿意来、能干事、留得住，打造一支人才发展结构与乡村实际发展需求相适配的人才队伍，以高质量、多类别、有潜力、敢革新的专精人才队伍托起乡村振兴大业。

（一）党建引领，营造人才培养大环境

党建引领已成为乡村振兴战略推进的重要战略，是乡村振兴取得阶段性成果的关键所在。引才如"星星点灯"，育才方能"星火燎原"。人才最主要的品质是求真务实。范仲淹在《蒙以养正赋》中说"务实去华，育德之方斯在；反听收视，养恬之义相应"，意思就是务实际、去浮华。在人才培养过程中，组织部门要坚持重点为主，梯次推进，必要时可以通过资源倾斜、整合多方资源等途径为青年人才打造立体化的创新平台，助其创造力得以充分释放，为人才的发展提供优良的社会环境，让人才有用武之地、无后顾之忧。

（二）多元布阵，培育人才留存新机制

在以人为核心的现代化建设中，注重人才工作就是对未来发展负责任。"水不激不跃，人不激不奋。"我们要留住人才，就要优化留住人才的环境，就要深耕人才生长沃土。要充分重视人才在乡村振兴战略中的重要地位，画好人才"同心圆"，坚持人才向基层集聚、政策向乡村集聚，吸引各类人才在乡村"大舞台"上大展身手，在乡村发展中挥洒汗水，让人才与乡村同频共振，绘就乡村振兴的发展蓝图。

（三）更新观念，树立人才吸引新理念

治国安邦，人才为先，人才是实现民族振兴、赢得国际竞争主动的战略资源。在破解发展难题、激发创新活力的过程中，迫切需要青年人才的创新精神和科技力量。在吸纳人才时，要把品德、知识、能力等作为衡量人才的主要标准，充分给予个人发展的机会，搭建"千里马"与"伯乐"相互联系的体系和平台。由此，一定会有更多的人才乐于扎根乡村，与乡村共同成长，进而实现人才因事业而聚、乡村因人才而兴的目标，以基层人才的奋发有为助推乡村振兴获得更大的"加速度"。

（四）村庄乡贤

乡贤是一个乡里出生的，在精神、文化、科技、经济领域具有示范性的楷模。在中国传统乡村中，乡贤对当地文化教育和经济发展有着不可替代的作用。乡贤在本土的血脉联系更加具有可示范性、可带动性，更加能在文化教育经济方面反哺故里，推动乡村社会经济的发展。在乡村治理尤其是文化治理中，应大力宣传历史乡贤人物的精神事迹，努力做好新时代新乡贤的回乡落地能量转化工作，让过去与现在、乡村与城市、精英与大众有机地结合起来，形成稳定持续的乡村发展形态，让普通群众尤其是乡村青少年能见贤思齐、提升自我、改造自我，从而推动乡里村庄的全面发展。

（五）村庄群众

乡村村民是经营乡村的主体。应充分发挥主体的作用，充分体现了村民主体的获得感、幸福感。从房屋资产收益的增加、土地资产收益的增加、就业劳务收益的增加、股份收益的增加等方面推动民众致富，从环境的美化、文化的营造、公共产品的改善等方面提升村民的幸福度。从各个渠道的再就业、教育培训推动村民从身份性的农民向职业型农民的转变，让农民不再是一种身份、一种标签式的出身，而是一种有技术含量的职业、一种有较高价值实现的职业。尤其是在回乡务工青年、回乡大学生等新型村民的培养引导上，更要有一系列的措施和条件，培养出具有时代特征的新型职业农民。他们是村庄经营的主人翁，是乡村可持续发展的新鲜血液。他们将对标异地的乡村和国内的乡村、世界发达的乡村，让故土村庄在双循环中走向国内、国际两个市场，真正做到立足故里村庄、面向全国、放眼国际的发展定位、差异定位，实现村庄长期的个性发展、差异发展、优势发展和科学发展。

四、结语

在现代化建设、民族复兴征程中，乡村从来都是我们党最重要的阵地和基石。加强党的领导、带领村民一起科学发展，不是什么高深的学问，而是实事求是、埋头苦干、行稳致远的硬核任务。脱贫攻坚是"补短板"，乡村振兴是"拉长板",如果正确的工作方法论没有建立起来,不能因村制宜做好发展设计,最终就会一地鸡毛。

乡村振兴的基本发展策略,是基于乡村风土人情构建可持续发展愿景和能力的方法论,是基于村情、镇情、县情落实"五大振兴"任务的路径安排。"拉长板"比"补短板"难,难就难在要有乡村产业的开发能力、经营能力和美好乡村生活的运营和治理能力。乡村实现内生型振兴,应聚焦村里人的分业培训和素质培养,应对经营发展特色产业的基本条件有敏锐的市场眼光和归集能力,应将文化创意和科技进步的赋能作用嫁接好,应坚决克服短期思维,不断修正工作中的失误,不做给别人看,不要求一时一事的得失。将广大乡村打造成令人向往的富饶粮仓、诗画田园与人文胜地,当有地方特色的乡村魅力得到充分培育和发展时,乡村才能成为国家优质战略资产池、风险去化池,实现真正的全中国乡村振兴。

（本文来源：钟农发、王航倩,《如何破解乡村振兴的经营难题》,2023 年 8 月 1 日,"天尚乡村"微信公众号,https://mp.weixin.qq.com/s/u_ZB9KAvoaMGC7NPhZu2Fw.）

解码乡村文化产业如何赋能乡村旅游

导语

民族要复兴，乡村必振兴。文化是民族生存和发展的重要力量。人类社会的每一次跃进，人类文明的每一次升华，无不伴随着文化的历史性进步。2023 年 6 月，习近平总书记在文化传承发展座谈会上强调，在新的起点上继续推动文化繁荣、建设文化强国、建设中华民族现代文明，是我们在新时代新的文化使命。习近平总书记的重要论述对更有效地推动中华优秀传统文化创造性转化、创新性发展，更有力地推进中国特色社会主义文化建设，提出了更高要求，也为进一步繁荣发展文化产业带来新的动力。

乡村文化产业是围绕乡村民间文化传统和独特文化资源，利用现代经济理念和产业经营模式而开展的经济活动。伴随着乡村振兴战略的实施和农村供给侧结构性改革的深化，我国乡村产业结构和经济布局开始调整和重塑，整个乡村经济呈现出升级换代的趋势。对文化资源较为丰富的乡村而言，发展乡村文化产业可谓正逢其势、恰逢其时。乡村文化产业稳步健康发展，将加快转变乡村经济发展方式、加速优化乡村经济结构、加大乡村经济竞争力，进而促进调整乡村产品和产业结构，增强乡民增收的稳定性和长效性，有效有序地推进乡村城镇化进程。在世界范围内传播和弘扬中华优秀传统文化，增强乡村的软实力和竞争力，增加农民收入，能够有效地避免乡民盲目流动引发的诸多社会问题。

一、政府加强对乡村文化建设的政策扶持

民惟邦本，本固邦宁。政府部门需要充分发挥自身的价值，给予对应的支撑，进行相关的干预，加强文化建设，从而促进乡村文化与乡村旅游

高度融合。政府部门也需要与当地企业加强联系，落实好乡村文化协同开发，深层次探究乡村文化自身存在的文化特点，并将其与乡村旅游产业相融合。例如，将安徽地区乡村文化与旅游相融合，就需要把本地区特色作为文化宣传主题，如安徽的养生、疗养较为有名，需要高度重视对中医文化的探究，进而开发出中医文化体验项目，参与进来的人员有中医从业人员与旅游服务人员，而政府部门落实对应的监管工作及服务工作，加强企业与个体工商户的联系，促使乡村旅游与乡村文化快速融合，将其价值更好地呈现出来，以此来实现健全乡村经济产业链的目标。不管是企业，还是个体工商户、政府部门，三方都能获益，在提升乡村文化建设、文化影响力的同时，还能让文化产业变成乡村旅游的核心内容，呈现出政府部门的指导价值，为之后构建和谐的乡村旅游文化生态夯实基础。

党的十九大、党的二十大报告都强调了"乡村振兴战略"，要求发展乡村特色文化产业。乡村振兴战略提出了"产业兴旺、生态宜居、乡风文明、治理有效、生活富裕"的总要求。其中，"乡风文明"是文化建设的重要举措，强调乡村振兴不能只重经济，而是要将乡村文化的逻辑与市场化的模式紧密结合，立足优秀传统文化，发掘、继承、创新、发展优秀乡土文化。乡村文化产业以国家政策安排为基本方向，既考虑完善乡村公共文化服务供给，又考虑从创新力和产业规模的角度振兴乡村文化。把现代生产生活方式和乡村文化的内在逻辑关系紧密结合起来，对乡村文化资源实施产业化运作和发展。乡村文化产业发展，不只是全面建成小康社会的任务性目标，也是对简单粗暴的现代生产方式向乡村领域蔓延的一种策略性的新方法、新思路、新途径。

加大乡村旅游产业文化发展体系改革力度。在乡村振兴背景下，为了顺应新时代的发展需求，应高度重视乡村旅游产业的发展。要将乡村文化与旅游高质量融合在一起，应该结合时代需求，落实好发展体系改革工作，让乡村旅游发展与时俱进，为改革与发展旅游产业提供坚实的保障。促进乡村旅游发展主要体现在两个方面：（1）创新已有文化宣传方式，将乡村文化与旅游产业高质量融合，在确保企业合理化使用特色文化资源的同时，还能帮助乡村旅游产业与文化产业形成良好的互利互惠关系，只有这样才可以解决传统模式下乡村旅游产业建设过程中存在的不足，为之后的乡村旅游发展夯实文化基础；（2）改变目前产业格局，在开发旅游产业资源的过程中，应该坚持以文化发展为中心，高度重视特色文化产业的发展，旅游服务企业应该加大对特色文化产业资源的整合力度，让乡村旅游产业变成发扬乡村文化的突破口，如此一来，才可以让乡村旅游产业与乡村文化产业共同发展。

二、乡村文化简述

乡村文化是中华传统文化的起源，是乡村居民在农业生产与生活实践中逐步形成并发展起来的道德情感、社会心理、风俗习惯、是非标准、行为方式、理想追求等，表现为民俗民风、物质生活与行动章法等，反映了乡村居民的处事原则、人生理想及对社会的认知模式等，是乡村居民生活的主要组成部分，也是其赖以生存的精神依托和意义所在。较之工业的高速发展，农业的缓慢发展常常给人以安全稳定的印象。

在中国古代社会，乡村文化是与庙堂文化相对立的一种文化，乡村文化在乡村治理中发挥着重要作用。在人们的记忆中，乡村是安详稳定、恬淡自足的象征，故乡是人们魂牵梦绕的地方。回归乡里、落叶归根是人们的选择和期望。在现代社会，乡村文化依然是与城市工业文化相对立的一种文化，许多城里人生活在都市，却处处以乡村为归依，存在所谓"乡土中国"的心态。城镇化是"以城带镇"的发展模式，是由农业人口占很大比重的传统农业社会向非农业人口占多数的现代工业社会转变的历史过程。重构发展乡村文化，即通过发展农业现代化提高农民文化自觉意识，在文化创新中凸显乡村文化个性。开展乡村文化建设一方面要提高乡村文化个体的综合素质，另一方面要加强乡村文化基础设施建设，进行系统综合治理。乡村文化建设也应该现代化，但不是简单机械的城市化。乡村文化具有极为广泛的群众基础，在民族心理和文化传承中有着独特的作用。在现阶段，尽管工业文明和城市文明都有了长足发展，但乡村文化仍有其独立的价值体系、独特的社会意义和精神价值。

第一，以农村当地地域物质形态景观与非物质形态景观为载体和依托，发挥乡村景观在乡村文化产业建设中的重要作用，打造一批特色景观文化产业乡镇特色村。

第二，充分利用农村当地浓郁的乡土气息和地域特色的饮食文化体系，深度挖掘当地饮食文化内涵，积极推动饮食文化产业化发展。

第三，积极开发传统节日文化用品和武术、戏曲、舞龙、舞狮、锣鼓等民间艺术、民俗表演项目，促进地方民族风情文化资源与现代消费需求有效对接。

第四，增加乡村文化产品附加值的占比，大力推动农村地区实施传统工艺振兴计划，培育形成具有民族和地域特色的传统工艺产品，促进传统工艺提高品质、形成品牌、带动就业。

第五，推动乡村文化与旅游产业的结合，积极建设具有历史、地域以及民俗特色的旅游景点，积极开发与乡村旅游相关的乡村产品。总之，充分利用我国传统文化农耕特征、民族特色、区域多样性的特点，将物质文化遗产和非物质文化遗产的传承和创新作为乡村文化产业建设的主体部分来挖掘。

概括来说，乡村景观是乡村地区人类与自然环境相互作用的产物，是乡村聚落景观、生产景观和自然生态景观的综合体，具有生活性、生产性和生态性，并与乡村的社会、经济、政治、文化、习俗等紧密相连，兼具经济价值、社会价值、生态价值。乡村景观文化是乡村景观土地表面文化现象的综合体，也反映了美学价值。

一个地区的人文地理特征，同时也记录了乡村人类活动的历史，体现了特定乡村地域独特的精神文化。在漫长的农耕年代，生产力、社会文化环境、自然地理条件、灾难等是驱动地域性乡村文化景观形成及其变化的主要因素。我国乡村景观文化具有高度异质性、自然性和人工调控性。

乡村景观文化不应仅仅被看作是乡村发展的结果，更应被看作是一种能推动社会发展的资源，在传统景观风貌的传承与乡村的社会经济发展之间应建立一种共赢的发展模式。乡村发展应该是一种综合发展，即在促进乡村经济优化、宜居宜游、生态保护的同时，维护和创造具备地域和文化特色的乡村景观。

　　为了达到这个目标，需要用景观概念引导乡村建设，综合在城乡统筹过程中所出现的现代农业、第三产业、农民聚居方式的发展，共同谋划地区未来的景观愿景。乡村景观文化的特征主要包括地域性、历史性与文化性、物质依附性和复合性。其中，体现了乡村文化景观三维空间形态特点的有地域性、历史性与文化性、物质依附性，在时间轴线上的变化轨迹则由它的复合性全然体现。乡村文化景观以当地地域景观环境为载体，保留了大量物质形态景观与非物质形态景观。其中，物质形态景观包括建筑、聚落等，非物质形态景观包括当地的风俗、传统等。例如，江南水乡从明清时代一步步发展到今日，临水而居、依水成街，形成了整体的人文和景观格局，体现了江南水乡"小桥流水人家"式的闲暇惬意的生活氛围。

三、提升乡村旅游产业创新与文化创新能力

　　进行文化创新与产业创新的主要目的就是加快现代文化与传统文化的融合速度，促使乡村旅游与乡村文化融合，坚持以现代文化发展为中心，合理化创新传统文化，进一步落实旅游服务资源开发工作。例如，在乡村旅游产业发展期间，应该高度重视乡村文化的建设，并在此过程中，重点探究文化所包含的内涵，进而让乡村旅游独特魅力更好地呈现出来。我国农村地区差异性较大，一些地区一直高度重视对传统文化的传承，进而使我国农村社会经济发展的缩影展现在人们眼前，而这部分内容也成了乡村旅游产业发展的资源之一。应高度重视乡村文化创新能力的提升。首先，要加大对优秀乡村传统文化挖掘，如地方志、族谱等特色文化；同时，对已有的乡村活动实施挖掘，对重要的资源进行筛选，进而使之变成旅游文化资源。其次，除了高度重视对乡村文化的保护，还应保护文化遗产、非物质文化遗产，让其与乡村旅游产业高质量地融合在一起，这样不仅可以将传统村落的建设保留下来，还能继续使用传统空间的布局，从根本上促进乡村旅游产业创新与文化创新能力的提升。

四、科技助力乡村旅游与乡村文化高质量融合

将乡村文化与旅游高质量地融合在一起，对提升科技产业融合引导能力起到一定的促进作用。一些地区自身存在的乡村文化内涵比较深厚，把文化资源融入乡村旅游产业建设之中显得非常重要，必要时，应该利用现代化科技手段实施引导。促进乡村旅游产业发展，除了能够提升品牌竞争力，还能加强与本地区科技企业的联系，坚持以乡村旅游为载体，以此快速完成多个行业相融合的目标，一起开发与研究乡村旅游资源，让科技产业更好地助力乡村文化与乡村旅游高质量融合。例如，一些地区乡村旅游产业把皮影戏、传统雕塑融入乡村旅游产业之中，将其作为开发的新方向，合理运用现代化先进技术，拉近与游客之间的距离，围绕着皮影戏与传统雕塑艺术，落实好周边产业布局，进而开发出全新的文化资源。在此期间，应该将科技产业助力作用呈现出来，为高质量融合乡村文化与旅游打下良好的基础，从而更好地健全乡村经济链。

五、多措并举做好营销

我们建议，务必要树立大市场、大品牌和大旅游的营销理念，通过延伸产品内涵的方式进行媒介创新，多种方式、全方位地推介特色文化和旅游产品，全力提升旅游目的地的文化知名度，激活文旅市场需求。传统的乡村旅游宣传和推广方式往往是旅行社的图片、旅游广告、旅游交易会、新闻媒介等。随着旅游产业的发展，竞争日益激烈，传统营销效果大打折扣。要实现旅游营销模式的跨越，需具有良好的创新意识，不拘泥于传统的营销工具，在充分了解自身产品的优劣势和受众之后，更大范围、更多角度地寻找可行的传播方式，力求将某一个新闻点放大成社会热点。通过媒体营销引发整个社会的关注，使之迅速成为热门乡村旅游目的地；通过跨界营销和会议活动等营销创新策略，打造营销盛事，全力扩大海内外的影响力；互联网平台营销乡村文旅的主要对象是城市居民，应充分了解他们的媒介偏好，与微信、微博等自媒体及各种热门旅游 App 合作，迅速打开市场；进行智慧旅游营销，利用云计算、物联网等新技术，通过互联网、

移动互联网，借助便携的终端上网设备，主动感知旅游资源、旅游经济、旅游活动、旅游者等方面的信息，及时发布信息，及时安排和调整工作与旅游计划。智慧旅游的建设与发展最终将体现在旅游体验、旅游管理、旅游服务和旅游营销四个层面。智慧旅游通过旅游舆情监控和数据分析，挖掘旅游热点和游客兴趣点，引导旅游企业策划对应的旅游产品，制定对应的营销主题，能极大地提升影响力、美誉度与知名度。

六、结语

2022 年 4 月，文化和旅游部等六部门联合印发的《关于推动文化产业赋能乡村振兴的意见》提出，到 2025 年，文化产业赋能乡村振兴的有效机制基本建立，优秀传统乡土文化得到有效激活，乡村文化业态丰富发展，乡村人文资源和自然资源得到有效保护和利用，乡村一二三产业有机融合，文化产业对乡村经济社会发展的综合带动作用更加显著，对乡村文化振兴的支撑作用更加突出。

将乡村文化与旅游高度融合，已经成为文化建设赋能乡村振兴的基本要求，更是促进旅游发展的核心动力。同时，也要加强红色文化、乡村文化及民族文化之间的多维度结合践行，在原有文化的基础上，合理化运用文化互容的特性，将当地独特的文化呈现出来，这样不仅可以让游客掌握当地的丰富文化内容，还有利于吸引游客，不管是对文化挖掘还是对文化创新都起到一定的积极作用。加大文化融合力度，运用当地人文资源，实现文化互相融合的目标。同时，加大对地方代表性文化的运用，有针对性地开发乡村人文旅游，在拓展开发思路的同时，还能将人文底蕴融合在一起，打造文化互融的旅游景点，让人文旅游变成乡村旅游的主要推手。

要大力呈现文化价值，加强文化创新力度。首先，乡村除了向游客宣传本地特色文化之外，还应组织开展特色文艺会，引导游客参与其中，缓解游客自身存在的负面情绪。应凝聚社会各界的力量，创设良好的社会重视环境，加强当地"独特文化＋"的尝试。其次，与代理商进行有效合作，打开旅游市场。乡村需要与旅游企业合作，积极开发游戏市场，对文化衍生品实施合理化的旅游推广。最后，使用名人效应，落实游戏推广工作，从而保障旅游地区社会曝光度的提升。此外，还可以借助现代化先进技术手段对乡村旅游文化进行宣传，借助网络的力量提升曝光度，从而达到良好的旅游宣传效果，并转化为广大村民经济收入的增长来源，让村民产生获得感与幸福感。

（本文来源：钟农发、王航倩，《解码乡村文化产业如何赋能乡村旅游兴旺》，2023 年 7 月 17 日，"天尚乡村"微信公众号，https://mp.weixin.qq.com/s/g_YSHUrEs9TECDyczUXaTA.）

破解乡村振兴整村运行的痛点与对策

导语

2023 年中央一号文件强调，强国必先强农，农强方能国强。加快建设农业强国，是党中央着眼全面建成社会主义现代化强国作出的战略部署。习近平总书记在 2022 年 12 月召开的中央农村工作会议上强调，"要铆足干劲，抓好以乡村振兴为重心的'三农'各项工作，大力推进农业农村现代化，为加快建设农业强国而努力奋斗"。"三农"问题一直是关系国计民生的根本性问题之一，乡村振兴是实现中华民族伟大复兴的重要环节之一。如何实现"三农"的全面发展，如何实现乡村振兴，加快农业农村现代化，一直是全党全民关注的话题。

多年来，党中央始终高度重视"三农"工作。2020 年 12 月，习近平总书记在中央农村工作会议上指出，在向第二个百年奋斗目标迈进的历史关口，要巩固和拓展脱贫攻坚成果，全面推进乡村振兴。2021 年中央一号文件也明确提出，全面建设社会主义现代化国家，实现中华民族伟大复兴，重点难点在"三农"，潜力后劲在"三农"，基础支撑在"三农"，要举全党全社会之力加快农业农村现代化，让广大农民过上更加美好的生活。

农村稳则天下安，农业兴则基础牢，农民富则国家盛。农村是我国传统文明的发源地，农村不能成为荒芜的农村、留守的农村、记忆中的故园，而应成为"望得见山，瞧得见水，留得住乡愁"的美丽家园。擦亮"乡"字招牌，指向破解乡村振兴整村运行的痛点，全面推进乡村振兴，民营企业亦义不容辞。

一、数字化背景下乡村振兴整村运行的痛点、难点和堵点

2017年，党的十九大报告明确提出建设"数字中国"；2021年"十四五"规划谋篇部署"加快数字化发展，建设数字中国"，提出要加快建设数字经济、数字社会、数字政府，以数字化转型整体驱动生产方式。近年来，数字中国建设的美好蓝图逐步成形，农业、城乡建设数字化转型是新农村、新农业、新农人乡村振兴的重要组成部分，数字农业作为重要发力点，虽势头迅猛，但仍显不足。

（一）乡村振兴整村运行的痛点：青年缺位

乡村振兴是一盘大棋，青年则是走活乡村振兴"新棋局"中的"关键棋"。乡村振兴整村运行的痛点在于青年。受经济发展等诸多因素的影响，城乡、乡际间社会结构失衡，乡村振兴基础弱化。乡镇、街道主要劳动力族群偏向中老年，城市"虹吸效应"驱使优质青年人才普遍聚集于发达地区，大量农村青年离开农村，奔赴城市，选择外出求学、务工、安居，乡村青年人力资本流失，乡村日益"空心化""老龄化"，城市建设者多为外来青年，大多存在"他者"思维。

作为农村建设多元化主体，青年干部进入陌生村庄履职时，往往面临对接难、融入难等问题。有些青年干部将"村干部"视为一种身份，在工作中容易带着"官本位"的思想，党务、村务、事务、商务等"四务"不精，不谋实事，不够虚心，不肯请教；有些青年干部在初期希冀以自身所学改变乡村，却发现理想与实际存有差异；还有些青年干部初心不正，将基层工作视作自己职务履新的垫脚石。基层青年干部作为乡村振兴的"最后一公里"，将直接影响地区、城乡、乡村的发展。

（二）乡村振兴整村运行的难点：数字化不深

随着信息技术向"三农"领域逐渐渗透，从《2022县域数字农业农村电子商务发展报告》来看，农业数字化水平有所提升，农民数字素养和数字技能有所提高，农业生产数字化发展抬头，但对比日本、韩国等国在农业大数据应用、数字化销售、数字化传播及大数据、云计算、物联网、人工智能等信息技术驱动农业精准化、网络化、智能化发展方面还存在短板，现代信息技术在提升农业生产效率、提高农产品质量、规避农业生产风险

上能力较弱，广电行业在乡村农业生产、经营、管理、服务方面渗入不深，缺乏懂得传播手段、传播介质、传播途径、因地制宜地打造乡村传播热点的运维人才及懂得"5G＋4K＋AI"的专业技术人员。

（三）乡村振兴整村运行的堵点：产业不兴

乡村要振兴离不开产业振兴，乡村具有丰富而独特的自然人文资源。在乡村振兴的过程中，基层政府和治理人员往往由于对乡村文化认识不够深入，对经济建设过于急功近利，低估了传统乡村文化的社会、经济价值，忽略了传统民俗、建筑、手工艺等乡村文化的开发与建设，注重商业产业而忽视了文化产业。

部分地区认识到乡村文化价值的重要性，但在产业开发的过程中欠缺经验，盲目照搬他处案例与经验，造成产业同质化和低端化，导致没有特色的低端文化产业对游客缺乏吸引力。

二、关于乡村振兴整村运行的几点建议

2018 年 7 月，习近平总书记对实施乡村振兴战略作出重要指示，让乡村振兴成为全党全社会的共同行动。要做到乡村振兴整村运行必须要找准痛点、破解难点、疏导堵点。乡村振兴，人是关键。要解决乡村振兴整村运行过程中的问题，我们提出了"公司＋农村＋合作社＋政府＋农民"多方协作实现共同富裕的模式。我们关注到，乡村振兴整村运行需关切老中青、农商政各界、各阶段多元主体，各下药方，逐个击破，对症治疗。

（一）建议一：青年"乡村主理人"赋能乡村振兴

乡村要振兴，青年需先行。青年在乡村振兴战略发展中要发挥"蓄水池"作用。

其一是让青年争做"新农人"，争做"乡村主理人"，在乡村规划与发展、产业谋篇布局、对接政府与市场、财务运作和品牌运营上能够有效管理和运营，赋能乡村产业、人才、文化、生态和组织振兴，建设田园综合体集群，当好乡村经济发展的职业经理人。乡村振兴要营造符合青年需求的就业机会，搭建平台引入青年人才，为乡村振兴注入新鲜血液。

其二是让手机成为"新农具"。数字农业发展如火如荼，从农产品网络

销售到订单农业以销定产、精品网红农货开发、区域品牌新农业、农食新消费品牌、预制菜，电子商务都离不开手机这个发展生产、便利生活、增收致富的好帮手，手机应用成为农业生产、经营和农村生活的"新农具"。下一步，应在生产应用、产品购销、生活便利、网络安全和农业服务平台、应用上推广对中老年农民的应用技能培训，进一步推动农业全产业链上下游手机端衔接，促进农产品产销精准匹配，增长农民农技、农产品加工知识，为农民提供求医问药、法务网购等生活便利，加强农民网络自我保护意识、农业法规意识。

其三是让直播成为"新农事"。网络直播，流量就是"新农资"。促进电商平台企业和农村建立长期稳定的购销关系，发展兴趣电商、信任电商、社交电商等内容电商，以农村直播电商、乡村短视频、乡村网红达人分享、政府官员引流当主播等电商模式为先导，推动田间到餐桌的"超短链"，大大推动乡村旅游的发展，加速乡村一二三产业融合的进程。同时，政府要加大名优特产的生产规模，保障物流畅通，加大政策资金扶持，让农民能够"学得会""接得住""乐得干"数字农业电商，从而带动更多乡村、农民"触电"致富，畅通电商助农的"最后一公里"。

（二）建议二：数字化转型打造乡村融合体系

数字乡村建设与数字政府是一体两翼、休戚相关的关系。随着科技的发展，多种现代数字技术在各行各业落地生根，乡村振兴也离不开数字化。关于乡村振兴数字化成果传播，可以依托5G、AI、云计算、大数据等技术，在乡村农业前沿地区进行农业生产、经营、管理、服务多线路建设；可以通过数字传播、智能广电、政务新媒体进行全方位传播，在数字化转型中，打造乡村融合体系；可以通过云平台、智能终端，储存信息智库，通过网络传输，将数据和内容存入智慧终端，发展成熟的产品与服务，运用媒体、短视频、自媒体、直播等融媒体建设互通乡村振兴，助力乡村融合。

（三）建议三：做足做好特色农产品品牌文章

乡村运营，必须要充分挖掘特色农产品的品牌价值，既要保持质的优势，也要解决量的问题，更要做精做深文章。2023年中央一号文件指出，要支持家庭农场、农民合作社和中小微企业等发展农产品产地初加工，引导大型农业企业发展农产品精深加工。引导农产品加工企业向产地下沉、向园区集中，在粮食和重要农产品主产区统筹布局建设农产品加工产业园。这些表述对进一步优化农产品的价值链、发挥区域公用品牌的优势，具有非常鲜明的指导性和针对性。

一是在生态建设方面打造品牌。推动各地坚持节约资源、绿色建设原则，树立绿色低碳理念，促进资源节约集约循环使用，推动绿色规划、绿色设计、绿色建设，在实现乡村建设与自然生态环境有机融合的基础上形成特色模式、特色品牌。

二是在文化建设方面打造品牌。推动各地传承、保护传统村落民居和优秀乡土文化，突出地域特色和乡村特点，保留具有本土特色和乡土气息的乡村风貌，在打造各具特色的现代版"富春山居图"上形成特色模式、特色品牌。

三是在提升宜居宜业水平方面打造品牌。推动各地顺应乡村发展规律，结合农民群众实际需要，合理安排村庄建设时序，合理确定公共基础设施配置和基本公共服务标准，在科学编制乡村建设规划、分区分类明确目标任务、因地制宜推进实施、逐步使农村基本具备现代生活条件的基础上形成特色模式、特色品牌。

在现代农业格局中，一二三产业的界限日益模糊。农业生产不再单纯地依靠农民"面朝黄土背朝天"，农产品销售也逐渐告别了"种出瓜菜找小贩"的传统模式。越来越多的企业参与农产品从种到收，再到加工、销售的全链条之中。特别是在农产品区域公用品牌的引领下，企业日渐成为农业高质量发展的重要支撑力量。

（四）建议四：强基健全监管助推产业兴旺

基层政府应当围绕巩固、拓展脱贫攻坚成果与乡村振兴有效衔接，持续加大涉农资金整合力度，持续做大涉农资"金盘子"，积极加强与区域政府和中央机关的对接联系，全力保障乡村振兴资金需求，狠抓资金监管，着力确保涉农资金效益最大化、产业最优化，大力推进乡村全面振兴。

一是抓财政涉农资金，牵好"牛鼻子"，发挥财政资金"四两拨千斤"的杠杆作用，紧盯产业培育、基础设施建设、民生民事等领域，从而加快实现农业全面升级、农村全面进步、农民全面发展。其次要严抓"党建"，以党建引领为抓手，以振兴产业开新局作为发展农村产业的突破口和主心骨，将党建引领和农业产业深度融合，使党建资源和产业发展同频共振、优势置换，形成党建严、产业兴、群众富的乡村振兴新格局。

二是抓"头雁"领航，助整村"群雁"齐飞。政府在参与乡村振兴中，要做好"土特"文章，因地制宜，打造特色金字招牌，精准帮扶散落小微农企，实现集体增收，助力特色产业，强基固本，培育特色产业，提高乡村地区的经济造血能力，作为新乡村建设的经济保证，也是题中应有之义。

三是抓基础建设健全监管。助推产业兴旺，紧扣"产业兴旺、生态宜居、乡风文明、治理有效、生活富裕"五个振兴目标。要建设农业产业园区、延长产业链、完善农村水利、交通运输、仓储、农产品市场及农业气象服务设施等，提升农业科技园区建设水平；要维护农村可持续生态发展，把建设生态好、乡风良的乡村环境作为整村建设的长期性工程，对违反治理的生态的项目要下猛药去沉疴并监管长效；要在农村公共服务、公共产品供给上稳固监督机制，完善强化监督、管护工作，建立健全农村公共基础设施建设监管体系，明确部门责任，划定责任边界，设立绩效考核标准，奖惩有序，助推农业产业有序、良性、可持续发展。

（本文来源：陈嘉琦、王航倩、钟法评，《破解乡村振兴整村运行的痛点与对策》，2023 年 3 月 10 日，"天尚乡村"微信公众号，https://mp.weixin.qq.com/s/aW4uABVX1a3asN3bzvSiJQ.）

对乡村实施品牌战略及运营的几点建议

导语

得人心者得品牌，赢得天下大市场。

乡村振兴工作中必须高度重视乡村的品牌培育创建与运营，本质上就是在做一门生意，品牌是属于长期主义者的生意。站在更高的角度来看，品牌的定位、包装、传播和营销的最终目的是要实现更高的价值。

这个价值，一定是生产者和消费者共同认可并均能受益的价值。比如，品牌农产品应该给生产者和供应者带来一定的交易溢价并得到社会认可，能够给消费者带来美好的品质体验乃至更高层次的精神文化获得感，但又不至于在价格上使消费者感到太大的压力。总之，品牌应该为满足大众的美好生活需要服务，实现生产者有尊严和消费者有自由的平衡。这是品牌农业的题中应有之义。从品牌是生产者（品牌所有权方）与消费者共同培育的角度理解，如果没有一定程度的消费自由，就不可能存在消费者参与、互动的机会，产品也将失去品牌化的可能性，生产者的尊严也将难以保证。反言之，如果生产者不能从产品的品牌化过程中获得应有的尊严，包括一定的货币化回报与积极的消费者反馈，那么产品的品牌化过程甚至连产品的生产供给都有可能中断，消费者自由也将变成镜花水月。

做农业类的品牌，如果说与其他领域的品牌有什么区别的话，那就是农业类的品牌"含情量"比较高。根据美国学者玛格丽特·马克（Margaret Mark）和卡罗尔·S. 皮尔森（Carol S. Pearson）的品牌原型理论，所有的好品牌都契合了人类的某种心理原型，接通了人类的某种原始情感，代表了人类的某种人生意义，可以借用人类的原动力。农业作为与人类相伴时间最长、与人类解决生存危机须臾不可分离的第一产业，天然地被人类投注了更多的情感，从而拥有更多的"含情量"。

从"含情量"出发，要让品牌兼顾农民尊严和消费自由，这是农业品牌培育的最终目的，也规定着农业品牌培育工作的方法论。

2018年6月，《农业农村部关于加快推进品牌强农的意见》提出，在3—5年内，重点培育一批全国影响力大、辐射带动范围广、国际竞争力强、文化底蕴深厚的国家级农业品牌，打造300个国家级农产品区域公用品牌、500个国家级农业企业品牌、1000个农产品品牌。

一、品牌"含情量"到"含金量"的四步方法

我们应注意的是，设计要提高到品牌战略的高度去看待，而且对产品、品牌的推动力是巨大的，品牌变现是乡村品牌生命线，更是竞争能力。

怎样的品牌才能有效地变现？唐太宗李世民给出了答案："取法于上，得其中；取法于中，不免为下。"

简而言之，"上"要有统筹全局的战略，"下"要有切实可行的战术。品牌变现一定要体现出品牌的社会责任，打造真正的金字招牌。最终，客户眉开眼笑，企业也赚得盆满钵满。

品牌变现从品牌曝光的角度看，企业要的是美誉度，不是不瘟不火。从市场战略的角度看，乡村品牌要的是变现。当然，品牌变现最重要的就是把产品的品质优势说给客户听，怎么给客户讲好故事大有学问。

同时，社会各界对品牌的认可和忠诚度也更加注重价值认同和情感归属。

二、乡村产品品牌战略实施需注意的问题

践行乡村产品品牌战略，需要注意以下问题：

乡村产品品牌战略是地方政府的"一把手"战略，应当上升到"市长工程"的项目高度，才能有效推动。有些地方把品牌战略交给具体某个局某个办公室后，市领导不再过问，结果只能是草草了事。

乡村产品品牌战略是乡村产业振兴的重要抓手，应以此为核心，制定整体的乡村产业振兴规划。因而，在品牌战略的具体落实中，需要各个部门的协调配合。

我国农业区域公用品牌开始发展后，很多地方出现了"一哄而上""只做表面文章，不重产业落实"的现象。具体表现为找一个不专业的广告公司、设计一个标志、张贴一张海报、拍摄一部宣传片、召开一场发布会，几件事做完，就算打造农业区域公用品牌了。这类现象对本地产业几乎没有贡献，更不会得到本地企业、合作社的拥护支持，也不会得到市场和上级部门的认可。

乡村产品品牌战略实施是一个专业的、长期的系统性工程，需要专家团队指导，需要地方政府常抓不懈，需要各部门、各协会、各企业积极贯彻落实。

在制定乡村产品品牌战略过程中，一定要充分倾听企业、专家的意见，不能按照行政级别，由政府领导拍脑瓜决策，最后往往脱离了市场需求，耽误了本地乡村产业的发展。

三、乡村产品品牌战略实施的基本方法

实施乡村产品品牌战略，可以分为品牌策划、品牌管理、品牌传播、品牌运营四个阶段。四个阶段不是独立分开的，有些工作可以同步启动，比如协会筹建、运营公司筹建、阶段性传播等。同时，在每个阶段由专业的第三方公司参与（如农业领域的品牌营销策划公司、电商及新媒体代运营公司、活动执行公司等）。每个阶段的具体战略方法如下。

（一）品牌策划阶段

（1）需要进行详尽的市场调研、产业调研和自身优劣势分析。通过系统全面的调研，洞悉消费者及渠道需求，发现产业增长机会，发掘自身优势条件，从而制定恰当的品牌竞争策略。

（2）依据以上调研结果，进行详尽分析，归纳总结提炼出本地产品品牌的产品价值、产地价值、产业价值和文化价值。然后，依据培育乡村产品品牌双定位理论方法，确定本地产品品牌的品类定位和价值定位。

（3）依据品牌价值表现体系方法，构建品牌形象，包括品牌标识、品牌概念点、品牌利益点、品牌主视觉、品牌广告语等。

（4）进行内部测试与审核，对品牌策划成果展开内部研讨、专家鉴

定、场景推演、灰度测试等工作，最终确定品牌策划成果。

（二）品牌管理阶段

（1）建立乡村产品品牌战略实施的组织架构，包括联席会议产业办公室、品牌运营协会、品牌管理公司、第三方外包公司等，统筹相关部门及企业，形成对乡村产品品牌战略的整体认知，尤其要形成以本地区域公用品牌为核心的品牌价值共同体。

（2）依据品牌策划成果，开展商标注册、著作权注册等知识产权保护工作。

（3）制定品牌管理办法，开展产品品牌授权、品牌审核、产业链品牌合作与认定等工作。

（4）将品牌管理与产品质量管理相结合，通过质量追溯系统建设产品标准化体系，促进品牌管理体系建设。

（5）打击假冒伪劣产品，规范引导中小企业、合作社尽快实现产品标准化、品牌化，尽快达到本地区域公用品牌的认定标准。

（6）积极争取国家"三品一标一产地"等对本地产品的认证，为乡村产品品牌提供可靠的信用背书。

（三）品牌传播阶段

（1）依据整体品牌策划的成果，展开乡村产品品牌高价值系统。

（2）结合当时的传播热点和本产品品牌的特点，参与国内外重大展会活动，开展本地节庆活动，进行话题打造、公关事件等传播活动，借势传播。

（3）进行本地产品品牌的传播矩阵打造，占据该品类产品品牌的线上线下传播制高点和多个传播接触点，尤其是网络传播接触点。

（4）进行传播互动管理，引导用户生成内容（UGC），提升品牌美誉度。

（四）品牌运营阶段

（1）需要建立整套乡村产品品牌运营的组织架构，确定是协作运营、建立品牌管理公司运营还是委托第三方运营。

（2）运营方需要建立品牌运营的基本素材库，包括品牌策划及成果，以及围绕品牌策划成果的话题库、图片库、视频库、产品知识库、市场营销库、新媒体及运营管理知识库等。

（3）由运营方执行品牌管理及品牌传播阶段工作。

（4）建立本地产品品牌示范的线下旗舰店、电商旗舰店，合作多种新营销渠道，通过产销对接、加盟连锁、产品线上电商等方式，为本地各企业产品推荐合适的销售渠道。

（5）运营方可打造自己的爆款产品品牌作为示范样板，投入资源打造现象级产品，给本地其他企业更多信心并提供实用方法指导。

（6）全面开展品牌孵化专业培育等工作。

四、实例借鉴与启示

案例一：

近年来，新东方直播带货农产品，成了破圈的现象级事件。爆火之下，"一根玉米6元太贵""谷贱伤农"等话题也冲上热搜，引发讨论与关注。"谷贱伤农"是一个引人深思的问题。通常，一个产品的贵贱是依据其自身价值和稀缺程度决定的，农产品进入市场亦如此。要想不"伤农"，唯有提高农产品的"含金量"，重塑农业价值，方可持续助农富农。怎么提？挖掘生态资源，保"种"护"源"，让农业品牌掌握定价主动权。

被誉为牛中"爱马仕"的和牛，是饭店菜单上的顶级食材。品质好的"雪花和牛"每斤售价可达千元。在鄂尔多斯乌审旗，草原和牛不再"遥不可及"。"我们基地的和牛是从澳大利亚引进的，集团总部在全国都有和牛扩繁、肉牛育种养殖基地，乌审旗的养殖规模是最大的。"鄂尔多斯市草原和牛牧业有限责任公司负责人李乾介绍，乌审旗处于畜牧业的黄金纬度带，得天独厚的气候条件和优质牧草为培育高品质和牛提供了有利条件。目前，公司还与周边牧户形成利益联结机制，免费提供和牛冻精，以改良当地肉牛品质。

案例二：

福州作为茉莉花之都，拥有千年的历史。茉莉花茶之所以在福州享有盛誉，是因为福州具有得天独厚的自然条件，再加上特殊的窨制技术，使花的清香和茶的韵味相得益彰。

虽然福州茉莉花茶已经有千年的历史，但为什么如今的茶叶市场上福州茉莉花的品牌效应不是很理想呢？福州茉莉花茶的问题出在哪里？究其原因主要有以下几点：

茶叶品种众多。目前品种繁多的茶叶充斥着茶市场，像铁观音、普洱茶、龙井等，人们了解更多的是铁观音、普洱茶，而且也更倾向于购买这些茶叶，每逢佳节，这些茶叶在礼品市场上也备受青睐。

福州茉莉花茶存在真伪问题。现在市场上销售的茉莉花茶大都并非正宗的福州茉莉花茶，因此口感有失水准。购买到这些山寨的"福州茉莉花茶"的人对福州茉莉花茶的印象是"福州茉莉花茶也不过如此"，使福州茉莉花茶的形象大打折扣。

福州茉莉花种植面积锐减。福州茉莉花茶有很多分布在福州的苍山区一带，该地被称为"琼花玉岛"，但是随着城市的扩建逐渐消亡，现在市场上的许多茉莉花茶很多都不再是具有福州特色的茉莉花茶了。

福州茉莉花茶没有树立较强的品牌效应。品牌的树立可以达到口碑宣传的作用。当人们提到铁观音时，首先想到的就是安溪铁观音，这样安溪铁观音的品牌就很容易打响，福州茉莉花茶的品牌效应就没有达到这种效果。

案例三：

"去年，经营性收入翻了一倍多，预计能接近120万元。眼前的大棚功不可没，直接贡献了40多万元。"说起村集体经济的"成绩单"，浙江建德市杨村桥镇绪塘村党委副书记董健眉开眼笑。绪塘村老百姓靠种植草莓致富，农民人均收入有望超过4.6万元。"过去总说民富村贫，这下终于有望摘了这顶'帽子'。"

村"两委"班子高兴，村民们同样喜上眉梢。"85后"退役军人吴金挺转业后，先到乡镇上班，后来放弃了"铁饭碗"，跑回村里种草莓，总共租了16亩地，一季草莓加一季玉米，正好轮作。"一地两收，算下来亩收益有六七万元，刨去各项成本，收入肯定比往年好得多。"

建德种植草莓已有40年历史，发源地就在杨村桥镇。全镇三分之一农户从事草莓产业，早在30多年前就首创"稻莓轮作"模式，实现"千斤粮万元钱"的目标。绪塘村则被誉为"建德草莓第一村"，是当地种植面积最大的村庄。

五、结语

乡村振兴，关键是产业要振兴。创建乡村品牌亦是关键抓手。习近平总书记对乡村产业振兴高度重视，多次作出重要指示，到地方调研，也总要看看一个红苹果、一朵小木耳、一碗螺蛳粉，了解乡村产业发展得怎么样。

我国乡村风光多彩、风物多样，适合的路必然不会千篇一律。但过去一些乡村在发展产业时有雷同的倾向，周边什么产业火，就"跟风"发展，这样不仅容易引发同质化竞争，还可能"伤"到产业链上的农民。发展产业也要基于"一方水土"。让乡村产业兴旺起来，关键是要琢磨透"土特产"中的文章，走出一条特色化、差异化的产业发展道路。

逐梦新征程，奋斗再出发。2023 年是全面贯彻落实党的二十大精神的开局之年。在新起点上，让我们更加紧密地团结在以习近平同志为核心的党中央周围，砥砺复兴之志，凝聚团结之力，为全面建设社会主义现代化国家、全面推进中华民族的伟大复兴不懈奋斗。

（本文来源：任重平、王航倩，《对乡村实施品牌战略及运营的几点建议》，2023 年 2 月 3 日，"天尚乡村"微信公众号，https://mp.weixin.qq.com/s/Z0EWYr7o4w1LnDA_9EKslg.）

激活乡村振兴新动能，乡村文创怎么搞？

导语

实现共同富裕是中国特色社会主义进入新时代面临的一项重大历史性任务。党的十八大以来，党中央把握发展阶段新变化，把逐步实现全体人民共同富裕摆在更加重要的位置上，推动区域协调发展，采取有力措施保障和改善民生，打赢脱贫攻坚战，全面建成小康社会，为促进共同富裕创造了良好条件。现在，已经到了扎实推动共同富裕的历史阶段。实现共同富裕是社会主义的本质特征，也是中国特色社会主义进入新时代的现实选择，又是一个较长的历史过程，具有长期性、艰巨性和复杂性。

一、乡村振兴背景

乡村振兴，文化先行，要以特色文化创意产业激发乡村发展活力。

2017 年，党的十九大报告提出实施乡村振兴战略部署，总要求是"产业兴旺、生态宜居、乡风文明、治理有效、生活富裕"的 20 字方针。乡村振兴战略是新时代"三农"工作总抓手，也是农业农村发展的必然选择；

2018 年，《乡村振兴战略规划（2018 — 2022 年）》提出要"发展乡村特色文化产业"，指出"挖掘培养乡土文化本土人才，建设一批特色鲜明、优势突出的农耕文化产业展示区，打造一批特色文化产业乡镇、文化产业特色村和文化产业群"；

2019 年，中央一号文件指出"全面深化农村改革，激发乡村发展活力"。乡村"振兴"，既是内在活力的激发，也是内生动力的培育和发展。文化铸魂，创意为本，可有效激发乡村振兴的内生动力。

二、如何激活乡村振兴的"一池春水"

"乡创"目前尚没有统一的定义，一般来讲，可以从广义和狭义两方面来界定，有人说它是乡村文化生活创意，也有人说它是乡村创客、乡村创新或是乡村创业。说法虽不同，却有共性，那就是它与传统乡建对硬件与物理空间的关注不同，乡创的本质是基于对文化、对内容、对人、对乡村软件的关注，并为之赋形，探索乡村振兴的发展之路。

其一，乡创即乡村文化生活创意，它创造了一种崭新的乡村生活美学形态。

其二，乡创由乡村创客及其产品构成，以创业体系为手段，以可持续经营为目标，以繁荣乡村经济为己任。

其三，乡创是在传统的乡村文化肌理上，通过跨界创意与组合，重塑乡村生活的审美体验，创造乡村未来生活的新趋势。

三、文旅融合时代

在文旅融合大时代，以文促旅，以旅兴文，文创成为连接文化和旅游的绝佳桥梁。

2018 年 3 月 13 日，国务院机构改革方案提请十三届全国人大一次会议审议，方案提出国家组建文化和旅游部作为国务院组成部门，将文化部、国家旅游局的职责整合。

2018 年 4 月 8 日，新组建的"文化和旅游部"正式挂牌。

2019 年 1 月 3 日，全国文化和旅游厅局长会议明确了"宜融则融，能融尽融，以文促旅，以旅彰文"的工作总思路。

四、发展之势

（一）政策端

国家与地方利好政策持续加码，乡村文创迎来更多发展机遇。

（二）市场端

（1）文创成为当下文化消费热点，市场需求巨大。

文创市场高速发展，网红效应下文创热点层出不穷。故宫文创火爆之后，全国各地兴起了"文创热"，旅游商品向旅游文创转变，旅游文创向大文创产业转变，"文创＋旅游"成为旅游消费发展的大趋势。

（2）文化消费需求逐年上涨，文创"饥饿"现象出现。

从消费升级到消费分级，消费需求进入细分场景时代，文化娱乐等领域的消费需求逐年上涨，文创成为时尚焦点。

（3）文创资本向乡村下沉，乡村文创企业和创客不断涌现。

文创资本不断向二、三线城市倾斜：从 2015—2017 年这三年文化创意产业资金流入金额地区前十名数据可以看出，文创资本开始从一线城市向二、三线城市流入。

（4）乡村文创企业增长迅速。

通过天眼查检索"乡村文创"，共查询到企业 133 家。自 2016 年起，乡村文创企业增长迅速，旅游商品的开发、销售、运营等为高频内容。

（5）乡村创客崛起。

"中国乡村旅游创客示范基地"已先后公示 3 批，大量城市青年涌入乡村，从下乡到居乡、创乡，越来越多的人为情怀、为梦想买单。

（三）产业端

新文创时代科技引领文创行业加速融合，将为更多产业注入新动能。

五、现实之困

四大矛盾制约着乡村振兴，未来要透过文创思维，让乡村有产业、有颜值、有人气、有根魂。

（一）农业发展滞后与城镇化水平提高

"城市主义"的发展战略和"现代农业"的盲目植入，吸附了农村现有的优质资源，造成农村人才流失严重、农业发展滞后、城乡差距悬殊的局面。

（二）乡村收缩与乡村过度建设

农村人口逐渐减少，乡村的逐步收缩是必然的。但随着新农村建设和农民务工收入水平的提高，目前"千村一面"、农民过度建房状况普遍存在。

（三）乡村风貌培育与人居环境改善

随着社会资金和外力介入乡村建设，乡村现代人居设施不断改善，但生态环境遭受破坏，传统村落建筑风格的地域特色逐渐丧失，仿古、仿洋之举盛行，保护与发展的矛盾依然突出。

（四）文化传承与乡村社区解体

在现代化发展进程下，随着城市文明的涌入和农村人口的流失，原本的熟人社会所构成的传统农村社区正逐步解体，传统乡村文化价值观被解构，农村文化、乡风文明缺乏传承主体。

六、乡创价值

乡创既能够拯救日趋凋零的乡村文化，还能够助推"五位一体"的乡村振兴。

（一）乡村文化创意

乡村是载体，文化是灵魂，创意是手段。

（二）产业兴旺

通过"文创＋"，以农产品为原点，以创意为核心，可深度挖掘乡村生态休闲、旅游观光、文化教育等价值，以文创带动一二三产业整合，拓展农业多种功能，助力传统农业转型，提升农业价值。

（三）生态宜居

通过"文创＋乡村生态景观""文创＋当地民居""文创＋公共服务"，让乡村重新焕发生机，让破旧老宅变身时尚民居和诗意民宿，让每一处硬环境都成为一道亮丽的风景。

（四）乡风文明

通过创意手段，一方面激活乡村文化，厚植乡土文化根脉，实现乡村文化振兴，另一方面为传统乡村注入新时代文化，链接城市和乡村，丰富群众精神文化生活，增强农民的乡土自信，促进乡风文明。

（五）治理有效

通过乡村文创的发展，让农民有事可做、有钱可赚，提高农民素质，便于形成自治、法治、德治相结合的乡村治理新体系。

（六）生活富裕

通过乡村文创商品开发和文创元素的注入，推动农业效益提升，带动农民自我发展，促进农民就业，拓宽农民增收渠道，让农民的生活更加富裕。

七、主要开发类型与方法

（一）大乡村文创商业模式

乡村文创商业包括文化创意零售、特色餐饮、主题民宿、艺术展览空间等多种模式，它们将乡村文化创意与商业结合在一起，打造一种独特的商业体验空间，其中包括：

（1）创意农业；

（2）IP形象；

（3）艺术表演；

（4）文创商品；

（5）跨界美食；

（6）特色民宿；

（7）跨界复合店；

（8）DIY工坊。

（二）两大开发策略

（1）创意景观，重塑乡村新颜值。

（2）丰富产品，打造多元新体验：

①乡村美食＋文创；

②乡村住宿＋文创；

③乡村购物＋文创：农特产品文创化、购物空间文创化；

④乡村娱乐＋文创；

⑤乡村通行＋文创。

（三）地域文化植入策略

（1）以地域文化为主线进行空间规划与空间设计。

极具地方特色的乡土文化、历史、人物、风俗及乡村生产生活方式、节庆活动等都是乡村珍贵的感知资源，可以在基地的环境设计中，将易感知的资源作为故事线索，安排好空间序列规划，在研学活动中讲好乡村故事。提炼地域文化元素，进行每个空间的景观设计，赋予空间不同的内涵，营造出叙事性空间、情感性空间、游戏性空间等。

（2）人机互动，激活地域文脉。

深挖当地传统文化内涵，提炼和归纳当地乡土文脉的特色，运用形（形态）、色（色彩）、质（材质）、构（结构）的综合手法再现地域文脉空间，让建筑、景观小品作为载体向研学人员传递优秀地域文化，让研学人员与环境产生行为互动、情感互动，从而实现地域文脉的激活。

八、结语

文化是一个民族的根，是一个民族的魂。就实施乡村振兴战略而言，文化具有其他社会要素无法取代的作用，即凝聚、整合、同化、规范社会群体行为和心理的功能。因此，实施乡村振兴战略，需要建立起一种适合乡村振兴的文化观念。一旦这种文化观念能够形成并深入人心，就能够在思维方式和行为习惯的层面上发挥广泛、稳定而持久的影响。事实上，乡村文化建设的根本应是人与自然和谐文化建设，即乡村生态文化建设。我们必须清醒地认识到，若想有持续的文化传承，必须注意人类与自然（包括人文自然）的和谐相处，才能将经济效益和社会、生态效益有机统一，才能在广阔的诗意田园上绘出最新最壮美的图画！

（本文来源：王航倩、任重平，《激活乡村振兴新动能，乡村文创怎么搞？》，2023 年 1 月 10 日，"天尚乡村"微信公众号，https://mp.weixin.qq.com/s/8lXo1nFppXYY4cRS9NZH1w.）

如何促进农业农产品转型，更好地进行品牌化建设？

农为国之本，民以食为天。时代变了，我们唯一需要做的就是改变自己，顺势而为。我们正处于百年全球经济社会大周期的新旧交替之时，社会思潮、全球化、国际秩序、经济运行机制、发展观念等都将面临重大调整转型，这是一个大周期、大转型、大动荡、大博弈、大有可为的时代，我们可能正站在新周期的起点上，全球经济社会的低谷往往酝酿着科技创新、商业模式、经济制度和产业浪潮的新一轮革命。

我国正经历着百年未有之大变局。在这些大变局之下，国家领导人积极作出对策。党中央认为，从容应对百年变局和新冠疫情，推动经济社会平稳健康发展，必须着眼国家重大战略需要，稳住农业基本盘，守好"三农"基础，持续全面推进乡村振兴。乡村要振兴，农业必发展。农业要发展、要强盛，必须进行产业的转型升级，而农产品的品牌化便是农业产业升级的必要手段。

在农产品的产业升级及品牌化建设需求日趋增长的背景下，天尚乡村作为乡村振兴的架构师和实施者，一直在为乡村产业发展、农产品的产业升级与品牌化建设出谋划策。中国的农产品相较于国外的农产品一直很难卖出一个满意的价格，究其原因是很多农民没有受过太多专业培训，对于品牌的认知可以说忽略不计，这也直接导致了农民很难富起来，只能陷入高付出、低价出售农产品的死循环。而天尚乡村的存在便是帮助乡村居民改变这种高付出低回报的循环模式，帮助乡村进行品牌化建设，以此助力乡村振兴。

随着农业发展越发被党中央领导重视，农产品的产业升级和品牌化建设也被提上了日程。

建设农产品品牌化是农业产业高质量发展的内在要求。虽然我国不少农产品产量在全球农产品产量中位居第一，但是"农业大而不强、品牌杂而不亮"依然是我国农业发展的突出问题，因此，打造一批具有世界声誉的中国农业品牌，对于推动我国农产品产业升级和高质量发展具有显著的促进作用。品牌化升级也是顺应消费者消费升级的必然途径。随着我国经济的发展，农产品的消费结构不断升级，消费者对农产品提出了更高的要求，只有更加注重品质、讲究品牌，才能获得持续的、高质量的发展动力，带动农业生产向优势区域集中，推动农业规模化、标准化、绿色化和专业化发展，促进生产经营者在规范生产的过程中提高农产品质量安全水平，生产优质安全的农产品，满足消费者提档升级的需求。

对于农产品的产业升级和品牌化建设，我们有以下几点建议和措施。

（一）要保证高质量发展

农产品产业升级和品牌化建设除了量的增加，还要保障质的提高。

确保农产品质量安全问题是事关人民生活、社会稳定的大事。要切实提高农产品质量安全水平，以更大力度抓好农产品质量安全。除开粮食自身的品质和安全，我们需要更多地考量在"质"上做文章，农产品产业升级能够为农民创造更高的经济价值效益，而经济价值效益是我们永恒不变的追求。只有坚持农产品的产量和质量稳定，才能长期确保农民的增收稳定。如今，人们越来越注重食品安全和质量问题，对中高端农产品的消费需求也越来越大，消费者对于优质农产品的选择也更多地依赖于品牌。所以在农产品产业转型升级时，大力发展特色品牌化建设成为首要任务。

（二）要加强特色农产品品牌建设提升

加强特色农产品的品牌建设，是人们挑选优质农产品的基础。特色农业可以考虑农产品地标品牌，采用"地名＋农产"模式，即"原产地"属性。如西湖龙井、赣南脐橙、安吉白茶等，都是该模式下的成功产物，代表了农产品中的极致风味。这些带有"原产地"属性的农产品可以说是品牌化建设的最佳竞争品，就好比一方水土养育一方人，农特产品也遵循"橘生淮南则为橘，生于淮北则为枳"的规则。大自然让不同地区的水土成就了不同的高品质农产品，无论是在国外还是国内，水土区域是判别优质农产品的直接标准。同时，大自然也是最公平的，不同区域的自然环境特点让每一个区域都有相应的知名农产品品类：诸暨香榧、径山茶叶、五常大米、吐鲁番葡萄、龙泉水蜜桃……很多时候，人们在选择农产品时，原产地属性成了消费者购买的重要参考。可以说，选择"地名＋农场"这种模式进行品牌化建设可以算得上是一箭双雕的好主意，既方便传播，也提升了当地知名度。

（三）要进行包装创新

农产品的包装创新也是进行产品升级和品牌化建设的重要途径。中国作为农业大国，在农产品销售逐年增长的良好态势下，传统意义上的农产品包装已经无法满足和适应人们消费升级的需求。因此，作为拥有特殊属性的农产品，一定要做好从传统包装中突围的准备。由于农产品地域品种的自然差异与其他产品相比是比较大的，在设计的时候我们要考虑到的因素也会相较于其他产品复杂得多，包括产品品质的保护功能、传达信息的准确性、包装的生态环保等。在进行包装设计的时候，需要针对传统农产品包装普遍存在的品牌塑造欠佳和包装安全问题等进行改进，在设计的时候需要遵循包括品牌主线原则、乡村情结原则、包装安全原则等，每一个原则都是我们在发展中需要着重考虑的。

（四）要进行农产品深加工

要发展农产品深加工产业链，助推农产品产业升级及品牌化建设。想要发展农产品产业升级和品牌化建设，除了从产品本身的原产地属性和外包装入手外，产品深加工也是一条不错的途径。运用人工技术或者科学技术对农产品进行加工制作，以实现其效益最大化并且延长产品的保质期。如在将稻谷、玉米分别加工为大米、玉米粉的初加工基础上，再对其进行进一步完善，使其更具价值，以追求更高附加值。农产品深加工，细分产业领域包括：谷物深加工，如小麦深加工、稻米深加工、玉米深加工等；蔬菜深加工，如蔬菜提取物、保鲜蔬菜、冷冻蔬菜、脱水蔬菜等；水果深加工，如水果提取物、保鲜冷冻水果、速冻水果等。总而言之，在生活中万物皆可深加工，深加工也为农产品的产业升级提供了额外的附加值，让品牌在发展中也有了更多的竞争力。

2022 年 12 月召开的中央农村工作会议指出，强国必先强农，农强方能国强。没有农业强国，就没有整个现代化强国；没有农业农村现代化，社会主义现代化就是不全面的。因此，促进农业农产品转型，进行农业品牌化建设迫在眉睫。农业的发展将是全面建设社会主义现代化国家的重中之重。在这百年大变局的开局之年，我们所做的所有努力都是为了能更好地促进农业现代化，从而保证国家粮食安全。在乡村振兴战略的背景下发展现代农业，就必须实施农产品的产业升级及品牌战略，只有实施品牌战略，才能真正提高农产品的竞争力，优化农产品的产业结构，拉动农产品的消费需求。另外，乡村振兴战略为现代农业的发展提供了许多便利，比如政府加大了农产品品牌化上的支持力度，健全了相关的农产品制度，也健全了农产品区域品牌产业基础。

夯实品牌基础，持续提升供给质量，以加快实施农业生产"三品一标"提升行动，高质量供给筑牢品牌根基，支持脱贫地区实施特色种养提升行动，打造知名特色农产品品牌，早日实现农产品产业转型升级。我们始终坚信，经过所有人的不懈努力，中国的千千万万个农村必将在某一天拥有良好的品牌效应，通过区域品牌带动其余品牌，形成各类品牌之间的良性循环，最终以农产品的品牌化促进农业现代化的发展，从而推进乡村振兴战略的实施，引领千家万户农民兄弟早日富起来、强起来。

（本文来源：王航倩、彭国香、任纪平，《如何促进农业农产品转型，更好地进行品牌化建设？》，2023 年 1 月 6 日，"天尚乡村"微信公众号，https://mp.weixin.qq.com/s/LroS9PhMAtgB-8WQY1YbFA.）

基于"青田模式"对于全球农业遗产保护发展的思考

导语

2022 年 12 月 10 日，浙江丽水市著名侨乡青田县阳光明媚，山清水秀。"全球重要农业文化遗产公园"正式揭幕，这是全球首个以农业文化遗产为主题的公园，标志着全球重要农业文化遗产公园（青田方山）正式运营。

"助推农遗文化传播和农遗成果转化，为青田乡村振兴引入更多客流和人气，从而带动村集体和广大农民增收致富。这是我们积极打造农业文化遗产公园的重要原因。"青田县人民政府县长潘伟在致辞中说。

2022 年 7 月 17 至 19 日，主题为"保护共同农业遗产，促进全面乡村振兴"的全球重要农业文化遗产大会在青田举办。这也是 20 年来全球重要农业文化遗产所在国组织召开的规模最大、层级最高、影响最大的会议。

13 个国家的农业部长，联合国粮农组织总干事，19 个国家驻华使节，联合国教科文组织、世界粮食计划署等 7 个国际机构高级代表，以及相关专家学者、企业代表等出席会议。

农遗公园后半篇文章能不能做好，运营是关键。为此，青田县引入天尚创新控股集团，浙江天尚乡村产业发展有限公司与青田农业旅游发展投资有限公司、青田壹稻壹鱼农业发展股份有限公司合作，探索"国企＋民企＋村企"三企融合的运营机制，盘活农遗资产。青田县农业农村局局长黄鸣君介绍，通过引入研学机构、自驾俱乐部等资源，引入更多流量，对农遗公园后期的常态化运营、盘活农遗公园的资源都会有积极的价值，所以此次活动邀请了 30 家研学机构代表、30 位车友代表前来体验，也为今后引流做准备工作。

由此，"青田模式"所在地成了传播农遗文化、保护农遗成果的重要学习借鉴基地。

"青田模式"沿用了已经在中国发展了1300多年之久的"以鱼肥田、以稻养鱼、鱼粮共存"的稻鱼共生系统，以此促进青田的农业、文化、生态、旅游的融合发展。2005年，青田稻鱼共生系统被联合国粮农组织列为首批全球重要农业文化遗产（GIAHS）保护项目试点，是我国第一个全球重要农业文化遗产。"青田模式"作为全球重要文化产业遗产的价值转换方案，是传播农遗文化、保护农遗成果、引入客流和人气、助力农遗共富路线的重要手段和方式，全球首个农业文化遗产公园（青田方山）的正式运营也标志着农遗大会的成果切实落地，为中国其他县域的发展提供了切实可行的借鉴例子，是我国现阶段实现乡村振兴、共同富裕的重要产业和经济支撑。

一、发展"青田模式"的重要意义

（一）中国农业文化遗产发展层面

农业文化遗产作为优秀农耕文化的传承，对于推进农业绿色发展、实施乡村振兴战略、促进人与自然的和谐共生等有着重要意义。

中国是农业文明的发祥地之一，人口的增长和人类采集活动的强化促进了原始种植业的发展，随着原始农业的进一步发展，人口持续繁衍，中国农业进一步发展，进入粗放农业阶段。春秋战国时期精耕细作的发展及秦汉以后种植业的持续发展，都为我国农耕文明作出了重要贡献。中国的传统农业经受住了历史的考验，在秦汉成就的基础上继续蓬勃发展。铁农具的改进，推动了农作物的推广；水利工程的兴修、耕作技术的进步、垦田面积的扩大，带动了粮食产量的提高；国家人口的增加又进一步要求我们必须发展农业耕地……无论是历史性发展还是现阶段问题，都要求我们必须发展和保护农遗文化产业。随着2022年中央一号文件的发布和中共二十大的召开，加强农耕文化的传承和保护，推进非物质文化遗产和重要农耕文化遗产的保护利用，进一步成为了现阶段重要任务。"青田模式"便成了非物质文化遗产和重要农耕文化发展的又一重要产物。中国发展乡村振兴，通过"青田模式"促进发展，也是从农业文化传承中汲取力量的一种体现。

（二）世界农业文化遗产发展层面

世界农业发展史的变革经历了从石器时代刀耕火种的原始农业，到铜铁工具的传统农业及工业革命后的动力机械化现代农业三个阶段，在这几个阶段中形成了世界上最早的农业文明发祥地，分别是尼罗河流域的古埃及文明、两河流域的古巴比伦文明、印度河中下游的古印度文明、黄河中下游及各支流的古中国文明，以及墨西哥城周围、尤卡坦半岛和秘鲁境内的墨西哥玛雅和印加帝国文明，农业的发展也开始周而复始地变化，在此基础上，世界上第一部关于农业发展的法典——《汉谟拉比法典》由此诞生。该法典作为人类对农事活动进行法律规范的最早法典，对耕犁和耕牛等役畜、出租和耕耘土地、放牧和管理畜牧及修建果园和管理果园等都做了规定。由此可见，人们对于农业的重视程度从未有过缩减。而在近代农业危机中，以1873年世界性的农业危机为例，英国遭受了严重打击，欧美各国的粮食价格大幅度降低，大量农场主破产，如何应对突发性危机对农业文化发展带来的损害，成了各国共同面对的问题。除此之外，世界粮食安全和饥饿问题一直是全人类共同关注的问题。为了使农业持续发展、重要农业文化遗产得到传承和利用，自党的十八大以来，习近平总书记反复强调农业在我国经济发展中的重要地位，从而进一步带动了重要农业文化遗产的发展。中国重要农业文化遗产下的稻鱼共生系统作为世界农业文化的重要组成部分，其发展对全球重要农业文化遗产的延续和传承有重要积极意义。

除"青田模式"下的稻鱼共生系统，我国对于重要文化遗产的传承和保护还有科尔沁草原游牧系统、福建安溪铁观音茶文化系统、河北涉县旱作实验梯田系统等全球重要农业文化遗产。这些生态产业系统都为中国农业文化遗产在世界的排名作出了贡献。中国的全球重要农业文化遗产数量一直居于世界首位，而中国作为联合国粮农组织倡议的积极响应者、参与者、贡献者，不仅为世界贡献了一批重要的农业文化遗产，也为这一新遗产类别的发掘、保护、利用、传承贡献了中国智慧。这些重要农业文化遗产的发展，无论是对于世界重要农业文化遗产发展，还是对于中国农业文化遗产产业而言，其价值都是切实可见的。

世界性的粮食安全和饥饿问题已变得尖锐，发展农业文化遗产有助于缓解粮食安全问题和饥饿问题。从中国层面上来讲，发展农业文化遗产对全方位夯实我国粮食安全根基、牢牢守住 18 亿亩耕地红线、确保中国人的饭碗牢牢端在自己手中起着至关重要的作用。从乡村振兴发展、实现共同富裕来讲，重视农业文化遗产的发掘与保护，是促进乡村振兴的动力之源。

加强农业重要遗产的保护，是对生态环境的保护，是促进人与自然的和谐共生、推进农业农村现代化、传承优秀农耕文化、推进农业绿色发展的重要指南。

二、重要农业文化遗产的发展与举措

关于农业景观，世界农业发展史给了很多乡村农业发展的切实可行的参考借鉴。农业景观即人类在自然基础上进行生产活动形成的景观，属于人文景观类型，包括农田景观、农村聚落形式、农村建筑形式、土地利用方式等，其形态形式包含三部分：物理形态，即没有生命的各类元素，包括温室、建筑；生态形态，即有生命的元素，包括田园绿地、田园景观；文化形态，包括农村文化历史、农村文人文化历史、农业文化、农村生活方式、民俗等。在此基础上可发展的观光农业包括观光农园、农业公园、教育农园、森林公园、民俗观光村等。农村可开辟特色果园、菜园、茶园、花圃等，让游客入内摘果、拔菜、赏花、采茶，享受田园乐趣；按照公园的经营思路，把农业生产场所、农产品消费场所和休闲旅游场结合，形成一体化的农业公园；发展兼顾农业生产与科普教育功能的农业经营形态的教育农园，或者因地制宜，根据当地农村文化习俗发展民俗观光村等。

因此，因地制宜发展农业农村文化遗产，需要坚持挖掘重要文化遗产地的传统种质资源，加快优质传统品种的普查与搜集，对快要消失的传统品种进行创新与发展，创造符合现代消费者需求的产品类型；坚持深挖"藏粮于地"的耕作技术、"存粮于仓"的贮存技术和"节粮于口"的生存技巧，同时，探索农业数字化、智慧化、网络化的路径与方式，为实现农业农村现代化发展供给先进智慧；坚持挖掘农业文化遗产中的传统文化精神，探索文化与具体农业生产实践的创新方式，让农耕文明绵延演进，为人类解决全球性问题提供更多智慧和滋养。

三、结语

综上所述，全球重要农业文化遗产大会本质上是对于优秀农业农村文化的保护。农业文化遗产作为农村优秀传统文化的重要组成部分，是古人生存智慧的集中体现。持续挖掘农业文化遗产的多种功能、多元价值，让农业文化遗产持续焕发新活力，在乡村振兴中发挥更大作用，是我们不变的使命。

中国重要农业文化遗产历史悠久，包含丰富多样的农业生物、传统的知识与技术体系、独特的生态与文化景观，具有极大的经济价值、文化价值、历史价值。农业文化遗产的保护对于保护农业生物多样性与农村生态环境、彰显农业的多功能特征、传承民族文化、开展科学研究、保障食品安全等具有重要意义。如果给予足够的重视和合理的利用，那些保持着传统农业特征的地方，不仅能产生显著的生态效益和社会效益，还能产生显著的经济效益。

（本文来源：任重平、王航倩、彭国香，《基于"青田模式"对于全球农业遗产保护发展的思考》，2022 年 12 月 16 日，"天尚乡村"微信公众号，https://mp.weixin.qq.com/s/7uj2E38QAcrlSNOFLjS1Ow.）

乡村振兴的"天尚"之路解密

实施乡村振兴战略，是党的十九大作出的重大决策部署，是新时代做好"三农"工作的总抓手。要坚持以实干促振兴，遵循乡村发展规律，规划先行，分类推进，加大投入，扎实苦干，推动乡村振兴不断取得新成效。

近年来，一些地区将大量政府与民间资金投入乡村振兴项目，却由于各自为政、重复建设、脱离市场、"重投入、轻运营"、"重规模、轻品牌"等问题，使资金没有得到较好的利用，从而在乡村振兴发展道路上碰到许多问题与困难。

天尚乡村产业发展有限公司为破解这些难题，始终坚持以大政方针为指引，秉持"以乡村发展为初心，以产业集聚为抓手，以流量导入为保障，以乡村环境建设与后期业态经营相融合为原则"的发展理念，致力于从美丽中国乡村建设到产业振兴乡村的研究和实践，通过控股参股各类业态公司的平台化发展模式，形成强大的乡村产业供应链生态，成为集聚式、全链式的乡村振兴一站式综合服务商，现已覆盖民宿、游乐、文旅、数字、农业、培训、研学、直播等诸多业态领域，同时培育运营公司，成立浙商乡村产业联合会，实现乡村的农商文旅体融合、一二三产业联动发展。在超千个乡村项目实践的基础上，已投资运营项目几十个，成功打造出乡村振兴领域的民宿集群、村落景区、乡村综合体三大产品系列。

天尚乡村董事长鲍力先生认为，"开放、融合、前瞻、协同，是乡村振兴的必由之路"，并开创了"天尚模式"。

（1）空间美学一体化的设计集成模式：大量设计项目需要多个设计专业融合，尤其是在区域环境改造提升、美丽乡村建设、城市综合体等领域，通过设计一体化，营造空间美学场景，达到空间美学一体化。

（2）"顶层设计＋OEPC"的全产业链模式：前端，策划＋空间发展规划＋产业规划（三划合一）；中端，设计＋施工（EPC）；后端，兜底运营（保底分红）提供定制化的分段式或一站式创新服务模式。

（3）三型智库的专家集合模式：学术型专家，如高校教授、学术研究员；实践型专家，如企业负责人、各行业专家；领导型专家，如一线实践型领导及骨干。

（4）天尚首倡的乡村共同体模式：倡导一定数量的乡村进行区域内的资源整合统筹规划，统一运营，协同发展，科学实施，同时引入社会投资，共建投资运营公司，多方共赢，达到共同富裕。

2021年5月24日至25日，时任山东省委副书记的杨东奇到山东桑家峪村调研，天尚集团项目负责人向杨副书记详细介绍了项目情况。"山东沂源峪尚田园"项目位于山东省沂源县燕崖镇桑家峪村，以山东沂源特有的阶梯状石墙山体为特色进行空间营造，整合数个自然村资源，采取与鲁中高科共建的商业模式，由天尚确定业态标准统筹项目建设、鲁中高科投资建设公共配套部分，打造文旅度假综合体。此外，天尚旗下子公司与鲁中高科成立合资公司，共同投资建设民宿、文旅设施等项目。项目建成后，由天尚及其子公司专业化运营，带动村民实现共同富裕。

2021年8月，习近平总书记在中央财经委员会第十次会议上提到："促进共同富裕，最艰巨最繁重的任务仍然在农村。"可见，做好农村工作对于实现共同富裕的重要性。由于每个地区的发展情况不同，各个农村之间存在差距的原因有别，不能一招鲜吃遍天，而是应该看具体情况下菜。这就需要专业性的知识、人才、机构等的帮助，助力乡村发展。实现共同富裕，天尚始终坚持以市场为靶向，以国家政策为支撑，为各地基层政府乡村振兴工作献策献计，更好地推动高质量发展共同富裕示范区建设！

（本文作者：吴梦瑶）

元宇宙助力乡村振兴的思考

导语

思考，是人们深度认知世界的一种思维方式。在元宇宙时代，我们必须重新拿起思考的武器，通过思考，逐步深入理解"元"所代表的一切，以及它可能呈现出来的形态。只有这样，我们才能在发展中抓住机会，从而获得发展的机遇。

一、乡村振兴与元宇宙

乡村振兴之路任重道远，社会责任永不言弃。近些年，人工智能经历了数次跌宕起伏迈向认知智能，物联网进入万物互联与万物智联时代，云计算与大数据成为撬动计算机信息世界的新支点，VR 技术在一波热浪回落后又重新走向拐点，区块链从比特币全球账本中诞生并重塑价值网络。正如钱学森设想的，"人机结合的发展正在由浅层次走向深层次"。元宇宙就像一个呱呱坠地的婴儿，在它出生之前，其实已经在胚胎里孕育了很久，它是几十年来各种高新技术一起融合产生的质变。

而新冠疫情的发生，加速了这个质变过程。各种活动线上化，促使人们不断突破物理世界的限制。人和其他生命物种一样，是适应环境的产物，元宇宙是人类面对新冠疫情这一全球性问题，坠下深渊时集体长出的翅膀。

2022 年，以黄文秀为原型的影视作品《大山的女儿》在央视综合频道播出，再现了她一心为民的扶贫"长征"路。研究生毕业后，黄文秀奔赴偏远贫困山村，担任驻村第一书记，带动当地贫困群众脱贫。她深夜冒雨赶路，却不幸在途中因公殉职。在黄文秀的带领下，2018 年百坭村 103 户贫困户顺利脱贫 88 户，贫困发生率从她上任时的 22.88% 降至 2.71%。目前，百坭村更是成了集红色研学、旅游观光、田园休闲于一体的乡村振兴示范村、特色乡村旅游新景点。伟大时代呼唤伟大精神，在乡村振兴的新征程中，传承和弘扬黄文秀精神，不忘初心、牢记使命、接续奋斗，是凝聚乡村振兴磅礴力量的最佳路径。但乡村振兴的实现道阻且长，当下我们集体迈步走向的乡村振兴严重缺乏想象力，这包括我们对振兴乡村后的幸福想象力、产业价值想象力甚至是社会财富想象力。我们期望元宇宙的梦幻能够唤醒我们对振兴乡村集体幸福的想象力、对产业融合服务的想象力、对乡村振兴创造新社会财富的想象力。

当前，我国最需要破解的就是城乡二次元结构。乡村要实现真正的振兴，最需要的也是吸引城里人回归到乡村发展产业，实现城乡人群的双向流动。中国为什么要大力发展 5G、数字化产业及数字化治理？重要的战略目的之一，便是通过数字化基础设施的建设发展，在乡村构建和城市一样的生活品质感受。环境是乡村的，但是一天的工作生活流程、体验内容通过元宇宙的应用，跟城市的生活是没有差别的，我们也希望同各行业领导专家积极探讨该如何搭建好可以具体落地的框架。

我们的目的是通过元宇宙在乡村产业振兴的落地实践，把目前国家希望的城乡融合、产业在乡村的兴起、乡贤回归乡村创业的需求有机结合；把乡村良好生态自然环境和城市生活品质通过实体基础设施、生活环境与元宇宙的虚拟世界应用予以完美融合。

还有一些产业也特别适合投入在乡村发展元宇宙的应用，比如说文创、创意产业、设计、新媒体、直播电商、数字产业等，这些高度依赖于个人能力智慧、不需要集中大规模办公的行业及产业应用场景，可能都更适合通过分散式、去中心化的方式和乡村产业振兴协同发展。

乡村可以成为个人工作室集群或者说数字经济企业的总部，众多元宇宙未来发展的细分行业，也可以分布在适合的乡村。从某种意义上来说，这也实现了元宇宙的去中心化。

当元宇宙与农业农村农民邂逅后，势必会出现元宇宙营销、元宇宙组织、元宇宙产品等新议题。目前，世界各国都处在积极探索与发现的阶段，尝试推出适应元宇宙特性的好形态、好方法。

我国乡村振兴战略要求，按照"产业兴旺、生态宜居、乡风文明、治理有效、生活富裕"的总要求，加快推进农业农村现代化、数字化。当"元宇宙"的想象力可以虚拟化、数字化时，能为农业农村农民带来哪些变化？

2021年，李子柒乡村生活短视频在国内外爆火，很多人看到了现代人对理想田园生活的憧憬。随着城市化发展到一定程度，"逆城市化"正成为新趋势。"乡村发展需要人才加入，城里人希望享受田园生活，我们要做的是为更多人重新认识乡村和城乡深度融合创造条件，云村民就是这样诞生的。"西南大学乡村振兴战略研究院副院长潘家恩教授说。

那些处于城市快节奏生活氛围下的人，希望享受宁静、闲适的乡村生活，可短时间内又无法脱离城市，参与"云村民＋云村庄"便是一种选择，其不仅可以获得云村民身份和随之附加的权益，也能以更潮流和时尚的方式了解乡村的无限新可能。此举可以吸引走在科技前沿的人才和关注潮流的年轻人，"线上＋线下"的方式利于突破实体村庄空间限制，为市民下乡和青年双创开辟新路径，增加乡村资产流动性，打破乡村发展瓶颈，为当前饱受"空心化"困扰的乡村实现"引流"。

二、农业数字化革命新浪潮

元宇宙赋能乡村振兴是一个漫长的过程，乡村振兴之路不仅充满各种可能，也存在重重困难，毕竟数字化的路径需要完备的流程、可数据化的操作系统等一系列技术和规范。

我国乡村产业的初衷和现状皆是农业，未来以农业振兴乡村是必由之路。在理解农业元宇宙化之前，我们先得了解现代农业如何实现农业新革命。在工业革命之前，农业本身的发展与技术革新一直处于一个平缓期，从第一次工业革命开始，农业随着工业革命的先进科学技术发展进行一次次的迭代和技术革命。每一次工业革命的成果，应用的范围都极其广泛，农业既是工业革命成果的重要应用场景，也是工业革命的技术起因动机。在当下全球新工业革命4.0的大背景下，元宇宙形成的海量数据源，可为农业"开辟新路"。

三、结语

我们面对世界的认知，是在不断学习与实践过程中积累的。但是对世界的认知是否能够满足社会的发展，依旧需要我们反思。元宇宙时代的到来，既是一个挑战，也是一个重大历史机遇。智能化、无人化、绿色化的未来农业发展趋势，终将重绘千万年来"面朝黄土背朝天，一身力气百身汗"的农业场景。未来元宇宙于乡村振兴的意义与价值不是简单的概念导入与应用炫酷，元宇宙将给予乡村振兴崭新价值体验、全新价值观念转变与新价值沉淀，元宇宙可探索空间仍然无限巨大，未来将给我国乡村振兴带来更多的无法估量的珍贵价值与重大历史意义。

（本文来源：钟农评、吴梦瑶，《之江观察：元宇宙助力乡村振兴的思考》，2022 年 10 月 8 日，"中国渔业协会智慧渔业分会"微信公众号，https://mp.weixin.qq.com/s/gwAaO_0PYvns2I6TbnGxEg.）

大力强化产业振兴是乡村振兴的核心与关键

　　科学的真理，指引历史的航向；伟大的事业，昭示思想的力量。党的十八大以来，以习近平同志为核心的党中央引领亿万人民走向民族复兴，坚持把马克思主义基本原理与中国具体实际相结合、与中华优秀传统文化相结合，创立了习近平新时代中国特色社会主义思想。乡村振兴是立足新时代背景、新发展阶段的国家大战略。建设富强、民主、文明、和谐、美丽的社会主义现代化国家是我国的第二个百年奋斗目标。实现第二个百年奋斗目标要贯彻落实好乡村振兴战略，促进乡村产业高质量发展。中国人口规模非常大，面对以小农民为主体的"独特"国情，中国推行农村振兴大计是一次广泛而伟大的实践。乡村振兴关键在于产业振兴，推动产业振兴要坚持因地制宜、党建引领、创新产业、绿色发展和培育新时代乡村建设人才等，促进产业结构优化，使农村和城镇得以协调发展。

　　推动产业振兴要因地制宜，不能搞"千城一面"。要依托本地资源禀赋，因地制宜、科学统筹，把土质、气候、劳动力、运输等综合因素考虑进去。围绕"一个区域一个特色、一个产业一个知名品牌"的目标，确定产业发展思路，优化产业规划，推动现代农业产业体系更加健全，为产业振兴提供强有力的制度支持和保证。以新疆葡萄为例，新疆的葡萄是家喻户晓的，尤以吐鲁番的葡萄最为有名。这里生产的无核白葡萄，皮薄果肉肥厚，汁多味美，营养价值非常高，被称为"珍珠"，糖分高达20%左右，荣登全球之冠。这就是特色产业的品牌力量，魅力无穷。吐鲁番的葡萄之所以如此美味，首先是因为该地区昼夜温差非常大，白天气温非常高，葡萄可以有效地进行光合作用，促进大量糖分的产生，而夜间气温低，消耗的呼吸作用相对较少。其次，新疆土壤中富含多种钠离子、硫酸根、氯离子等有机质，这些有机质都会对葡萄的品质和口感产生影响。此外，因为新疆地区依靠坎儿井这一独特的水利工程，得以丰富地利用地下水资源，加上新疆日照时间较长，光照相当充足，有利于葡萄积累大量糖分，因此新疆的葡萄口感优于其他地区生产的葡萄。

产业振兴因地制宜，还要依托乡村独特景观发展乡村旅游产业，顺应乡村产业发展规律，迎合城市居民"回归自然"的心理要求。云南省西双版纳依托傣族自治州文化和与北方截然不同的热带雨林、独特的南方风光、浓郁的云南乡土风情，吸引了一批又一批的游客，在旅游产业积极转型的基础上刺激了游客消费需求，促进了当地旅游业的发展，延长了产业链，给当地人民带来财富。

推进产业振兴要做大、做强、做优区域特色产业，充分发挥党的建设引领作用，探索"党建＋产业"新路子。中国共产党是社会主义现代化的根本保证，是实现中华民族伟大复兴的根本保证，是中国特色社会主义事业的核心领导力量。农村党员作为乡村脱贫攻坚的骨干力量，推动乡村振兴要做大量艰苦细致的工作。按照既定的目标，把党员集合起来、把群众组织起来，要继续抓好结对帮扶，落实脱贫政策，抓好经济发展，抓好民生工程，建设好新时代美丽乡村，通过共同的努力，巩固已有的脱贫和乡村建设成果。以云南省普洱市宁洱县同心村为例，该村党建工作引领姬松茸产业持续走强，同心村党总支部为扩大产业创新发展方式，增加产业链，与群众一起不断深入研究，选择了"党建＋公司＋农户"的经营模式，进行姬松茸的种植开发。

创新是引领一个国家、一个民族发展进步的动力，是推动社会发展进步、生机勃勃的源泉。推动产业振兴，要创新乡村产业发展方式，大力发展"互联网＋"新时代农业，大力推进农村电子商务工作，积极培养农村电子商务骨干人才。要促进农产品不再以单一的途径销售，提高农产品的知名度和销售效益。让农业科技创新在农业现代化中的引擎作用得以充分发挥，促进产业科技成果向现代生产力转化，推动农业现代化步伐不断加快。创新休闲农业发展方式，创新观光农业园区设计与建设，提升旅游景点服务，培育和布置观赏植物。如：设计建设草莓、苹果采摘园，规划管理农家乐园，培育养护植物园牡丹等。以旅游度假为目的，以村居和田野为空间，以周围环境无喧闹、生态无破坏的旅游居住为特色，进一步发展村野旅游形态。除此之外，创新发展民居民俗、养生基地等新兴产业。进一步优化制度技术创新，通过制度与技术创新使得农村产业吸引更多资本、技术、人才等要素流向农村。

推动产业振兴必须坚持绿色发展理念，在保护生态文明的过程中不断推进产业发展。绿色是永续发展的必要条件和人民对美好生活的向往，坚持以自然环境承载力为基础，既要有"金"的价值，也要有"绿"的面貌。改变粗放式的生产方式，发展循环经济，降低能源、水、土地消耗强度，大力推进乡村生产生活方式上的"绿色革命"，为迈向社会主义生态文明新时期而努力奋斗。

坚持绿色发展，加快推进乡村环境整治和清洁工程，建立乡村产业发展在保护生态环境中的各项制度，建立卫生清理长效机制，形成城乡统筹的垃圾处理模式，做到"户分类、村收集、乡（镇）清运、县处理"，建立并完善村民日常生活的垃圾分类处理体系、有关污水处理设施的农村各类保护环境的基础设施，为农村环境治理、乡村产业振兴奠定硬件基础，进一步推进乡村垃圾"绿色"处理，提升各街道洁净度，解决垃圾乱倒乱扔、污水横流等现象，使农村整体面貌和农民居住环境得到全面改善。为建设美丽乡村提供基础条件，加大农业污染源防治力度，不要过量使用化肥和农药，坚持适度原则，大力推广测土配方施肥，积极探索有机肥的发展和使用，加快推广使用生物农药和绿色饲料，开展把家畜和牲畜的粪便用来做肥料对庄稼进行"施肥"、秸秆综合循环利用、农作物塑料膜回收处理等工作，推进绿色生产和发展，加快建立绿色生产和消费的政策导向和制度，以绿色发展引领乡村振兴。

最后，依托乡村地区自然特色建设独特乡村容貌，加强重大文化设施和文化项目建设，加强优秀手工艺保护与传承，塑造乡俗风貌，建设心旷神怡的乡村田园风光、乡村旅游景区，打造美丽中国、美丽乡村、美丽社区，同时积极引导村民大力宣传和践行绿色发展理念，让乡村成为农民幸福生活的宜居家园、市民休闲养生养老的生态乐园，让良好的生态环境为乡村产业振兴锦上添花。

推动产业振兴还要注重培育乡村建设人才，凸显产业振兴中的人才优势。人是生产中最活跃的因素，乡村振兴，关键在人，人才振兴是乡村振兴的前提，要实施人才战略，加强人才队伍建设。一方面，要实施更加积极的人才政策，为各类乡村人才在乡村产业发展中的工作创造有利条件，进一步完善乡村基础设施建设，保障人才生活水平和良好的工作环境，提供优越待遇和薪资，给予人才充分的尊重和荣誉感，让人才安下心、留得下。另一方面，要加强乡村振兴人才培训锻炼，注重在基层一线、田间地头培养和使用本土人才，激活乡村潜在人才资源。同时畅通引才渠道，制定积极的乡村人才引进政策，引导和鼓励高校毕业生、退伍军人和创业能人到乡村工作和创业，为乡村振兴提供"源头活水"，提供重要的人才支撑。

我们坚信，无论是进一步丰富共同富裕的思想内涵，还是率先探索破解社会主要矛盾的有效路径，浙江努力以先行先试的行动为全国实现共同富裕探路的生动实践，必将在第二个百年新征程上书写浓墨重彩的一笔。而振兴乡村产业是乡村发展的必由之路，是巩固农村建设的必由之路，是农民幸福感和财富的来源。要有"孺子牛"精神，坚持因地制宜、党建引领、创新发展、绿色理念，提高乡村产业发展质量和竞争力，让乡村振兴充满活力。当前和今后一个时期，我们必须要立足新发展阶段，全力以赴，适应高质量发展要求，科学把握构建现代乡村产业体系的关键，精准发力，从而为产业高质量发展提供有力支撑，助力实现乡村全面振兴，书写新的答卷。

（本文作者：陈芷怡、吴梦瑶、钟农评）